云南师范大学重点学科建设经费资助

马克思主义民族平等思想研究

兰青松 著

中国社会科学出版社

图书在版编目（CIP）数据

马克思主义民族平等思想研究／兰青松著. —北京：中国社会科学出版社，
2016. 6

ISBN 978-7-5161-8412-7

Ⅰ.①马… Ⅱ.①兰… Ⅲ.①马克思主义—民族平等—研究 Ⅳ.①A811.64

中国版本图书馆 CIP 数据核字（2016）第 138276 号

出 版 人	赵剑英
责任编辑	王 琪
责任校对	胡新芳
责任印制	王 超

出　　版	中国社会科学出版社
社　　址	北京鼓楼西大街甲 158 号
邮　　编	100720
网　　址	http://www.csspw.cn
发 行 部	010-84083685
门 市 部	010-84029450
经　　销	新华书店及其他书店

印刷装订	三河市君旺印务有限公司
版　　次	2016 年 6 月第 1 版
印　　次	2016 年 6 月第 1 次印刷

开　　本	710×1000　1/16
印　　张	16
插　　页	2
字　　数	231 千字
定　　价	59.00 元

凡购买中国社会科学出版社图书，如有质量问题请与本社营销中心联系调换
电话：010-84083683

序

作为统一的多民族国家，民族平等是我国处理民族关系的前提和基础，十八大以来，党中央从坚持和发展中国特色社会主义全局出发，提出"全面建成小康社会、全面深化改革、全面依法治国、全面从严治党"的战略布局，确立并贯彻"创新发展、协调发展、绿色发展、开放发展、共享发展"的新的发展理念。因此，深入研究马克思主义民族平等思想，把民族平等思想创造性地运用并做出新的发展，对促进民族团结进步和社会和谐稳定具有重大的现实意义。

2010年，兰青松老师考入上海师范大学马克思主义中国化博士点学习，他作为一名来自云南边疆民族地区的傈僳族知识分子，深知如果对少数民族存在一点点歧视或忽略的话，民族平等就是一句空话，只有从各方面尊重少数民族的权利，真正平等地关心和帮助他们，才能逐步做到多民族共同发展、共同繁荣、共同富裕，这是马克思主义民族平等思想研究最应关切的问题。

值得一提的是，兰青松老师在紧张的三年时间内，既兼顾了云南师范大学的工作任务，又围绕博士论文选题全身心投入阅读、思考、研究、写作，于2013年5月，经过艰辛的努力，顺利通过了博士论文答辩，荣获博士桂冠。本书就是在他的博士论文基础上完成的一部学术著作。

本书从分析马克思、恩格斯、列宁、斯大林关于民族平等思想的精髓和实质入手，对马克思主义民族平等思想的思想渊源、基本内容、主要特征和重要内涵作了理论分析，探讨中国特色的民族政治平等、民族经济平等、民族文化平等和民族社会平等，对中国特色民族平等思想的运用和发展进行了思考。择其要端有：

一是对马克思主义民族平等思想进行分析。本书从思想渊源、主要特征、精神实质和重要内涵几方面对马克思主义民族平等思想进行理论分析，指出马克思主义广泛借鉴、吸收前人成果，并立足于具体实践，通过对当时欧洲及世界其他一些国家和地区的民族和民族问题进行思考、分析，逐步形成了比较完整的民族观，创立了无产阶级的民族理论，即马克思主义民族理论，民族平等思想是其重要的思想结晶之一。

二是对中国特色的民族政治平等进行系统研究。本书以马克思主义民族平等思想之中国特色的民族政治平等为基础，以民族身份与国家认同作为起点，以宪法和法律法规作为民族政治平等的保障，具体从党的领导、民族立法、民族自治、民主监督、民主参与和民族素质方面落实和实践中国特色的民族政治平等思想。

三是对中国特色的民族经济平等进行研究。本书以马克思主义民族平等思想之中国特色的民族经济平等为基础，以民族发展与共同富裕作为出发点，体现中国特色民族平等思想中的就业机会、投资机会、受教育机会、参与民主管理的机会、合作机会等方面具有同等的地位和权利，以生产关系范畴中的生产资料所有制关系作为基础，研究民族经济发展和民族平等思想。

四是对中国特色的民族文化平等进行研究。本书以马克思主义民族平等思想之中国特色的民族文化平等为基础，以尊重文化差异基础上的文化地位平等作为起点，在文化的多样性和统一性中，体现生产性民族文化要素、生活性民族文化要素、观念性民族文化要素、规范性民族文化要素和交流性民族文化要素，以此实践中国特色民族文化平等，形成民族之间的文化承认。

五是对中国特色的民族社会平等进行研究。本书以马克思主义民族平等思想之中国特色的民族社会平等为基础，以民族差异与利益诉求作为出发点，达到民族之间的机会平等和结果平等，实现人的解放和自由全面的发展，形成民族之间的价值目标。

六是对马克思主义民族平等思想在中国的运用和发展进行研究。本书通过对边疆多民族地区的民族和谐、安定团结、社会发展进行实践思考，创造性地指出民族平等与"三和"理念的关系，即各民族和睦相处、和衷共济、和谐发展的边疆民族关系。

上述一系列学术知见，使本书在马克思主义民族平等思想研究方面具有多重理论价值。同时，对马克思主义民族平等思想整体性、系统性、层次性的理论体系研究中的学术观点颇有启迪作用。因此本书具有显而易见的实践意义。

综观全书，兰青松博士在认真研读马克思主义经典文献和著作的基础上，立足于统一的多民族国家的中国实际以及民族理论和民族政策的实践，系统地探讨马克思主义民族平等思想。全书有很强的问题意识与深切的学术关怀，分析深入，条理清晰，逻辑结构严谨，语言叙述流畅，是马克思主义民族平等思想研究的一部创新佳作。

本书得到云南师范大学资助出版，值得庆贺。希望兰青松博士以此为契机，在治学道路上继续坚持民族理论和民族政策的研究，特别是为边疆民族地区的民族问题研究做出发展和贡献。

是为序。

朱新光

2016 年 2 月 25 日

目　录

导　论

一　问题的提出与研究的意义

（一）问题的提出

在以民族国家为主要构成单位的当今世界，几乎所有国家都由多民族组成，尤其在全球交流互动日益频繁的时代背景下，实践中并不存在由单一民族构成的国家。我国作为统一的多民族国家，处理民族关系问题成为国家的一项重要主题，其中，民族平等既是马克思主义民族理论的根本原则和核心内容，又是处理民族关系的指导原则和政策方针。随着国际、国内形势发生的深刻变化，面对我国民族关系出现的新情况和新问题，重新梳理，深刻理解马克思主义民族平等思想，结合时代特点把握其精神实质和丰富内容，不仅具有重要的理论价值，而且具有很强的现实针对性。结合中国实际，坚持中国特色民族平等思想，有利于边疆多民族地区的民族和谐，有利于边疆多民族地区的安定团结，有利于边疆多民族地区的社会发展。这对巩固国家统一、边疆稳定、政党政权，具有重要的意义。

（二）研究的意义

从一般层面讲，学术研究的首要价值在于对人类发展过程中面临的一些重大问题进行理论思考，并构建一定的理论平台和模式，形成一定的解释范畴，以至引起人们的共同关注并为实践问题的解决提供理论启示与建议。其次，学术研究的意义还在于对现有相关理论研究给予修正或弥补现有理论研究的不足，以拓展理论研究平台和空间，增强学术理论的解释性和引导性。

1. 本研究的理论意义

本研究的理论意义主要体现为：通过本课题研究，对马克思主义民族平等思想进行全面、系统的梳理分析，形成马克思主义关于民族平等思想的理论内容，帮助我们理解马克思主义关于民族平等思想的理论观点，既进行马克思主义民族理论的学理研究，又丰富马克思主义民族理论的研究成果。

2. 本研究的实践意义

学术研究的价值最终以实践为归宿，实践赋予学术研究以生命力，本研究的实践意义体现为：通过对中国特色民族平等的研究，对民族政治地位与身份、民族共同富裕、民族差异与利益诉求、民族归属感与特色文化等方面进行探讨，对边疆多民族地区民族和谐、安定团结、社会发展进行实践分析，为研究部门和政府部门处理边疆民族关系提供针对性、可行性和操作性的实证依据，推动边疆多民族地区党政部门实际工作的开展。

二　研究文献综述

文献检索及资料收集表明，在学界的相关理论研究中，对马克思主义民族平等思想有相关的一些研究，但尚无从整体性、系统性、层次性方面对马克思主义民族平等思想进行研究的理论成果，以下将对国内外学界的相关理论研究进行评价与综述。

（一）国内研究综述

民族平等是马克思主义民族理论的根本原则和核心内容，民族理论学界、民族工作者和政界对这个问题给予了极大的关注。

20 世纪 70 年代末 80 年代初，学界从社会主义民族问题的实质入手，讨论社会主义民族关系问题，全面阐述马克思主义民族平等观点。

比较典型的文章有杨荆楚的《试论社会主义时期民族问题的实质》、彭英全的《论民族平等》、熊锡元的《略论发展我国社会主义民族关系的几个认识问题》、牙含章的《论社会主义时期的民族关系》、郑广智的《试论我国各民族的平等权利和义务》等。讨论达成了一定的共识：一是民族问题就是民族关系问题，民族问题的实质就是民族关系的性质。二是重新确立"民族平等是马克思主义对待民族问题的基本原则"的提法。三是阐述马克思主义民族平等观的内容。

20世纪80年代中后期，随着学界对民族平等问题讨论的逐步深入，不可避免地触及民族间事实上不平等的问题。学者就其含义、产生的原因、存在的范围、时间、消除的途径展开了热烈的争论，初步形成了一些基本看法。据不完全统计，这期间发表论文40多篇，其代表性论文比较有影响力的有中央党校《理论动态》刊载的文章《关于"消灭民族间事实上的不平等"的提法》，刘绍川的《也谈社会主义时期民族问题的实质》，杨文炬的《事实上不平等是指社会发展阶段的差别》，叶扬的《关于"民族间事实上不平等"的思考》，陈凤荣、王柄煜的《消除民族间事实上不平等的根本途径》，孟才的《用不平等的分配政策来尽快地消灭民族间事实上的不平等》，顾肇基的《关于民族间事实上平等与不平等的哲学思考》，等等。（1）民族间事实上不平等的含义和产生原因。主要有三种观点：第一，认为民族间事实上不平等，是指民族之间发展的较大不平衡；第二，民族间事实上不平等是指民族间发展阶段的差别，是由于各民族在发展阶段上的不平衡造成的；第三，民族间事实上的不平等，不是指民族权利本身不平等，而是指各个民族在获得了平等的政治法律权利后，落后民族由于受到长期历史发展形成的落后状态这一自身发展程度低所带来的种种限制，难以与先进民族同样地享受到政治法律所赋予的民族平等的各项自由权利和发展权利，这种现象和状态就是民族间事实上的不平等。这种观点基本上得到多数人的赞同。（2）民族间事实上不平等现象存在的范围、时间及其消除的途径。第一，民族间事实上不平等现象既存在于公有制社会，也存在于私有制社会；第二，民族间事实上的不平等存在于社会发展阶段不同的民族之间，随着社会主义建设成就的扩大，随着各个民族发展阶段的趋近，这种不平等是会被消灭的；第三，在社会主义建设过程中，民族间事实上的不平等既存在于发展阶段不同的民族之间，也存在于发展阶段相同，但发展水平不同的民族之间。消灭这种不平等需要相当长的时间。（3）民族间事实上不平等问题在社会主义时期民族问题中的地位。有些学者认为，事实上不平等问题是在我国各民族获得平等权利后，在民族关系上存在的一大根本问题。消除民族间事实上的不平等也就成为解决社会主义民族问题的基本或根本任务。还有学者认为，消除民族间事实上的不平等是社会主义时期民族问题的主要内容，是新时期民族问题的实质，是国家新时期总任务的组成部分。

20 世纪 80 年代末以来，学者们开始讨论社会主义竞争和市场经济条件下的民族平等问题，出了很多关于民族平等问题的研究成果。据中国期刊网检索，从 1994 年到 2004 年间，大部分有关民族理论的专著都把民族平等问题作为一个重要部分加以阐述。对民族平等有所涉及的论文有 600 多篇，以"民族平等"为题的有十余篇，主要论文有：明生、广存的《初级阶段民族发展中的竞争问题》，马维良的《社会主义市场经济条件下我国民族关系的特点和发展趋向》，吴家麟的《论民族平等》，熊锡元的《民族平等——马克思主义民族纲领的基石》，靳薇的《平等、团结、自治——21 世纪中国民族发展的主题》，王铁志的《社会主义市场经济条件下的民族平等问题》等。第一，学界大多认同"民族平等是民族团结的前提和基础"的观点；第二，关于民族间的竞争问题；第三，机会平等和结果平等的概念开始被少数学者引入民族平等问题的研究。

进入 21 世纪，关于民族问题的论述已经逐步丰富，有待总结和研究，来指导现实的民族工作。学者们对中共三代领导集体民族平等思想进行总结概括，根据时代条件和任务，厘清了与以毛泽东为代表的第一代领导集体民族平等思想的逻辑联系，并总结概括了邓小平、第三代领导集体的民族平等思想，取得了丰硕成果。主要研究成果有金炳镐的《论邓小平理论》，周昆云的《中国共产党三代领导集体对民族平等的构想与追求》，龚学增、李挚的《邓小平民族理论及其历史地位》，李金莲的《从民族平等、民族发展到全面建设小康社会——论新中国三代领导核心对民族理论政策的探索与创新》，钱宗范的《论邓小平的民族平等理论及其在西部开发中的实践意义》，等等。学者们认为，自中国共产党成立以来，争取民族平等的斗争、促进民族平等就成为中国革命和建设事业的重要组成部分。为解决这个重大课题，以毛泽东、邓小平、江泽民为领导核心的三代领导集体相继提出了民族平等的构想，并付诸实践。（1）第一代领导集体的民族平等思想。第一，民族平等是中国共产党和毛泽东的一贯主张，是毛泽东思想民族理论的主要内容之一，是中国共产党民族政策的基本出发点和最终归宿点；第二，毛泽东提出了关于民族主体的理论，认为世界上的任何一个民族，只有在主体名副其实地在政治上占统治（或主导）地位时，民族才能实现自主、自立、自治，民族间才能建立和发展平等友爱、团结合作的关系；第三，民族平等问题，是古今中外民族关系中的根本问题，也是民族问题中的核心问题；第四，强调少数民族与人口众多的汉族的平等；第五，民族平等是全方位的，是社会生活各个领域中的平等；第六，在一切工作中要坚持民族平等（和民族团结）政策，这是毛泽东提出并坚持的民族工作的纲领性指导原则。（2）邓小平的民族平等思想。第一，坚持社会主义，立足于真正的民族平等，实现各民族共同富裕共同繁荣。他提出了"两个大局"的思想。第二，摒弃民族问题上的"以阶级斗争为纲"的错误方针，拨乱反正，实现民族工作重点的转移。概括起来就是以经济建设为中心，以民族地区发展为立足点，效率优先，兼顾公平。第三，坚持实行并完善民族区域自治制度，强化民族区域自治的法制建设，进一步落实少数民族应该享有的自治权利。第四，再次重申反对大汉族主义和地方民族主义，重点是反对大汉族主义和实行宗教自由的政策。（3）第三代领导集体的民族平等思想。第一，阐述了解决我国民族问题，致力于民族平等的基本观点、立场、原则和思路。第二，提出民族平等事业的各项举措。学者们还论证了三代领导集体民族平等思想的内在逻辑关系、发展的继承性、连续性及其创新性。他们认为，三代领导集体民族平等思想表现出目标的一致性、内容的连续性、理论基础与思想方法的共同性。由于面临的时代特征、主要任务不同，三代领导集体的民族平等思想表现出不同的侧重点，起到了不同的历史作用。如果说，第一代领导集体是以消灭民族压迫、实现民族自由解放，取得各个民族在政治法律上的平等为着重点的话，那么第二代、第三代领导集体则是以消除民族间事实上的不平等，落实各民族共同繁荣为主要任务的。而且邓小平民族平等侧重于民族问题上的拨乱反正、恢复被破坏的民族平等原则，尤其是重视优先发展东部条件较好的地区。第三代领导集体，在社会主义市场经济体制初步建立，有中国特色社会主义建设取得很大成功，积累了一定的物质基础的时候，适时转变工作重点，提出西部大开发战略，其目的就是实施邓小平"两个大局"思想的第二个步骤，政策上向民族地区倾斜，不断深化民族理论的创新工作。

归结起来，国内学界对马克思主义民族平等思想的研究主要集中在以下几个方面：（1）从社会主义民族问题的实质入手，讨论社会主义民族关系问题，全面阐述马克思主义民族平等观点。学者杨荆楚、彭英全、熊锡元、牙含章、郑广智等进行了研究和讨论，达成了"民族平等是马克思主义对待民族问题的基本原则"这一提法的共识，并阐述了马克思主义民族平等理论的内容。（2）关于民族间事实上不平等问题的讨论。学者刘绍川、杨文炬、叶扬、陈凤荣、王柄煜、孟才、顾肇基等就其含义、产生的原因、存在的范围、时间、消除的途径展开了深入的讨论。（3）在社会主义竞争和市场经济条件下讨论民族平等问题。学者明生、广存、马维良、吴家麟、熊锡元、靳薇、王铁志等做出了很多关于民族平等问题的研究成果，学术界大多认同"民族平等是民族团结的前提和基础"的观点。（4）总结和研究民族平等理论，并指导现实的民族工作。学者金炳镐、周昆云、龚学增、李挚、李金莲、钱宗范等认为，自中国共产党成立以来，争取民族平等的斗争、促进民族平等就成为中国革命和建设事业的重要组成部分。（5）对党的民族政策和中国特色民族道路的研究。学者郝时远等从坚定道路自信、理论自信、制度自信，坚持和完善民族区域自治制度，促进各民族和睦相处、和衷共济、和谐发展三个方面，研究落实党的民族政策；结合第四次中央民族工作会议精神，研究处理好民族问题、做好民族工作的正确道路。

上述学者，从宏观和微观的视野，对于民族平等问题及相关领域所作的阐述、廓清、思考和总结，包括争论，都使民族理论与时俱进，不断取得理论创新，使理论与现实紧密结合起来，给予实际民族工作以指导和解释，为进一步探索社会主义市场经济条件下的民族平等规律打下坚实基础。

（二）国外研究综述

平等属于政治学、社会学范畴。西方对平等的研究大多分布于政治学和社会学领域，研究平等问题的专家也多是政治学家和社会学家。他们研究社会正义、社会公平问题，提出了社会平等、机会平等和结果平等等一系列的概念，探讨了其中的运行机理。法国资产阶级思想家洛克、孟德斯鸠、伏尔泰和卢梭构筑平等社会的起点，空想社会主义者摩莱里、马布利、巴贝夫的平等思想有重要的影响，以杰斐逊为代表的北美资产阶级的民族平等思想是一种较为彻底的民族平等思想。

西方思想史中的平等理论研究集中在以下几个方面：（1）关于平等理论中的权利平等理论和机会平等理论研究。埃德加·博登海默、约翰·密尔、罗伯特·诺齐克、约翰·罗默对平等的关键进行了探讨。（2）关于平等理论中的差异原则研究。差异原则是约翰·罗尔斯关于正义的第二原则的前半部分"适合于最少受惠者的最大利益"。差异原则是约翰·罗尔斯正义论中最有意义的部分，也是其平等思想的精髓。罗尔斯的观点非常接近实质平等或者结果平等，有非常强大的道义立场。（3）关于平等理论中的资源平等理论。罗纳德·德沃金把他的平等理论称为资源平等，并将其平等观点集中于"某种形式的物质平等"。（4）关于平等理论中的能力平等理论。阿马蒂亚·森认为，不同的人在用相同的物质资源实现其理想时，能力水平大不相同，而这一点会导致功能表现的不同，基于此应该比较人们不同的功能表现或其参与各种活动时的能力，才能实现充分的平等。能力平等是一种积极的平等观，通过实现每个人能力的平等来改变社会的不平等状况。（5）卢梭的两种不平等思想。卢梭区分了两种不平等："一种，自然的或生理上的不平等，因为它是基于自然，由年龄、健康、体力以及智慧或心灵的性质的不同而产生的；另一种，精神上的或政治上的不平等，因为它是起因于一种协议，由于人们的同意而设定的，或者至少是它的存在为大家所认可的。"对上述平等理论的梳理可见，对卢梭区分的第二种不平等的解决方案主要是权利平等和机会平等，差异原则、资源平等和能力平等是对第一种先天不平等的解决方案。

值得一提的是，关于民族平等的讨论虽然已经较为丰富，但是已有研究主要集中在对马克思主义经典作家以及中共几代领导人对民族平等的理论贡献上。国外学界对平等的研究大多分布于政治学和社会学领域，研究平等问题的学者也多是政治学家和社会学家，虽然关注民族间事实上的、结果的平等，但是对于崇尚机会平等、自由竞争、弱肉强食的西方社会而言，不可能真正探讨民族平等的运行机理。

综上所述，国内外学界较少从中国之外的视角研究马克思、恩格斯、列宁、斯大林的民族平等理论，马克思、恩格斯、列宁、斯大林关于民族平等的理论，对于统一的多民族国家的中国，尤其具有重要的启示和借鉴意义。对于马克思主义民族平等理论的分析，揭示其实质和内涵，并构建中国特色的民族平等理论体系和实践运用，对于我国"四个全面"战略布局的实现尤为重要。

三　理论预设与研究框架

本书借鉴政治学、社会学、哲学、民族学、文化学等学科理论研究成果，把马克思主义民族平等思想作为多民族国家处理民族关系的前提基础和根本原则。中国特色的民族政治平等、民族经济平等、民族社会平等、民族文化平等的理论内容，对我国边疆民族关系的建立具有重要的现实意义。中国特色的民族平等思想的理论内容及现实意义参见图0—1。

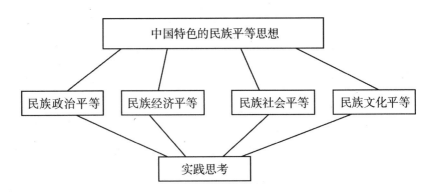

图0—1　中国特色的民族平等思想的理论内容及现实意义

　　本书梳理和归纳了马克思主义民族平等思想的理论内容，分析了中国特色的民族政治平等、民族经济平等、民族社会平等、民族文化平等，进而对边疆多民族地区的民族和谐、安定团结、社会发展进行实践思考。本书的具体研究框架安排如下：

　　导论部分，提出本课题的研究意义、研究框架、研究方法，做出本课题的研究文献综述。

　　第一章从理论渊源入手，分析西方关于民族平等相关理论，厘清其源头。第一，18世纪法国资产阶级平等思想；第二，空想社会主义平等思想；第三，北美资产阶级民族平等思想。

　　第二章阐述马克思主义民族平等思想的形成及其主要特征。第一，马克思主义民族平等思想的形成与创立；第二，马克思主义民族平等思想的基本内涵；第三，马克思主义民族平等思想的主要特征。

　　第三章阐述马克思主义民族平等思想的发展及其重要意义。第一，马克思主义民族平等思想在中国的发展与创新；第二，马克思主义民族平等思想的重要意义。

　　第四章分析中国特色的民族政治平等。第一，民族身份与国家认同；第二，中国特色民族平等思想中的政治地位平等；第三，中国特色民族平等思想中的权利性保障；第四，中国特色民族政治平等的实现方式；第五，中国特色的民族政治平等：寓于民族之间的政治认同。

　　第五章分析中国特色的民族经济平等。第一，民族发展与共同富裕；第二，中国特色民族平等思想中的经济地位平等；第三，生产关系范畴中的生产资料所有制关系；第四，平等劳动和平等酬劳；第五，中国特色的民族经济平等：寓于民族之间的公平正义。

　　第六章分析中国特色的民族社会平等。第一，民族差异与利益诉求；第二，中国特色民族平等思想中的社会地位平等；第三，机会平等和结果平等；第四，终极社会平等：人的解放和自由全面的发展；第五，中国特色的民族社会平等：寓于民族之间的价值目标。

　　第七章分析中国特色的民族文化平等。第一，在尊重差异基础上的文化地位平等；第二，文化的多样性和统一性；第三，民族文化要素；第四，中国特色的民族文化平等：寓于民族之间的文化承认。

　　第八章是对中国特色民族平等思想的实践思考。第一，中国特色民族平等思想中的民族和谐；第二，中国特色民族平等思想中的民族安定团结；第三，中国特色民族平等思想中的民族地区社会发展。

第九章结论部分。对全书内容的概括、总结和评价。

四　研究方法与理论创新

（一）研究方法

本研究的基本思路包括三个环节：理论研究→实地考察→具体分析。首先是理论研究。对马克思主义民族平等思想的理论梳理和对中国特色的民族政治平等、民族经济平等、民族社会平等、民族文化平等的分析，为边疆多民族地区的现实思考提供理论基础。其次是实地考察。通过考察，了解云南边疆多民族地区的实际状况。最后是对边疆多民族地区中国特色民族平等思想的实践思考，为研究部门和政府部门提供针对性、可行性和操作性的研究参考。

1. 文献研究

收集和分析国内外关于马克思主义民族平等思想的研究文献和理论成果，为边疆多民族地区民族关系的建立提供理论依据。

2. 实地考察

对云南省鹤庆县、云南省维西傈僳族自治县和云南省怒江傈僳族怒族自治州进行实地考察，全面了解云南边疆多民族地区民族平等方面的实际状况。

3. 专家咨询

通过学术会议、电子邮件和专家咨询会等形式，与相关专家和学者进行交流和讨论，以提高研究质量。

4. 综合研究

主要运用马克思主义理论学科的研究方法，通过借鉴政治学、社会学、哲学、民族学、文化学等学科的研究方法，进行综合研究。

（二）理论创新

本研究的理论创新主要体现为以下几个方面：

（1）马克思主义民族平等思想理论内容的整体性、系统性、层次性。

（2）中国特色的民族政治平等、民族经济平等、民族社会平等、民族文化平等。

（3）民族平等与"三和"理念的关系，即各民族和睦相处、和衷共济、和谐发展的边疆民族关系。

五　相关概念辨析

（一）民族

在西方，古希腊学者首先使用"Nation"（民族）一词，Nation 一词最初来自拉丁语"Nasci"的过去分词，意为出生物。后来又进一步衍生为"Natio"，指一类具有同一出生地的居民团体。大约到了公元 1400 年，Nation 有了领土的含义。从公元 1500 年到法国大革命这一期间，Nation 一词开始被用来描述国家内的人民而不论其种族特征。后来，Nation 初步具有了政治含义，开始成为国家（Country）的同义词。法国大革命后的《人权和公民权宣言》中明确宣布：所有主权的来源，本质上属于国家（Nation）。此后，Nation 的使用就有了明确的政治含义。[①]民族（Nation）概念在西方国家被普遍使用是 19 世纪资本主义上升时期，埃里克·霍布斯鲍姆指出，如果不对"民族"这个字眼以及由它派生的相关词汇有所了解，简直就无法对人类最近两个世纪的历史作出解释。但是要对民族概念进行明确界定却又是何等困难的事情。厄内斯特·盖尔纳认为，给民族下定义要比给国家下定义困难得多，安东尼·史密斯指出，Nation 一词无疑是民族和民族主义问题研究领域中，最成问题和争议最大的术语，民族是具有名称，占有领土的人类共同体，拥有共同的神话、共享的历史和普通的公共文化，所有成员生活在

---

① 乌小花：《再论"民族"概念与民族问题理论》，《青海民族研究》2005 年第 2 期。

同一经济体之中并且有着同样的权利和义务。马克斯·韦伯认为 Nation 是一种会充分地自我宣称有自己国家情感的共同体，由此，它是一种通常趋于建立自己国家的共同体。班尼迪特·安德森认为民族是一种想象的政治共同体，并且被想象成天生拥有边界和至高无上。在西方学界的界定中，"Nation" 作为共同体虽然具有 "共同文化"、"共同经济"、"共同心理"、"共同历史" 等特征，但 "政治性" 是其最为重要的特征，尽管并非所有的 "Nation" 都是指具有明确边界、能合法使用暴力的国家，但都拥有建立自己国家的强烈意识，①也许正是由于这个缘故，在西方学界 "民族" 总是与民族主义联系在一起。

汉语 "民族" 一词一般被认为是从日文借引过来，但也有学者对此提出质疑，"新的研究成果显示，'民族' 一词并非舶来品，是为中国本土词汇，其最早出处见于唐代李筌所著兵书《太白阴经》的序言中，或更早于 200 年的《南齐书》中"②。关于 "民族" 概念的界定在我国学界也存在很大争议，20 世纪下半叶至今，围绕民族概念相关问题曾进行过 6 次讨论。③目前民族概念主要有 "四要素说"、"五要素说"、"六要素说"、"八要素说" 等，"四要素说" 以斯大林为代表，他于 1913 年在《马克思主义和民族问题》一文中首次提出，并于 1929 年在《民族问题和列宁主义》一文中进行了修订：民族是人们在历史上形成的有共同语言、共同地域、共同经济生活以及表现于共同的文化特点上的共同心理素质这四个基本特征的稳定的共同体。"五要素说" 以孙中山为代表，他于 1924 年在《三民主义》一文中提出：我们研究

---

① 以上西方学者关于民族概念的界定参考了叶江的论文：《"Nation"（民族）概念辨析》，《上海师范大学学报》（哲学社会科学版）2009 年第 2 期。

② 乌小花：《再论 "民族" 概念与民族问题理论》，《青海民族研究》2005 年第 2 期。

③ 第一次是在 20 世纪 50 年代中期，问题随着汉民族形成的讨论而被提出；第二次是在 20 世纪 60 年代前期，讨论的核心是 "民族" 概念的译法；第三次是在 20 世纪 70 年代，参与者主要就 "民族" 概念的含义进行商榷；第四次是在 20 世纪 80 年代中期，讨论 "民族" 概念问题，涉及对中、苏民族研究实践的回顾与反思；第五次是在 1998 年底，由中国社科院民研所等发起，讨论 "民族" 概念及在我国的应用问题。参见王东明《关于 "民族" 与 "族群" 概念之争的综述》，《广西民族学院学报》（哲学社会科学版）2005 年第 2 期；2007 年 12 月在中央民族大学召开的 "族群、民族：概念的互补还是颠覆" 研讨会，会议由中央民族大学 "985 工程" 中国当代民族问题战略研究基地人类学理论与方法研究中心主办。近十年一次的讨论还始终没有厘清 "民族" 的概念问题，可见问题之复杂。

许多不相同的人种，所以能结合成种种相同民族的道理，自然不能不归功于血统、生活、语言、宗教和风俗习惯这五种力。"六要素说"以汪兆铭为代表，他于1905年在《民族的国民》一文中提出了民族应具有"六同"，同血统（此最要件，虽因移住婚姻，略减其例），同语言文字，同住所（自然之地域），同习惯，同宗教（近世宗教信仰自由，略减其例），同精神体质。"八要素说"以瑞士籍德国法学家、政治理论家布伦奇里为代表，他于1851—1852年在其《普通国家法》一书中提出："民族者，民俗沿革所生之结果也。民族最要之特质有八：一、其始也同属一地；二、其始也同一血统；三、同其肢体形状；四、同其语言；五、同其文字；六、同其宗教；七、同其风俗；八、同其生计。由这八种因素相结合，并传之子孙，久而久之，则成为民族。"[①]当然，斯大林的民族概念曾一度成为我国民族概念的经典定义，直至2005年5月，中国共产党在关于民族问题的基本理论和政策阐述中提出：民族是在一定的历史发展阶段形成的稳定的人们共同体，一般来说，民族在历史渊源、生产方式、语言、文化、风俗习惯以及心理认同等方面具有共同的特征，有的民族在形成和发展的过程中，宗教起着重要的作用。这一民族概念在尊重斯大林原有定义的基础上实现了突破，也被学界称为"七要素说"。

在实践中，我国对民族概念的使用其实有多种含义，"汉语民族一词至少包含以下几种不同层次的含义。一是表示中华民族构成单位概念意义上的民族，如汉族、藏族、回族等。二是特指我国除汉族以外的，在人口数量上相对较少的其他55个少数民族。三是表示政治独立体即民族国家或国民国家（Nation-state）概念意义的民族，如中华民族、日本民族、加拿大民族等。四是表示族类共同体或民族共同体概念意义上的民族，如阿拉伯民族、日耳曼民族、法兰西民族、犹太民族等"[②]。这也就给汉语"民族"一词的英文译法带来困难，汉语"民族"的英文对应词有 Nation、Nationality、Ethnic Group、Ethnicity，目前在"民

---

① 以上"要素说"的论述参考了熊坤新、卓然木·巴吾东的论文《改革开放以来理论界关于民族概念问题研究述评》，《大连民族学院学报》2008年第6期。

② 谌华玉：《关于族群、民族、国籍等概念的翻译与思考》，《读书》2005年第11期。

族"一词的英文译法上基本形成如下认识：Nation 对应"拥有主权或争取主权的民族"、"国族"；Nationality 对应"国籍、国民"；Ethnic Group 对应"族群"；Ethnicity 对应两种意见：一是将其理解为"原生性民族实体"，等同于 Ethnic Group，一是强调民族的变动性、调适性及可归属性，将其理解为 Ethnic Identity（民族认同）。不过也有学者认为汉语中"民族"无法转译，建议在英文中直接用汉语拼音"minzu"来表示汉语的民族概念，如当代美国人类学家斯蒂文·郝瑞在自己的英文著作中就保留使用了音译的 minzu 一词。

（二）民族平等

1. 平等

平等，是指人与人之间在政治、经济、文化等社会生活方面处于同等的社会地位，享有相同的权利。平等，包括民族平等，早在 17、18 世纪资产阶级民主革命时期资产阶级思想家、政治家就已提出。如 17 世纪荷兰的伯纳狄克特·斯宾诺莎在其《神学政治》一书中提出，民主制是国家的最好形式，在这里"一切人都是平等的"，都是自由民族。平等实际上是指一种社会权利获得的相同性。社会权利可以分为基本权利和非基本权利。"所谓基本权利，是人们生存和发展必要的、最低的权利，是满足人们政治、经济、思想等方面的最低的、基本的权利；所谓非基本权利是满足人们生存和发展的比较高级的权利，是满足人们政治、经济、思想等方面比较高级的权利。"① 卢梭在《论人类不平等的起源和基础》中详细地考察了人类从平等到不平等再到平等的辩证运动过程；在《社会契约论》中考察了实现平等的范围和条件。卢梭在《论人类不平等的起源和基础》一书中认为，人类的不平等可分为两类：一类是在年龄、性别、健康、体力和智力，即生理、心理能力方面的自然差异而形成的不平等；一类是在财富、名誉、权势、地位，及经济、政治和社会地位方面的不平等。② 卢梭在《论人类不平等的起源和基础》一书中主要阐述的是人类不平等的起源和发展过程。

---

① 王海明：《平等新论》，《中国社会科学》1998 年第 5 期。
② 转引自曹锦清《平等论》，华东化工学院出版社 1988 年版，第 13 页。

他在书中所指的不平等主要是财产和政治权利方面的不平等，由此也可知道，他所主张的平等——既然人类已进入社会状态且无法退回到原先的自然状态，因而无法恢复原始纯朴的平等状态——即政治权利和财富方面的平等状态。①

萨托利认为，平等可分为四种形式：第一种形式：法律—政治平等；第二种形式：社会平等；第三种形式：机会平等；第四种形式：经济平等。在罗尔斯看来，平等首先意味着每个人对基本权利和自由具有同等程度享有的可能，这就是其著名的"正义二原则"的第一原则所表达的精髓。即"每个人对与其他人所拥有的最广泛的基本自由体系相容的类似自由体系都应有一种平等权利"。② 这一原则所表达的平等内涵实际上是起点的平等。机会的平等则是他的第二个原则，也就是地位和职务向所有人开放。哈耶克认为，平等就是社会成员的机会均等，是对每一个人参与的市场竞争和其他场合，人人都有平等的参加机会、获胜的机会和被挑选的机会。③ 皮埃尔·勒鲁指出："作为事实的平等和作为原则的平等之间，存在着如孟德斯鸠所说的天壤之别"，④ "平等可以理解为每个人对自己的一种个人的、个体的和自私的感情；但与此同时，倘若不是最积极地、最肯定地承认他人的权利，平等就不成其为平等了"。⑤ 罗尔斯认为，资产阶级作为资本主义规则的制定者，是这种规则最大的受益者，他提出了"补偿原则"，指出："补偿原则就认为，为了平等地对待所有的人，提供真正的同等的机会，社会必须更多地注意那些天赋较低和出身较不利的社会地位的人们。这个观点就是要按平等的方向补偿由偶然因素造成的倾斜。"⑥ 恩格斯说："希腊人和罗马人的公平观认为奴隶制度是公平的；1789 年资产阶级的公平规则要

① 转引自曹锦清《平等论》，华东化工学院出版社 1988 年版，第 17—18 页。
② [美] 约翰·罗尔斯：《正义论》，何怀宏等译，中国社会科学出版社 1988 年版，第 56 页。
③ [英] 哈耶克：《法律、立法和自由》第 2 卷，《社会主义的幻境》，1976 年在芝加哥出版，转引自李风圣《西方的公平与效率关系评价》，《中州学刊》1993 年第 1 期。
④ [法] 皮埃尔·勒鲁：《论平等》，王允道译，商务印书馆 1988 年版，第 21 页。
⑤ 同上书，第 265—266 页。
⑥ [美] 约翰·罗尔斯：《正义论》，何怀宏等译，中国社会科学出版社 1988 年版，第 96 页。

求废除宣布为不公平的封建制度。所以，关于永恒公平的观念不仅是因时因地而变，甚至也因人而异。"① "平等的观念，无论以资产阶级的形式出现，还是以无产阶级的形式出现，本身都是一种历史的产物。"②

阿马蒂亚·森认为，关于平等的论战，提出了两个中心问题："（1）为什么要平等？（2）对什么平等？"他指出，正是第二个问题，主要地构成了当代关于平等争议的焦点。人们在许多方面可以被平等或不平等的对待："平等是根据对一个人的具体方面同另一个人相同方面的比较来下结论的——比如收入或财富，幸福或机遇，权利或需要的满足等等。"③ 马克思主张，人类平等的观念只有在一个占支配地位的社会关系是人与商品的拥有人之间的关系的社会里才能获得永久性固定的普遍认同——我们很快会看到，他相信这种关系导致了资本主义剥削。④ "所有人都具有平等的内在价值，没有一个人在本质上优越于其他人，每个人的好处或利益必须给予平等的考虑。"⑤ "平等指的是这样一种环境：人们不是在福利方面平等，而是在他们支配的资源方面平等。"⑥希腊人以文学的形式表达出平等的观念，"平等，使朋友和朋友，/城市和城市，联邦和联邦相互亲密。/平等，它是人类的自然法则。/上天注定平等是人的本分，/权力和命运由它分配"⑦。伟大的资本主义启蒙思想家孟德斯鸠对资本主义直言不讳地指出："虽然在民主政治之下，真正的平等是国家的灵魂，但是要建立真正的平等却很困难。"⑧ 黑格尔指出："只有在基督教的教义里，个人的人格和精神才第

---

① 《马克思恩格斯选集》第 2 卷，人民出版社 1995 年版，第 539 页。

② 《马克思恩格斯全集》第 20 卷，人民出版社 1958 年版，第 117 页。

③ ［美］亚历克斯·卡利尼克斯：《平等》，徐朝友译，江苏人民出版社 2003 年版，第 26 页。

④ 同上。

⑤ ［美］罗伯特·A. 达尔（Dahl, R. A.）：《论政治平等》，谢岳译，上海人民出版社 2010 年版，第 3 页。参考了 Stanley I. Benn, "Egalitarianism and the Equal Consideration of Interests", in J. R. Pennock and J. W. Chapman, *Equality*（Nomos IX），New York：Atherton Press, 1967, pp. 61—78。

⑥ ［美］罗纳德·德沃金：《至上的美德：平等的理论与实践》，冯克利译，江苏人民出版社 2007 年版，第 119 页。

⑦ 参见［美］萨拜因《政治学说史》（上册），盛葵阳等译，商务印书馆 1986 年版，第 49 页。

⑧ ［法］孟德斯鸠：《论法的精神》（上册），张燕深译，商务印书馆 1961 年版，第 45 页。

一次被认作有无限的绝对的价值。一切的人都能得救是上帝的意旨。基督教里有这样的教义：在上帝面前所有的人都是自由的，所有的人都是平等的，耶稣基督解救了世人，使他们得到基督教的自由。这些原则使人的自由不依赖于出身、地位和文化程度。这的确已经跨进了一大步，……多少世纪，多少千年以来，这种自由之感曾经是一个推动的力量，产生了最伟大的革命运动。"①

　　洛克在《政府论》中说，自然状态"是一种平等的状态，在这种状态中，一切权力和管辖权都是相互的，没有一个人享有多于别人的权力。极为明显，同类和同等的人们既毫无差别地生来就享有自然的一切同等的有利条件，既能运用相同的身心能力，就应该人人平等，不存在从属或受制关系"②。可以发现洛克赋予"平等"一词如下几种含义：其一，平等是符合自然法的天赋权利，因而，一切违背自然法的封建束缚和等级制度应全部取消，在这一意义上，平等与自由是同等的概念。其二，进入社会状态后的平等主要指的是在法律面前的人人平等，其反面含义也是要取消超法律的集团和个人的专断意志。人人平等地拥有"生命权、自由权和财产权"。他说："人们既然都是平等和独立的，任何人都不得侵害他人的生命、健康、自由和财产。"③卢梭在《社会契约论》一书中认为，社会契约只是平等的人们按照相互的义务签订的。卢梭写道："基本契约并没有毁灭自然的平等，而是以道德的和法律的平等来代替自然所造成的人们之间的生理上的不平等，而且尽管人们在体力上与智慧上不平等，但由于约定而且根据权利，人人都成为平等的。"④在卢梭看来，整个社会生活的最重要的缺陷并不在于存在着一般的私有制，而是在于一方面存在着巨大的财富，另一方面存在着极度的贫困，因此，政府立法的最重要任务之一"就是要防止财富分配的极端不平等"。只有在没有巨富和赤贫时，在每个人都成为不大的财产所有者，并且人们在占有方面的差别不是很大时，一个社会才能稳定。

---

　　①　［德］黑格尔：《哲学史讲演录》第 1 卷，贺麟等译，商务印书馆 1981 年版，第 51—52 页。
　　②　转引自曹锦清《平等论》，华东化工学院出版社 1988 年版，第 9 页。
　　③　同上书，第 12 页。
　　④　同上书，第 18 页。

"一切人都有些财富，而任何人也没有过分丰富的东西为准"，这就是卢梭经济平等的基本原则。① 1776 年美国的《独立宣言》中明文规定："人人生而平等，生命权、自由权和追求幸福的权利是造物主赋予每个人的不可转让的权利。" 1789 年法国资产阶级革命中通过的《人和公民的权利宣言》（世称《人权宣言》）对平等权利的具体内容更作了明确的规定。它宣称："在权利方面，人们生来是，而且始终是自由、平等的"；"在法律面前，所有的公民都是平等的"；"每个公民都有言论、著述和出版的自由"。人类所应拥有的平等权利更详细地载入联合国大会于 1948 年 12 月通过的《世界人权宣言》这一历史性的文献中。该文献规定，世界各地所有男女毫无区别地有权享有各种基本权利和自由。其中包括生命、自由、人身安全、参加选举、工作、受教育等权利，以及言论、集会、结社等自由。古代中国人之所以矢志不渝地"寻求自然秩序中的和谐"②，自觉或无意识中其本来目的一定在于"求得人际关系中的平等"。

2. 民族平等

民族平等，是指各民族之间在社会生活各个领域和相互交往中处于同等地位，享有同样的权利，民族平等是从一般平等原则发展来的，是平等原则在民族关系方面的推广和引申。民族平等实质上也是一种民族之间社会权利的分配。依据平等的总原则，可以将民族权利分为基本权利和非基本权利。所谓基本权利，是一个民族生存和发展必须要的最低的权利，是满足这个民族在政治、经济、文化等方面最低的、基本需要的权利。所谓民族的非基本权利，是满足一个民族生存和发展的比较高级的权利，是满足这个民族在政治、经济、文化等方面比较高级的需要的权利。基于马克思主义民族平等思想的解读，一般认为，从主体角度分析，民族平等包括两个方面的内容：一是群体之间的平等，即各民族不论其人口多少、经济社会发展程度高低与风俗习惯和宗教信仰异同，在政治和法律上具有同等地位，在国家和社会生活的一切方面，依法享有相同的权利，承担相同的义务；二是个体之间的平等，即一个国家的

---

① 转引自曹锦清《平等论》，华东化工学院出版社 1988 年版，第 19 页。
② 参见梁治平《寻求自然秩序中的和谐》，中国政法大学出版社 1997 年版。

公民，不论其出身于哪个民族，在权利和义务上完全平等。①

　　马克思主义民族平等有着自己本质的要求，其思想包含了丰富的内容，形成了一个独特的体系。这个体系所要表现的是一种新型的民族关系。首先，马克思主义主张，在世界民族之林中各民族不分大小、强弱、先进或后进都一律平等，每个民族都是人类物质财富和精神财富的创造者，都以自己独特的方式为人类社会的发展作出了贡献。这是因为"古往今来每个民族都在某些方面优越于其他民族"②，而且每个民族"都有只属于该民族而为其他民族所没有的特殊性，这些特点就是每一个民族对世界文化共同宝库的贡献"③。因此，各民族在人类发展史上都有自己应有的地位，民族之间绝无优劣贵贱之分，各个民族都应该享有同等的地位，拥有各种平等的权利。马克思主义坚决反对任何民族享有任何特权，也坚决反对各种形式的民族主义。正如列宁在 1913 年指出："社会民主党主张建立彻底民族的国家制度，要求各民族一律平等，反对只有利于某一或某些民族的任何特权"④，"要求本国各民族一律享有完全的平等权利，铲除民族间的种种隔膜"⑤，"对少数民族不能有丝毫的压制，丝毫的不公平！——这是工人阶级民族的原则"⑥。斯大林认为，在一切方面实行民族平等，是解决民族问题的一个必要条件，但是，"民族之间还存在着旧的资产阶级制度留下来的事实上的不平等，这种形势要求规定一些措施来帮助落后民族和部族的劳动群众在经济、政治和文化上繁荣起来"⑦。

　　其次，民族平等体现在政治、经济、文化、语言、文字等社会生活的各个方面的一律平等，并无条件地保护一切少数民族的权利。列宁认为："没有什么比对待民族不公平更能阻挠无产阶级团结、发展和巩固的了，因为'受侮辱'的民族的人对平等感，对自己的无产阶级同志

① 王天玺：《民族法概论》，云南人民出版社 1988 年版，第 116 页。
② 《神圣家族，或对批判的批判所作的批判》，《马克思恩格斯选集》第 2 卷，人民出版社 1995 年版，第 194 页。
③ 《斯大林文选》（下），人民出版社 1962 年版，第 507 页。
④ 《马克思恩格斯全集》第 19 卷，人民出版社 1963 年版，第 238 页。
⑤ 《列宁论民族问题》，民族出版社 1987 年版，第 204—205 页。
⑥ 同上书，第 184 页。
⑦ 《斯大林全集》第 5 卷，人民出版社 1955 年版，第 32 页。

破坏这一平等（哪怕是出于无心或由于开玩笑），是最敏感的。"① 在《关于民族问题的批评意见》一文中，列宁指出："谁不承认和不坚持民族平等和语言平等，不同各种民族压迫或不平等作斗争，谁就不是马克思主义者。"② 斯大林曾经批判资产阶级的民族优劣论，他指出："每个民族，不论其大小，都有它自己的，只属于它而为其他民族所没有的本质上的特点、特殊性。这些特点便是每一个民族在世界文化宝库中所增添的贡献，补充了它，丰富了它。在这个意义上，一切民族，不论大小，都处于同等的地位，每个民族都是与其他民族平等的。"③ 马克思主义者始终把这一民族平等作为观察和处理民族问题的一条根本原则。

再次，马克思主义民族平等是以私有制的消灭为基础。在阶级社会里，民族之间的不平等根源在于生产资料的私有制度。马克思、恩格斯在《共产党宣言》中响亮地提出："人对人的剥削一消灭，民族对民族的剥削就会随之消灭；民族内部的阶级对立一消失，民族之间的敌对关系就会随之消失。"④ 消灭阶级，是各民族人民共同占有生产资料，在国家的政治生活和经济生活中拥有平等的政治地位和社会地位的社会条件。列宁在揭露资产阶级民族平等口号虚伪性及其抹杀阶级差别、调和阶级矛盾中深刻指出："在一般个人平等的名义下宣布有产者和无产者之间，剥削者和被剥削者间的形式上的或法律上的平等，以此来大大欺骗被压迫阶级。平等思想本身就是商品生产关系的反映，资产阶级借口个人绝对平等，把这种思想变为反对消灭阶级的斗争武器。要求平等的真正意义只能是要求消灭阶级。"⑤ 斯大林曾这样分析："马克思主义所了解的平等，并不是个人需要和日常生活方面的平均，而是阶级的消灭。"⑥ 消灭阶级是马克思主义与资产阶级在民族平等问题上的根本分歧。

---

① 《列宁论民族问题》，民族出版社 1987 年版，第 868 页。

② 同上。

③ 斯大林：《在欢迎芬兰政府代表团的午宴上的讲话》，《民族问题著作选》，中央民族学院民族研究所，1985 年，第 700 页。

④ 《马克思恩格斯论民族问题》上册，民族出版社 1987 年版，第 131 页。

⑤ 《马克思恩格斯列宁斯大林论民族问题》，中国社会科学出版社 1978 年版，第 138 页。

⑥ 斯大林：《在党的第十七次代表大会上关于联共（布）中央工作的总结报告》，载《斯大林全集》第 13 卷，人民出版社 1956 年版，第 314 页。

　　最后，马克思主义主张民族平等的一致性，即形式上的民族平等与事实上的民族平等，法律上的民族平等与实际生活中的民族平等必须一致。基于马克思主义民族平等思想的解读，一般认为，从主体角度分析，民族平等包括两个方面的内容：一是群体之间的平等，即各民族不论其人口多少、经济社会发展程度高低与风俗习惯和宗教信仰异同，在政治和法律上具有同等地位，在国家和社会生活的一切方面，依法享有相同的权利，承担相同的义务；二是个体之间的平等，即一个国家的公民，不论其出身于哪个民族，在权利和义务上完全平等。① 在阶级社会中要真实地体现民族平等只能是一个乌托邦。从平等思想的发展看，"平等在成为事实之前是一种概念，一种信仰"②。资产阶级提出"法律面前人人平等"使平等由概念和信仰变为司法原则固然有着重要意义，"因为已经宣布但未能实现的权利远远胜过没有赋予权利的运用"③。然而资产阶级的阶级本性又必然使作为事实的平等与作为原则的平等之间存在如孟德斯鸠所说的"天壤之别"。马克思主义的平等要求克服了其他所有的平等主张的缺陷，力图使平等的理论原则与法律上的平等权利和现实的生活结合起来，使人与人的平等，民族与民族的平等真实地反映在各个方面，成为真实的社会关系和民族关系。有关民族的"法律上的平等"和"事实上的平等"问题，列宁和斯大林论述得较为充分，列宁指出："不能把民族压迫的消失和民族差别的消失混淆起来。民族差别的消失和民族融合的实现，是社会主义在全世界范围内胜利以后的事，这个胜利为一切民族逐渐融合为一个整体创造了所需的实际条件。"④ 他指出："使各民族在事实上（不只在法律上）平等的因素，这是建立各民族劳动群众之间兄弟合作的条件之一"，"法律上的平等还不是实际生活中的平等"⑤。恩格斯也已经将民族平等的要求明确定位到了社会、经济的具体平等上："无产阶级抓住了资产阶级的话柄：平等应当不仅是表面的，不仅在国家的领域中实

---

① 王天玺：《民族法概论》，云南人民出版社 1988 年版，第 116 页。
② ［法］皮埃尔·勒鲁：《论平等》，王允道译，商务印书馆 1988 年版，第 40、56 页。
③ 同上。
④ 《列宁全集》第 29 卷，人民出版社 1956 年版，第 165—166 页。
⑤ 同上。

行，它还应当是实际的，还应当在社会的、经济的领域中实行。尤其是从法国资产阶级大革命开始把公民的平等提到首位以来，法国无产阶级就针锋相对地提出社会的、经济的要求，这种平等成了法国无产阶级所特有的战斗口号。"①

（三）民族和谐

民族和谐是一个系统概念，是民族关系各种关系和要素相互融洽的状态。它包括了民族社会关系的和谐，即同一民族内部人与人的关系和不同民族之间人与人的关系的和谐；也包括了民族自然关系的和谐，即人与自然关系的和谐。我们要发展民族和谐，就是要让人与人之间、人与自然之间的关系和睦顺畅，各民族的意志、愿望和利益需要能够得到满足。民族和谐的基本内涵包括以下方面：

一是民族自身和谐。民族自身和谐，是指民族共同体内部诸要素之间有一个比较均衡和比较稳定的关系。二是民族与民族和谐。民族与民族和谐，是指民族与民族和衷共济，民族与民族和睦共处。三是民族与社会和谐。没有民族与社会的和谐，民族自身和谐、民族与民族和谐、民族与自然和谐都会失去存在的价值和现实的动力。民族与社会和谐是指民族与社会之间协调统一、共荣共进。四是民族与自然和谐。民族自身和谐、民族与民族和谐、民族与社会和谐，最重要的条件和保障就是民族与自然的和谐。民族与自然和谐是指民族与自然处于共生共存的良性循环的协调状态。自然界作为有机物与无机物的系统整体，民族是处于自然生态系统的链条之中的一个环节。民族自身和谐，需要有民族与自然和谐为条件和保障；民族与民族和谐需要有民族自身和谐为基础和前提；民族与社会和谐需要有民族与民族和谐为支撑；民族与自然和谐需要有民族与社会和谐提供手段和条件。民族自身和谐、民族与民族和谐、民族与社会和谐、民族与自然和谐四者相辅相成，构成了民族和谐的完整内涵。

---

① 《马克思恩格斯选集》第 1 卷，人民出版社 1995 年版，第 146 页。

（四）马克思主义

马克思主义是马克思、恩格斯在 19 世纪工人运动实践基础上创立的理论体系，包括马克思主义哲学、马克思主义政治经济学、科学社会主义。马克思主义是工人阶级的世界观，是工人阶级认识世界和改造世界的思想武器，是工人阶级争取阶级解放和人类解放的科学理论，它是人类优秀文化成果特别是 19 世纪欧洲重大社会科学成果和工人运动相结合的产物。

马克思主义有狭义和广义之分，狭义的马克思主义即马克思恩格斯创立的基本理论、基本观点和学说的体系。马克思主义是无产阶级思想的科学体系。它的内容涵盖了社会的政治、经济、文化、军事、历史和人类社会发展与自然界的关系等诸多领域和各个方面，是极其深刻和丰富的。简单来说，马克思主义是关于无产阶级和人类解放的学说，即人的解放学。马克思主义是无产阶级及其政党十分严整而彻底的世界观，是无产阶级解放运动的理论，是无产阶级根本利益的科学表现。在资本主义生产方式已经形成、无产阶级和资产阶级的斗争日益尖锐化的时期，国际无产阶级领袖和革命导师卡尔·亨利希·马克思和弗里德里希·恩格斯创立的思想体系，成为无产阶级政党的指导思想的理论基础。

在广义上，马克思主义不仅指马克思恩格斯创立的基本理论、基本观点和学说的体系，也包括继承者对它的发展，即在实践中不断发展的马克思主义。作为中国共产党和社会主义事业指导思想的马克思主义，是从广义上理解的马克思主义。它既包括由马克思恩格斯创立的马克思主义的基本理论、基本观点、基本方法，也包括经列宁等对其继承和发展，推进到新的阶段，并由毛泽东、邓小平、江泽民、胡锦涛、习近平等为主要代表的中国共产党人将其与中国具体实际相结合，进一步丰富和发展了的马克思主义，即中国化的马克思主义。本书所指的马克思主义，是指广义上的马克思主义。

第一章 马克思主义民族平等思想的理论渊源

马克思主义民族平等思想萌芽于资本主义的经济、政治关系中，它与近代资产阶级民族平等运动息息相关。它吸收了资产阶级民族平等思想的优点，积极批判私有制，主张建立以公有制为基础的共产主义平等。它也批判了资产阶级民族平等思想的虚伪性、虚假性、欺骗性和隐蔽性，并在总结近代民族平等运动的基础上创造性地形成了无产阶级平等思想。因而，资产阶级启蒙思想家、空想社会主义和北美资产阶级的平等思想是马克思民族平等思想的主要理论渊源。

一 18 世纪法国资产阶级平等思想

(一) 平等的自然状态

自然状态是 18 世纪法国资产阶级思想家洛克、孟德斯鸠、伏尔泰和卢梭构筑平等社会的起点，他们对平等思想的追溯都源于对自然状态的描述。他们首先认为，自然状态下的人，在生理结构方面是完全平等的。因为自然状态是一种完美无缺的平等状态，自然状态下的人生而平等。人有相同的自然生活，相同的生理机能，大家都遭受同样的命运，即使富人也要像穷人一样经历生老病死的痛苦。首先，按照洛克的观点，在自然状态中，平等是人的自然权利。每个人都享有机会的平等，每个人都毫无差别地享有自然界一切同样的有利条件，在自然状态中每个人都享有同样的权利，也享有实现权利的机会，这实质上是对机会平等的肯定。其次，自然状态中的人享有政治地位的平等，人和人之间不存在人身上的"从属关系"，任何人都不享有多于其他人的权利，任何权利和管辖都是相互的。在自然法的范围内，每个人都能"按照他们认为合适的办法，决定他们的行动和处理他们的财产和人身，而毋需得到任何人的许可或听命于任何人的意志"①。再次，洛克还认为，在这种自然状态中人们还可以平等地按照自己的习惯来使用自然法，用自然法来保障生命、自由和财产不受侵犯。最后，卢梭还进一步指出人的本性的平等。因为自然状态下的人在政治和经济上都保持一种平等状态，每个人都是自由、平等的个体，人们在本性上是平等的，人与人之间的不平等只存在于生理方面。因而，伏尔泰总结道："一切享有各种天然能力的人，显然都是平等的。"②

(二) 不平等的历史境遇

自然状态虽然是一种平等的完美状态，但人却有"利己性"，一个人在追求自己的权利时不能永久保证不伤害他人的利益而引发争端，且在自然状态下缺少明文规定的法律来解决人们的纠纷，也缺少一个依照法律裁判争执的裁判员和机构。所以，人们在自然状态中的权利是不稳定、易于受威胁的。

同时，人的不同需求也是导致不平等的重要原因。为此，卢梭就认为，为了满足物质生活的需要，贫困的人就甘愿从属于富人，成为奴仆，导致了奴役和不平等的必然出现。"在我们这个不幸的星球上，生活在社会里面的人们不可能不分成两个阶级：一个是支配人的富人阶级；另一个是服侍人的穷人阶级；这两个阶级又分成上千个阶级，这上千个阶级又有一些不同的细微差异。"③ 不仅如此，人生来就有追求财富、权势和爱好的需求，这些需求也决定了人与人之间不可能真正平等，如"人人都愿意得到别人的金钱、妻子或儿女，作别人的主人，随心所欲地役使别人，自己什么事都不做，或者只做一些非常对口味的事情。你可能很清楚地看到，人们是不可能平等的，正如两个说教者或

---

① ［英］约翰·洛克：《政府论》（下册），叶启芳、瞿菊农译，商务印书馆 1964年版，第 5 页。
② ［法］伏尔泰：《哲学辞典·十八世纪法国哲学》，商务印书馆 1963 年版，第 98—99 页。
③ 同上书，第 90 页。

两个神学教授不可能不互相嫉妒一样"①。

正是由于"利己性"、需求的促使和人类自我完善能力的增强，人类理性的发展和私有制的出现，人类才摒弃自然状态进入了社会状态，从此便开启了人类不平等的三个历史境遇。第一阶段由于经济上的不平等，人们的财产状况决定了他们的社会等级，富人和穷人之间的不平等开始确立；第二阶段是政治不平等时期，强者和弱者、统治阶级和被统治阶级的不平等状态开始确立，代表阶级统治工具的国家产生；第三阶段是道德的不平等时期，暴君的统治成为这一时期不平等的顶点，暴君开始破坏社会的美德，道德的不平等成为这一时期的明显特征。

(三) 理想的平等构想

为了实现人类的真正平等，启蒙思想家们主张订立契约、制定法律、废除农奴制来保障人们的平等权利。其中，洛克和卢梭是社会契约论的主要代表人物，洛克强调为了脱离这种危险的自然状态，人们就必须同他人订立契约，将保护自己不受侵犯的权利让渡给国家。当然，人们在订立契约时，彼此在政治权利上也是平等的，人们可以平等拥有保存自己生命的权利和不放弃、不转让自由和财产的权利。同时被授予权力的所谓"第三者"——国家，也是契约的参与者，被契约限制。卢梭认为为了摆脱这种极端不平等的状况，就应该建立一个以社会契约为基础、具有"高级的社会公共平等"的理想社会。在这个理想的平等社会中，"就权力而言，则它应该不能成为任何暴力，并且只有凭职位与法律才能加以行使；就财富而言，则没有一个公民可以富得足以购买另一个人，也没有一个公民穷得不得不出卖自身"②。在这个社会中人们实现了三重平等，即：第一，缔约的平等。为了消灭人类社会的不平等，人们要缔结社会契约来保障每个人的平等。因为在一个有政府保护人的平等的状况下，明显好于一个无政府、自顾自的状态。这样人们便把自身的一切权利转交给政府，使政府获得更大的权利来保障自己的平等，再从集体那里获取与让渡的权利等价的权利。第二，政治和法律上

---

① ［法］伏尔泰：《哲学辞典》，商务印书馆 1963 年版，第 91 页。

② ［法］卢梭：《社会契约论》，商务印书馆 2003 年版，第 66 页。

的地位平等。公民享有政治权利，享有参与公民集会和决定国家大事的资格和权利，所有公民不论地位和财产状况都要服从法律，在法律面前都享有平等权利。第三，财产占有上的尽可能平等。他虽然允许个人保有财产，保存私有制，但是要防止财产走向极端，不能让它超过了必要的限度，他要求财产占有上要尽可能地接近平等，为了保障财产的平等，甚至可以使用立法的手段。

同时，孟德斯鸠也从法律和政治制度上描绘了理想的平等社会。他认为，为了恢复平等，只有通过"人为法"即法律来恢复平等，所以"人为法"的精神是"平等"。只有法律才能预防人与人之间的不平等状态，保护平等，"真正的平等是国家的灵魂"①。法律之外，民主的政治体制是保障平等的重要条件，为了保障法律能顺利保护人的平等，就应该选择适当的国家政体，实行共和政体，让全体人民或一部分人民掌握最高权力。在共和政体中实现三权分立，用权力制约权力，防止国家权力的滥用，因为"如果司法权不同立法权和行政权分立，自由也就不存在了"②，平等和民主也就无从谈起。为了实现平等，除了依靠法律外，还需要品德，"在民主政治下，爱共和国就是爱民主政治；爱民主政治就是爱平等，爱平等就是爱俭朴。每一个人既然都应该有同样的幸福和同样的利益，那么也就应该享有同样的欢乐，抱有同样的欢乐，抱有同样的希望。……在民主政治下，对平等之爱使人们只去追求唯一一种愿望和唯一一种快乐。这种愿望和快乐就是，在对国家服务方面使自己超过其他公民"③。因而，平等是民主共和国的灵魂，它要求人们以平等的地位为国家服务。

此外，伏尔泰还主张废除农奴制，是实行资产阶级平等秩序的典型代表。他指出，在农奴制存在的社会条件下，人们生理机制的平等和社会地位的不平等构成了严重的矛盾，平等成为一件最自然，也是最荒诞的事情。实现人在法律面前的平等，就必须废除农奴制，实行资产阶级自由、平等的社会秩序。

---

① ［法］孟德斯鸠：《论法的精神》上册，张雁深译，商务印书馆1961年版，第45页。
② 同上书，第156页。
③ 同上书，第114页。

二　空想社会主义平等思想

空想社会主义是马克思主义民族平等思想的重要理论渊源，而在空想社会主义者中，18 世纪的摩莱里、马布利、巴贝夫的平等思想，对马克思主义民族平等思想的影响尤为重要，归纳来讲，他们的平等思想如下：

（一）公有制为基础的原始平等社会

空想社会主义者对平等的追求，仍然开始于自然状态。他们认为，自然状态是一个以公有制为基础，能使人感到平等美满的理想社会。在这个社会中，人们的政治地位是平等的，大自然赋予人们同样的权利，人与人之间都是平等的，人与人之间没有贫富等级之分，整个社会不存在富人和穷人、主人和奴隶、统治者和被统治者。整个社会的财富都归大家所有，在财产和社会地位面前没有提供不平等的基础，每个人生来就拥有同情心、好胜心和爱荣誉的优良“社会品质”。所以自然状态为人们提供了一个以公有制为基础的平等社会，它是最符合理性发展的“黄金时代”。

（二）私有制条件下的不平等起源

人类社会的发展不可止步于原始的平等时代，由于生产工具和人改造世界能力的加强，剩余产品逐渐出现，人们便逐渐忘却了公共利益，使私有财产逐渐产生。同时，随着家庭内部的人数增加和人口迁徙等原因，公有制遭到破坏，以血缘关系维系的家庭逐渐解体，家庭财产不断被分割开，私有制由此产生。在私有制条件下：“任何的财产划分，无论是平等的或是不平等的，以及对于分到的那份财产的任何私有权，在任何社会中都是荷拉提乌斯所说的 summi maferio mali（万恶之源），一切政治现象和道德现象都是这种毁灭性原因的结果。”①

---

① ［法］摩莱里：《自然法典》，重庆出版社 2006 年版，第 70 页。

所以，私有制产生后，人类社会的平等基础开始荡然无存，人与人在经济、政治、道德上的不平等逐渐产生。在经济上，私有制产生了差别和不平等、穷人和富人。多数穷人为了支撑少数富人，牺牲了自己的时间，过着筋疲力尽的日子，富人"自己不劳动，只靠大多数别人的血汗和劳动来生活，他们蔑视和奴役唯一能够对全体社会成员做出贡献的人民群众，他们永远要购买群众的体力、智力和他们的劳动，同时又要让他们饿死"。在政治上，财产的不平等使社会分裂成不同的等级，富人和压迫者开始公开暴虐，富人为了压迫穷人不惜动用立法工具，穷人则只能被动接受这一切的不公平。同时，占社会大多数的穷人被剥夺了参与国家大事、审议国家事务的权利，被剥夺了选举权，不能在国家机关担任职务。资产阶级对他们宣扬的平等，只是"纸上的"平等。在道德上，贪欲和利己主义成为指导人们行为的唯一动力，人们在欲念的指引下逐渐丧失了优良的社会品质，人变得越来越贪婪，越来越无情，个人私利也取代了社会的公利成了社会的瘟疫。

（三）初级共产主义的平等理想

私有制代替原始公有制是人类社会发展的必然趋势，而人类在经历了私有制的一切罪恶之后，才明白自然状态其实才是最平等的理想社会，是最符合人类天性的，人们应该废除私有制、建立起公有制基础上的共产主义共和国。在这个共产主义的共和国里，坚持共同劳动，共同享受的原则，在经济权利上实行绝对平等，土地和财产归国家所有，一切收益都由人民享有，由国家进行劳动产品的平均分配，每个人平等地参加义务劳动，轮流承担国家的各项工作。"人人都是富人，人人都是穷人，人人平等，人人自由，人人是兄弟。"① 在这个共和国中，人们将使用机器，采用新技术来进行劳作，科学和艺术为全社会的利益而服务，从而得到了新的繁荣和发展。甚至，这个新的国度可以制定严格的法律来消除不平等，而"这个共和国的第一条法律就是禁止财产私有"，使一切劳动产品都归国家所有，取消商品交换，实行按需分配。同时，要"取缔豪华法"，反对统治阶级的骄奢淫逸，禁止经商抑制贪

---

① 《马布利选集》，上海古籍出版社1979年版，第170页。

娄和欺骗，改革税制取消苛捐杂税，取消公务人员的特殊报酬，反对公务人员享有特权，制定土地法重新分配土地，取消财产继承权平均分配遗产。

而为了实现这种平等，他主张使用暴力革命来推翻旧制度，武装夺取政权，建立劳动人民的平等共和国。因而，我们同时看到了巴贝夫在建立平等共和国的过程中对人民群众的重视：他意识到在追求真正的平等"这一桩伟大的无愧于人民的事情，只有通过人民才能办得到。如果不通过人民，即是永远不能实现的"，无产者"是平等制度的唯一支柱"。

三 北美资产阶级民族平等思想

1620 年 11 月 11 日，从英国移民驶往北美的一艘轮船"五月花"号在经过 66 天的海上漂泊之后，向美洲陆地靠近。船上 102 名乘客，为了建立一个平等的、让人同等受利的环境，共同签署了《"五月花号"公约》。开创了北美殖民地的平等史，但五月花公约却没有将平等以文字的形式记录下来，拥有平等选举权的公民只局限自由民，并且还得在白人之内。随着殖民地的不断发展，英国逐渐把殖民地作为财政的主要来源，并不断加强了对殖民地的经济统治。到 1764 年，英国议会通过了《糖税法》、《印花税法》等一系列可以在北美殖民地获取经济利益的法律，撤销了各殖民地间原本享有的免税政策，对输入美洲的外国食糖、酒、丝、麻等征收附加税，规定一切报纸、大幅印刷品、小册子等诸如此类的文件，都必须附贴印花税票。以此，英国政府每年从征收印花税中赚取 6 万英镑的收入。这种对殖民地人民的压榨行为激起了殖民地人民的反抗，北美人民以"无代表就不纳税"原则（即殖民地人民如果没有选举代表参加英国议会的权利，殖民地人民就不纳税）否决了《印花税法》。反印花税法行动的胜利，激起了北美殖民地人民反对英国政府的行动，促使殖民地人民开始走上反压迫的平等斗争。杰斐逊也是在这样的局势下起草了《独立宣言》，使"平等"首次以文字的形式出现在殖民地人民的视野中，也第一次提出了民族平等，民族自决权的反压迫口号。

杰斐逊是美国历史上著名的政治家，他起草的《独立宣言》在世界民族平等发展史上具有重要的贡献，是马克思主义民族平等思想形成的重要理论来源和历史背景。杰斐逊根据"天赋人权"的平等观，首先指出："我们认为这些真理是不言而喻的：人人生而平等，他们都从他们的'造物主'那边被赋予了某些不可转让的权利，其中包括生命权、自由权和追求幸福的权利。"①他认为人生来就是平等的，平等是人的首要天赋权利，"广大人类并不是生来在背上就有一副鞍子的，而少数的幸运儿也不是生来就穿着马靴和装上马刺，蒙上帝的恩惠可以随时理所当然地骑在他们身上的"②。所以，人们从出生开始就平等地享有生命权、自由权和追求幸福的权利，这些权利不是来自于上帝的馈赠，也不是来自于政府的赐予，它们是与生俱来的平等权利。其次，北美殖民地人民与英国国民具有相同的平等基础。大家平等地受一个君主的统治，大家拥有同种语言，享受着平等的自由和权利。但现实的情况却是："我们的那些英国兄弟们也不是没有注意到，我们曾经时时警告他们不要企图用他们的立法程序，把一种不合法的管辖权横加到我们身上来……我们也曾经用我们那同文同种的亲谊向他们恳切陈词，要求取消那些倒行逆施的暴政，认为那些暴政势必将使我们之间的联系和友谊归于破裂。然而，他们也同样地把这正义的、血肉之亲的呼吁置若罔闻。"③

他们从政治、经济上对殖民地民族施加了不平等，使殖民地民族遭受了英国殖民民族制造的深重灾难。在经济上，他们恶贯满盈，侵犯并吞食着殖民地人民的财产，"他一向抑制各州人口的增加；为此目的，他阻止批准'外籍人归化法案'；他又拒绝批准其他的鼓励人民移殖的法令，并且更提高了新的'土地分配法令'中的限制条例"；"他割断我们与世界各地的贸易"；"他得不到我们的允许就向我们强迫征税"。

① 齐涛、王玮、黄尊严：《世界通史教程教学参考》近代卷，山东大学出版社 2005 年版，第 62 页。

② ［美］菲利普·方纳编：《杰斐逊文集》，王华译，商务印书馆 1963 年版，第 38 页。

③ 齐涛、王玮、黄尊严：《世界通史教程教学参考》近代卷，山东大学出版社 2005 年版，第 8 页。

在政治上，"他一向拒绝批准那些对于公共福利最有用和最必要的法律"，"屡次解散各州的议会"，"阻止司法工作的执行"，"滥设了许多新的官职，派了大批的官吏到这边来钳制我们人民，并且蚕食我们的民脂民膏"，"使军队不受民政机关的节制，而且凌驾于民政机关之上"，"剥夺了我们的'宪章'"，"停闭我们自己的立法机关"，剥夺了殖民地人民应得的政治权利。这样一些倒行逆施的恶劣举措，彻底使殖民地人民置于专制统治的淫威之下。所以，"一个民族必须解除其与另一个民族之间迄今所存在着的政治联系"。

显然，杰斐逊已经把英国人当作区别于北美殖民地人民所组成的独立民族的"另一个民族"了。因而，杰斐逊对北美殖民地人民的平等独立的追求，实质上是对民族平等的追求，亦即北美殖民地民族与英国民族之间的关系和权利的平等。是殖民地民族要求摆脱附属国依附关系，追求美洲民族与英国人同样权利和平等的民族平等运动。并进一步把民族平等看作是"自然法则"，是"自然神明所规定的"平等权利。

杰斐逊在《独立宣言》倡导的平等精神彻底宣布了美国作为一个独立的国家与英国享有同样的地位，它能以独立的身份与英国平等对话，不仅赢得了美国内部民众的支持，也得到了国际势力的认可，宣告了民族平等、独立战争的彻底胜利。但杰斐逊的平等自由却受到阶级利益和时代的束缚，把黑人排除在自由平等之外，在法律上仍然坚持黑人的非公民身份，把黑人视为奴隶。这不仅为美国内战埋下了隐患，也透露出杰斐逊向种族偏见和奴隶主阶级妥协的一面，使他的思想具有虚伪性的特征。

四 小结

任何一种学说都是在继承、总结前人思想的基础上产生的，马克思主义民族平等思想也不例外，它也是在继承、总结18世纪法国资产阶级平等思想、空想社会主义平等思想和北美资产阶级民族平等思想的基础上产生的。可以说，18世纪法国资产阶级为人们描绘的原始平等状态，向人们讲述的人类不平等境遇，向人们承诺的公平、正义理想，都有利于反抗封建势力、巩固资产阶级政权、保证资产阶级内部平等。但他们的阶级局限性、自私性、狭隘性、不彻底性也成为制约他们理论的致命弱点。空想社会主义虽然因其无产阶级性、平等性而深刻影响马克思主义民族平等思想，但是他们对平等的追求只是一种初级共产主义的理想，这种初级理想带有平均主义、禁欲主义和粗陋的共产主义的特征。北美资产阶级的民族平等思想可以说是一种较为彻底的民族平等思想，其代表人物杰斐逊主张的人生来平等、权利平等等思想都在历史上产生了积极的影响，而且它作为一部民族抗争史，为马克思主义者领导民族斗争提供了实践经验。但杰斐逊的民族平等思想也只在资本主义私有制的圈子内打转，其形式上的抽象性掩盖了实质的不平等性，而成为资产阶级推行民族间事实不平等的幌子。这样看来，马克思主义民族平等思想产生以前的民族平等思想或多或少都存在不足，对它们的积极扬弃也是马克思主义民族平等思想的生命所在。

第二章　马克思主义民族平等思想的
形成及其主要特征

马克思、恩格斯开创了马克思主义民族理论，其中，民族平等思想是其重要的思想结晶之一。列宁、斯大林对马克思主义民族平等思想作了进一步阐述，提出了他们的理论观点。马克思主义经典作家在吸收和继承的基础上，对马克思主义民族平等思想进行了创新和发展。

一　马克思主义民族平等思想的形成与创立

（一）马克思恩格斯民族平等思想的主要观点

马克思和恩格斯是世界无产阶级革命的导师，同时也是科学社会主义的创始人。他们在实践科学社会主义的过程中，也非常重视对民族和民族问题的研究。他们广泛借鉴、吸收前人成果，并立足于具体实践，通过对当时欧洲及世界其他一些国家和地区的民族和民族问题进行思考、分析，逐步形成了比较完整的民族观，创立了无产阶级的民族理论，即马克思主义民族理论。为无产阶级解决民族问题和开展民族工作提供了理论指南，成为民族理论的经典之作。

1. 马克思恩格斯民族平等思想产生的背景

（1）资本主义萌芽的产生。

马克思和恩格斯民族平等理论的创立具有其深刻的社会历史背景。13—14世纪，资本主义生产关系的萌芽为其民族平等思想的诞生奠定了基础。随着生产力的发展，资产阶级活动和影响的范围不断扩大。为了进一步争取原料产地和销售市场，他们加大了对美洲及其他地区侵略的步伐。"欧洲以外的、以前只在意大利和列万特之间进行的贸易，这时已经扩大到了美洲和印度，就其重要性来说，很快就超过了欧洲各国之间的和每个国家内部的交换。美洲的黄金和白银在欧洲泛滥起来，它好似一种瓦解因素渗入封建社会的一切空隙、裂缝和细孔。"① 至此，资本主义经济在封建主义内部兴起并不断发展。"可是社会的政治结构决不是紧跟着社会经济生活条件的这种剧烈的变革立即发生相应的改变。当社会日益成为资产阶级社会的时候，国家制度仍然是封建的。"②因此，封建制度严重阻碍了资本主义经济的进一步发展，成为资本主义发展的桎梏。同时，伴随着资本主义生产关系在欧洲乃至世界范围内扩张，资产阶级力量日益壮大，他们试图摆脱封建制度的束缚。资本主义经济大发展为马克思恩格斯民族平等思想的形成奠定了物质基础。

（2）现代民族的形成。

伴随着资本主义经济的发展，资产阶级力量的不断壮大，资产阶级开始了和封建主义的各种斗争。1789 年，法国爆发了资本主义历史上规模最大、影响最大且最彻底的资产阶级革命，他们高举"自由、平等、博爱"的旗帜，并展开了一系列的行动，给封建势力以强烈的冲击。但是"自由、平等、博爱"只是资产阶级用来发动力量，从而反对封建势力的口号。事实上，资本主义生产关系本质是对内剥削和对外掠夺。资本主义国家机器大工业的发展一方面引起了生产技术的变革和生产规模的扩大，推动了生产力的飞速发展；另一方面加速了两极分化，使社会日益分裂为两大对立的阶级，即资产阶级和无产阶级。

其实，民族压迫和民族剥削的开始，也是民族独立和民族解放运动的开始。伴随着资本主义压迫和剥削在世界范围内的扩张，民族独立和民族解放运动也在世界各地不断爆发。在这一过程中，现代民族逐渐形成。

压迫民族和被压迫民族之间的矛盾日益尖锐，世界无产阶级革命和民族解放运动亟须民族解放的科学理论的出现。这也是马克思恩格斯民族平等思想产生的背景之一。

---

① 《马克思恩格斯选集》第 3 卷，人民出版社 1995 年版，第 446 页。

② 同上。

2. 马克思恩格斯民族平等思想的基本内容

（1）民族平等思想的确立。

对于民族平等，马克思和恩格斯的态度非常鲜明。在他们看来，屹立于世界民族之林的各民族只有大小、强弱、先进和后进之分，而无优劣贵贱之分，各民族一律平等。

民族平等具有两方面的含义。就一个国家范围而言，它是指国内各民族一律平等；就世界范围而言，是指世界各民族的平等。马克思恩格斯曾指出："古往今来每个民族都在某些方面优越于其他民族……任何一个民族都永远不会优越于其他民族"[1]，每个民族都有自己存在和发展的合理性，"每一个民族，不论其大小，都有它自己本质上的特点，都有只属于该民族而为其他民族所没有的特殊性。这些特点便是每个民族对世界文化共同宝库的贡献，补充了它，丰富了它。在这个意义上，一切民族，不论大小，都处于同等的地位，每个民族都是和其他任何民族同等重要"[2]。加之，世界各民族都为世界文明的发展做出了自己的贡献。因此，各民族在人类发展史中应该处于完全平等的地位，应该建立一种互助互学的平等关系。至此，民族平等成为马克思和恩格斯民族理论一个重要支点。

（2）民族平等的实质。

马克思和恩格斯的民族平等理论揭示了民族平等的实质，即民族平等不仅是政治、法律上的平等，而且是各民族事实上的平等。

民族间事实上不平等，是指"由于历史的原因，各民族的经济和文化在现实中处于不同的发展水平，使得落后民族无法与先进民族同样享受法律所赋予的政治、经济和文化平等权利"[3]。

恩格斯揭示了民族平等的实质，并提出了追求各民族事实上平等的主张。"平等不应当仅是表面的，不仅在国家的领域中实行，它还应当是实际的，还应当在社会的经济的领域实行。"[4]

---

① 《马克思恩格斯全集》第 2 卷，人民出版社 1957 年版，第 194—195 页。

② 中国社会科学院民族研究所编：《斯大林论民族问题》，民族出版社 1987 年版，第 436 页。

③ 王钊冀：《民族平等论》，博士学位论文，中共中央党校，2006 年。

④ 《马克思恩格斯选集》第 3 卷，人民出版社 1995 年版，第 447 页。

对民族平等本质的鲜明阐释，无疑为之后无产阶级民族问题的解决提供了方向。

（3）民族不平等的根源。

马克思恩格斯指出了民族平等的本质在于民族间事实上的不平等，因此，必须采取措施消除那种事实上的不平等。在马克思和恩格斯看来，私有制和阶级剥削是一切民族问题产生的根源。因此，必须首先消除私有制，才能消除民族之间的不平等。

在马克思恩格斯看来，"现存的所有制关系是造成一些民族剥削另一些民族的原因"①，"一切统治者及外交家玩弄手腕和进行活动的目的可以归结为一点：为了延长专制政权的寿命，唆使各民族互相残杀，利用一个民族压迫另一个民族"②。这些论述深刻地揭示了民族不平等的根源，即私有制的存在。

资产阶级的平等只是形式上的平等，它实质上是一种压迫与被压迫的关系。马克思和恩格斯科学地分析了民族压迫和剥削与阶级压迫和剥削的关系，指出阶级压迫和剥削是民族压迫和剥削的深刻根源。"无产阶级的平等要求的实际内容都是消灭阶级的要求。任何超出这个范围的平等要求，都必然要流于荒谬。"③ "人对人的剥削一消灭，民族对民族的剥削就会随之消灭。" "民族内部的阶级对立一消失，民族之间的敌对关系就会随之消失。"④ 因此，要彻底实现民族之间的平等，就必须通过无产阶级革命来消灭以生产资料私有制为基础的阶级剥削制度，建立生产资料的社会主义公有制，才能从根本上消灭民族压迫和民族剥削。

（4）民族平等的实现途径。

民族平等是实现民族解放的本质要求。恩格斯指出："排除民族压迫是一切健康和自由发展的基本条件，只有真正成为国家的民族时，才更能成为国际的民族。"⑤ "任何民族当它还在压迫别的民族时，不能成

---

① 《马克思恩格斯论民族问题》上册，民族出版社 1987 年版，第 116 页。
② 《马克思恩格斯选集》第 1 卷，人民出版社 1995 年版，第 304 页。
③ 《马克思恩格斯选集》第 3 卷，人民出版社 1995 年版，第 146 页。
④ 《马克思恩格斯论民族问题》上册，民族出版社 1987 年版，第 131 页。
⑤ 《马克思恩格斯文集》第 10 卷，人民出版社 2009 年版，第 472 页。

为自由的民族。因此，不把波兰从德国人的压迫下解放出来，德国就不可能获得解放。"① "压迫其他民族的民族是不能获得解放的。它用来压迫全体民族的力量，最后总是要反过来反对它自己的。只要俄国的士兵还侵占着波兰，俄国人民就既不能获得政治解放，也不能获得社会解放。"② "只有在波兰重新争得了自己的独立以后，只有当它作为一个独立的民族重新掌握自己命运的时候，它的内部发展进程才会重新开始，它才能够作为一种独立的力量来促进欧洲的社会改造。"③ "如果属于统治民族的国际会员号召被征服的和继续受压迫的民族忘掉自己的民族性和处境，'抛开民族分歧'等等，这就不是国际主义，而只不过宣扬向压迫屈服，是企图在国际主义的掩盖下替征服者的统治辩护，并使这种统治永世长存。"④ 于此，可以看出，马克思、恩格斯反对民族之间任何形式的压迫，强调各民族之间享有平等的权利，压迫其他民族的民族是不能实现自身的解放的，只有通过民族解放运动，才能真正实现各民族之间的平等。

3. 马克思、恩格斯民族平等思想的历史贡献

马克思与恩格斯是民族平等思想的集大成者。毫无疑问，他们在世界民族平等斗争与发展史上作出了无可替代的贡献。

第一，恩格斯在《自然辩证法》中提出了"从部落发展成了民族和国家"的观点，⑤ 即民族是在原始社会部落解体之后形成的。

第二，马克思和恩格斯在继承前人的有益成果的基础上，结合具体的社会现实，形成了完整的民族理论体系。在这个体系中，民族平等是其理论核心，并成为无产阶级解决民族问题和开展民族工作的基本原则之一。

第三，开辟了一个新的研究方向，之后的马克思主义者在继承马克思恩格斯民族理论的基础上，不断实现民族理论的丰富和发展。

---

① 《马克思恩格斯文集》第 3 卷，人民出版社 2009 年版，第 355 页。
② 《马克思恩格斯论民族问题》上、下册，民族出版社 1987 年版，第 117、515 页。
③ 《马克思恩格斯文集》第 1 卷，人民出版社 2009 年版，第 435 页。
④ 中国人民大学科学社会主义系编：《马克思恩格斯列宁斯大林论科学社会主义》（第五册），中国人民大学出版社 1980 年版，第 3329 页 。
⑤ 《马克思恩格斯选集》第 4 卷，人民出版社 1995 年版，第 516 页。

（二）列宁斯大林民族平等思想的主要观点

民族平等原则是马克思列宁主义处理民族问题的基本原则和基本观点，是共产党制定民族政策及解决民族问题的基础。列宁和斯大林在马克思、恩格斯的基础上，进一步论述和丰富了民族平等思想。列宁的民族平等理论是其民族理论的精髓，也是列宁民族法制思想的核心所在。

1. 列宁民族平等思想

（1）列宁民族平等思想形成的历史条件。

列宁的民族理论是俄国社会发展到一定阶段的产物，是19世纪末、20世纪初的俄国国情、当时的国际环境以及列宁个人的社会实践的思想成果。其民族平等思想，源于马克思、恩格斯的民族平等原则，但是其对民族平等思想的认识要比马克思恩格斯深刻。

可以说，列宁的民族理论是他亲自指导俄国社会主义革命和建设的结果。由于客观环境的不同，列宁在这个过程中遇到一些马克思恩格斯所没有经历过的民族问题。这样便造就了列宁对民族平等原则的更为深刻的认识。他不仅从理论上丰富和发展了马克思恩格斯的民族平等原则，而且还将其付诸实践，为后来的社会主义国家处理民族问题提供了强大的理论武器。

从历史上看，十月革命前的俄国是个典型的封建主义农奴制国家。16世纪到19世纪期间，沙俄帝国通过武力的方式对外进行了大规模的侵略扩张，迅速从一个小国扩张成为横跨欧亚两大洲的大帝国。"在它存在的三百多年间，从周围邻国兼并了两千万平方公里的非俄罗斯土地，统治着一百多个被它征服的非俄罗斯民族"[①]，旧俄国已由原来单一的俄罗斯民族变成一个囊括一百多个大小民族和十几种宗教、横跨欧亚大陆的庞大的封建军事帝国。至此，俄国形成了多民族国家的民族关系结构。"十六世纪三十年代，俄国的领土为280万平方千米，人口650多万。到十九世纪末，俄罗斯帝国的疆域已经达到2240万平方千米，人口为1.282亿（1897年普查结果）"[②]，随着俄国领土的扩张和

---

① 阮西湖、李毅夫、王恩庆等：《苏联民族问题的历史与现状》，生活·读书·新知三联书店1979年版，第1页。

② ［苏］普罗霍夫：《苏联百科手册》，山东人民出版社1988年版，第128页。

人口的增加，俄罗斯帝国对非俄罗斯民族进行了残酷的征服和镇压，沙皇政府以大俄罗斯民族为国家的中心，把国内其他少数民族视为落后的"异族人"，对他们实行政治压迫、经济剥削和文化奴役的殖民政策。

"在这个国家，沙皇政府采取种种措施，在政治、经济和文化等方面，压迫、剥削和奴役 100 多个大小民族劳动人民，尤其是非俄罗斯民族的劳动人民。它还通过制造民族纠纷、挑动民族仇视、实行分而治之，以及使用残酷屠杀等手段，对少数民族进行血腥统治"①，沙俄残酷的统治导致了非俄罗斯地区经济衰退、畸形发展、人口锐减、社会发展迟缓等问题。比如，"在沙俄政府的高压下，中亚地区不得不毁掉牧场和粮田，片面发展棉花生产。在哈萨克地区，从 19 世纪中期到 20 世纪初，人们饲养的牲畜减少了 1/4 以上。1901—1905 年，已有 65%—70% 的农户濒临破产的境地"②。总之，沙皇俄国所采取的政治压迫、经济剥削和文化奴役的殖民政策激发了非俄罗斯民族的仇恨，列宁指出："俄国即使在和平时期，在更加野蛮的、中世纪的、经济落后的、军事官僚的帝国主义基础上也打破了民族压迫的世界纪录"③，"旧俄国是各民族的监狱"④。地域与多民族共存的状况随着沙俄的形成与扩张而形成，沙皇俄国残酷的侵略和压迫对被征服民族身心造成了严重伤害，并促使复杂民族关系的形成。这在一定程度上激发了少数民族的斗争。

19 世纪末，随着资本主义由自由竞争阶段发展到了垄断阶段，帝国主义国家为争夺原料产地和商品销售市场，在全世界范围内掀起了瓜分殖民地的狂潮。到 20 世纪初，整个世界基本被瓜分完毕，各帝国主义国家纷纷建立了自己的势力范围，并加紧对殖民地的侵略和扩张。正是在这样的历史背景下，列宁从民族与殖民地的特点出发，提出了帝国主义时代民族种类的划分，即分为压迫民族和被压迫民族，并在此基础

---

① 赵常庆、陈联璧、刘庚岑、董晓阳：《苏联民族问题研究》，社会科学文献出版社 2007 年版，第 1 页。
② 马克思、恩格斯、列宁、斯大林：《论沙皇俄国》，人民出版社 1977 年版，第 507—508 页。
③ 《列宁全集》第 27 卷，人民出版社 1990 年版，第 85 页。
④ 《列宁全集》第 28 卷，人民出版社 1991 年版，第 56 页。

上指出了被压迫民族的解放运动是社会主义运动一部分的伟大战略思想。而为了使所有的被压迫民族联合起来，列宁呼吁一方面要组成反对帝国主义的统一战线，另一方面联合俄国国内各少数民族推翻沙皇的专制统治而实现民族解放。这样，列宁的民族平等思想逐渐形成，并在后来的社会主义建设实践中不断发展和深化。

（2）列宁民族平等思想的基本内容。

民族平等是马克思、恩格斯解决民族问题的基本原则之一，列宁在继承马克思恩格斯民族思想的基础上，结合自己的社会主义实践经验和揭露资产阶级"民族平等"的反动本质，阐述了自己的民族平等思想。其具体内容主要包括以下几个方面：

①各民族不分大小、一律平等是民族平等的前提条件。

坚持民族平等是马克思主义民族理论的基本原则。马克思、恩格斯在《神圣家族》中指出："古往今来每个民族某些方面优于其他民族。如果批判的预言正确无误，那么任何一个民族都永远不会优越于其他民族"①，在这里，马克思和恩格斯实际上指出了各民族可以有大小、强弱之别，但是没有优劣之分，他们在权力和地位上都是平等的。民族平等不仅仅标示着一个国家内的各民族平等，而且在世界范围内的所有民族都是平等的。列宁在此基础上，对马克思恩格斯的民族平等思想进行了深化，在列宁看来，民族平等是辨别真假马克思主义者的试金石。"谁不坚持民族平等和语言平等，不同各种民族压迫或不平等作斗争，谁就不是马克思主义者，甚至也不是民主主义者"②，因为"打倒一切封建压迫，打倒一切民族压迫，打倒某一民族或某一种语言的任何特权，这是无产阶级这个民主力量的绝对职责，是正在受到民族纷争蒙蔽和阻碍的无产阶级斗争的绝对利益"③。因此，要实现民族平等，就必须反对任何少数民族的特权和大俄罗斯民族主义。列宁主要从两方面来论述了这个思想。

---

① 中国社会科学院民族研究所编：《马克思恩格斯论民族问题》（上），民族出版社1987年版，第46—47页。

② 中国社会科学院民族研究所编：《列宁论民族问题》（上），民族出版社1987年版，第230页。

③ 同上书，第237页。

第一，界定了民族的内涵。列宁在《卡尔·马克思》，指出"民族是社会发展的资产阶级时代的必然产物和必然形式"①。在列宁看来，民族的定义不仅适用于西方先进资本主义国家的人民，也同样适用于亚非等落后的殖民地或半殖民地国家的人民。因此，民族平等包括两个层面。从一个国家或地区来说，要承认这个国家或地区各民族一律平等；从世界范围来说，要承认世界各民族一律平等。他还认为，"欧洲人常常忘记殖民地人民也是民族，谁能容忍这种'健忘精神'，谁就是容忍沙文主义"②。在资本主义进入帝国主义阶段后，列强加紧了对殖民地和弱小民族的压迫和侵略，进一步激发了民族仇恨。社会沙文主义进一步强化了这种心理，在他看来，"1914 年至 1919 年，这一无产阶级的大多数正式领袖曾经按照社会沙文主义的精神，借口'保卫祖国'来保卫'本国'资产阶级压迫殖民地和掠夺财政上依存的国家的'权利'，他们这种背叛社会主义的卑鄙行为不能不加重这种绝非无因的不信任心理"③。

第二，列宁的各民族一律平等的原则，还表现在列宁坚决反对以"多民族的国家"的方式来掩盖各民族不平等的事实。列宁指出："俄国是以一个民族即以大俄罗斯民族为中心的国家"④，而在沙皇统治下的俄国，"所谓民族，只是指的大俄罗斯民族"⑤，因此，列宁在《统计学和社会学》一书中，指出：在东欧"有三个国家的民族成分是'复杂的'或'复合的'，共有居民 24900 万人，各民族是不平等的"⑥，所以，列宁认为，在民族问题上持机会主义观点的奥地利作家卡·伦纳和奥·鲍威尔所率先提出的民族问题上"多民族的国家"这个术语，只有"一方面不忘记这个类型的多数国家的特殊历史地位……另一方面不容许这个术语掩盖真正的民族平等同民族压迫的根本区别，才是正确的"⑦。列宁坚决贯彻无产阶级国际主义，加强各民族之间的友爱团结。

---

① 《列宁选集》第 2 卷，人民出版社 1995 年版，第 600 页。
② 《列宁全集》第 31 卷，人民出版社 1985 年版，第 58 页。
③ 同上书，第 130 页。
④ 《革命的无产阶级和民族自决权》第 21 卷，人民出版社 1988 年版，第 387 页。
⑤ 《列宁全集》第 19 卷，人民出版社 1989 年版，第 304 页。
⑥ 《列宁全集》第 20 卷，人民出版社 1989 年版，第 207 页。
⑦ 同上书，第 11 页。

在他看来，"真正的国际主义只有一种，就是进行忘我的工作来发展本国革命运动和革命斗争，毫无例外地支持（用宣传、同情和物质来支持）所有国家的同样的斗争、同样的路线，而且只支持这种斗争和这种路线斗争"①，并强调"各国无产阶级政党在民族和殖民地问题上的全部政策，主要应该是使各民族和各国的无产者和劳动群众彼此接近起来，共同进行革命斗争去打倒地主和资产阶级，因为只有这样，才能保证战胜资本主义，如果没有这一胜利，便不能消灭民族压迫和不平等现象，便不能实现各民族的相互友爱"②。

②民族自决权是实现民族平等的基本要求。

民族自决权是列宁在领导俄国革命过程中，为俄国社会民主工党提出的解决民族问题的基本理论，这个理论在列宁的民族著作中占据很大的比重，是列宁民族平等思想的重要组成部分。

民族自决权的提出是有一定的历史条件的。一方面，19世纪末20世纪初，世界上大多数资本主义国家过渡到了帝国主义时期，进一步掀起了瓜分世界的狂潮、加快了压迫其他少数民族的步伐。而帝国主义残酷的民族压迫政策，激发了殖民地半殖民地国家的人民的反抗斗争，民族解放运动纷纷兴起并不断高涨。列宁针对世界民族解放运动的潮流，以无产阶级革命斗争需要为出发点，重新阐述了马克思主义的民族自决权理论。另一方面，列宁民族自决理论是在对当时俄国的基本国情的深刻理解的基础上提出来的。列宁认为，在俄国这样的封建帝国主义国家里，民族问题是无产阶级首要解决的问题。他在《论民族自决权》一书中分析当时俄国的民族状况时，指出了俄国的基本特点："第一，大多数少数民族居住在边疆地区；第二，各少数民族在俄国所遭受的压迫要比他们在邻国厉害得多；第三，这些居住在边疆地区的被压迫民族往往有一些同族人住在国界那边，他们就有较多的民族独立"③；"第四，在一些少数民族地区，资本主义的发展程度和一般文化水平，要高于俄国中部地区；第五，邻近的亚洲各国的资产阶级民主革命和民族运动开

---

① 《列宁全集》第20卷，人民出版社1989年版，第36页。
② 《列宁全集》第21卷，人民出版社1990年版，第271页。
③ 《列宁选集》第2卷，人民出版社1995年版，第519页。

始兴起，并且部分地蔓延到住在俄国边境内的那些同血统的民族中去了"①。列宁正是在以上历史背景下提出了民族自决理论，以期实现民族的真正解放。

列宁的民族自决理论是一个内容十分丰富的思想体系。主要包括三方面的内容，具体如下所示：第一，各被压迫民族均拥有摆脱压迫民族的政治独立自主权，也就是建立自己民族国家的权力。他在《论民族自决权》一文中界定了民族自决的含义："民族自决，就是民族脱离异族集合体的国家分离，就是成立独立的民族国家"②，"民族自决权只是一种政治意义上的独立权，即政治上从压迫民族自由分离的权利……它只是反对任何民族压迫的斗争的彻底表现"③。第二，民族自决权要符合无产阶级的根本利益。列宁指出："不能把民族自决问题和某个时期实行分离是否适当的问题混为一谈，民族自决权的要求应服从无产阶级和各族人民的根本利益"④。第三，民族区域自治是社会主义制度下，民族自决权的一种实现形式。列宁指出："不同的民族走着同样的历史道路，但走的是各种各样的曲折小径"⑤，在列宁看来，民族区域自治制度符合少数民族的利益，符合国家统一、民族团结的要求，因此是实现民族自决的形式。

③民族法制是实现民族平等的重要保障。

列宁非常重视民族法制建设对保障少数民族权利实现的重要性。在列宁看来："保障少数民族权利的问题，只有在不离开民族平等原则的彻底的民族国家中，通过颁布全国性的法律才能解决"⑥，对于民族法制，列宁很早就有论述。他在 1895 年的《社会民主党纲领草案及其说明》一文中指出："召开由全体公民的代表组成的国民代表会议来制定宪法；凡年满 21 岁的俄国公民，不分宗教信仰和民族，都有普遍的直接的选举权；消灭等级，全体公民在法律面前一律平等。"⑦ 在 1913 年

① 《列宁选集》第 2 卷，人民出版社 1995 年版，第 520 页。
② 《列宁全集》第 24 卷，人民出版社 1990 年版，第 270 页。
③ 《列宁选集》第 2 卷，人民出版社 1995 年版，第 564 页。
④ 《列宁全集》第 24 卷，人民出版社 1990 年版，第 270 页。
⑤ 《列宁全集》第 19 卷，人民出版社 1989 年版，第 100 页。
⑥ 同上书，第 29 页。
⑦ 同上书，第 4 页。

的《民族提纲》中，他提到："社会民主党要求颁布全国性的法律，以保护国内任何地方的任何少数民族的权利，根据这个法律，凡人口占多数的民族企图用来为自己造就民族特权或是缩小少数民族权利（在教育事业、使用某种语言、预算等方面）的任何措施，应该一律宣布无效，谁实行这种措施，谁就应该受到惩罚。"① 列宁还强调："工人民族派的纲领是：绝不容忍任何民族、任何语言享有任何特权，用完全自由民主的方法解决各民族的国家分离问题，颁布全国性的法律，根据这项法律，任何实现一个民族的特权和破坏民族平等或少数民族权利的措施（地方自治局的、市政府、村社的等等），都应该宣布是非法的或无效的。"② "有关民族平等的全国性法律，完全可以在各地区议会、各城市、各地方自治局、各村社等等的法令和决议中，详细的加以规定和发展。"③ 以上这些论述都表明列宁非常重视民族法制的重要性。

在列宁看来，坚持民族权利上的平等是消除民族矛盾的根源，也是消除弱小民族对大民族的不信任的措施之一。"无论各民族的和平关系，或者现代文明中一切珍贵事物的比较顺利的发展，都是绝对不可能的。"④ 政治上，列宁民族平等思想主要表现在两方面：一方面，十月革命胜利"承认各民族有民族自决权，把民族自决权作为实现民族平等的基本要求"。列宁在《关于民族政策问题》一文中指出："维护、宣传、承认这种权利，也就是坚持民族平等。"⑤ 另一方面，在苏维埃政权建立后，列宁培养和提拔任用了一大批少数民族干部。经济上，十月革命后，苏维埃国家投入大量的人力、物力和财力帮助经济落后的民族地区发展民族经济。列宁在 1921 年《致阿塞拜疆、格鲁吉亚、亚美尼亚、达吉斯坦、哥里共和国的共产党员们》一文中指出："通过实行租让制和商品交换政策，对资本主义的西方在经济上要千方百计地加以利用"，"要利用同意大利、美国等国家的商品交换，来尽力发展物产

---

① 《列宁全集》第 23 卷，人民出版社 1990 年版，第 332 页。
② 《列宁全集》第 19 卷，人民出版社 1989 年版，第 12 页。
③ 同上书，第 28 页。
④ 《列宁全集》第 43 卷，人民出版社 1987 年版，第 239—240 页。
⑤ 《列宁全集》第 20 卷，人民出版社 1989 年版，第 217 页。

丰富的边疆的生产力，发展水利和灌溉"①。因此，列宁非常重视民族地区经济的发展状况，认为这是实现各民族平等，过渡到社会主义制度的措施之一。文化上，列宁坚持：各民族在语言上平等，语言平等是民族平等的一个重要方面，列宁在《腐蚀工人的精致的民族主义》一文中，指出："马克思主义者坚持如下原则：要求民族和语言的真正完全平等"②，在《关于民族平等和保护少数民族权利的法律草案》中，列宁提出："教育委员会所采取的任何措施，如果（不论在哪些方面）破坏了当地居民民族的完全平等和语言的完全平等……那么这些措施都应被认为是无效的。"③

④联邦制是实现民族平等的国家结构形式。

十月革命是列宁对国家结构形式认识的转折点。十月革命前，列宁一贯主张建立单一制的"集中统一大国"，反对联邦制。他在《关于民族问题的批评意见》一文中指出："中央集权制的大国是从中世纪的分权状态走向将来全世界社会主义统一的一个巨大的历史步骤，除了通过这种国家（同资本主义有密切联系的国家）以外，没有也不可能有其它走向社会主义的道路"④，包括十月革命前夕，列宁仍然主张这种观点。但是十月革命的到来彻底改变了列宁对国家结构形式的思想，他放弃了建立单一制的国家结构形式，而倾向联邦制共和国的国家结构形式。斯大林阐述了列宁作出这种改变的原因，主要包括以下几个方面：第一，"到十月革命时，俄国许多民族实际上已经处于完全分离和彼此完全隔绝的状态。因此，联邦制是使这些民族的劳动群众由分散趋于接近，趋于联合而前进一步。第二，在苏维埃建设进程中确立起来的联邦形式本身，远不像以前所想象的和俄国各民族劳动群众在经济上接近起来时受到那样大的抵触。第三，民族运动所占的比重，比战前时期或十月革命以前时所想象的要大得多，而各民族联合的方法也要复杂得

---

① 《列宁选集》第4卷，人民出版社1995年版，第486—487页。

② 中国社会科学院民族研究所编：《列宁论民族问题》（上），民族出版社1987年版，第395页。

③ 同上书，第393页。

④ 《列宁全集》第25卷，人民出版社1988年版，第73页。

多"①，但是综观当时俄国的社会状况，列宁选择联邦制作为苏维埃共和国的国家结构形式，是必要的，也是必需的，因为在民族压迫还存在的情况下，共和国的国家结构形式是保证各民族平等权利实现的必要政策。

然而，在列宁看来，联邦制思想只是一种过渡形式，而不是一种永久性的国家结构形式。在 1918 年《苏维埃政权的当前任务》一文中，列宁写道："在真正民主制度下，特别是在苏维埃国家制度下，联邦制仅仅是达到真正的民主集中制的过渡性步骤。俄罗斯苏维埃共和国的例子特别清楚地表明，我们目前实行和将要实行的联邦制，正是把俄国各民族最牢固地联合成一个统一的、民主的和集中的苏维埃国家的最可靠的步骤"②，因而，联邦制只是一种过渡形式，最终目的还是要实行集中制。但是，联邦制的实现是以民族平等为基本原则的。他认为在俄国当时特定的社会历史条件下，只有联邦制才能更好地体现民族平等思想。但是，由于斯大林等人的失误，旨在实现民族平等的联邦制并没有最终实现。列宁曾形象地将其比喻为："历史喜欢捉弄人，喜欢同人们开玩笑，本来要进这间屋子，结果却跑进了那间房间"③，俄国后来的社会发展轨迹表明联邦制的国家结构形式进一步增强和强化了民族自我意识，这正是导致苏联解体的原因之一。

以上论述了列宁民族平等思想产生的历史背景和基本内涵，民族平等作为共产党解决民族问题、开展民族工作的基本原则，并随着社会主义实践的发展而不断深化。因此，我们应该研读马克思主义经典作家对民族平等的相关论述，以期更好地构建社会主义新型民族关系。列宁的民族平等思想为苏联民族问题的解决奠定了基础，斯大林在之后苏联的社会主义实践中继续坚持和贯彻民族平等的原则。

2. 斯大林民族平等思想

斯大林作为历史上一个重要的人物，被认为是苏联布尔什维克党内的民族问题专家，也是权威的马克思主义民族问题理论家，是马克思主

---

① 《斯大林全集》第 3 卷，人民出版社 1955 年版，第 30 页。
② 《列宁全集》第 34 卷，人民出版社 1986 年版，第 139 页。
③ 《列宁全集》第 25 卷，人民出版社 1988 年版，第 33 页。

义民族理论的代表者。他一生撰写了许多有关民族问题方面的论著，许多理论观点都被人们广泛引用。他的许多思想不仅影响了苏联民族政策的制订和执行，而且也影响了整个国际共产主义运动的发展，为马克思主义理论宝库增添了许多新的内容。在他领导苏联建设的几十年中，他制定的民族政策在一定程度上促进了苏维埃民族地区的经济、文化、社会发展，但是在斯大林的后期，民族平等理论在实施的过程中也出现了一定的失误。斯大林关于民族问题的最早论述主要存在于《编辑部的话》和《俄国社会民主党及其当前任务》中，根据对人民出版社出版的《斯大林全集》相关卷数的统计，斯大林共著述了 150 多篇论著来探讨他对民族问题的理解，其中，全文论述民族问题的著作共有 94 篇，部分论述民族问题的著作共有 62 篇。

（1）斯大林的民族平等理论形成的历史条件。

1913 年 1 月斯大林在《马克思主义和民族问题》中提出了"民族不是普通的历史范畴，而是一定时代即资本主义上升时代的历史范畴"[①] 的观点，1929 年斯大林再一次补充说明了他的这个观点："世界上有各种不同的民族。有一些民族是在资本主义上升时代发展起来的，当时资产阶级打破封建主义和割据局面而把民族集合一体并使它凝固起来。"他给这样形成的民族起了个名字叫"现代民族"[②]，并且进一步指出"这种民族应该评定为资产阶级民族"[③]，这是次生态的民族。

苏联成立之后，虽然各民族在法律上获得了平等权利。但是，由于过去沙皇时期实行的殖民统治，残酷压迫和剥削少数民族，使得许多非俄罗斯民族的社会、经济和文化发展水平等各方面还很落后。虽然法律上规定了民族平等，但是各民族发展很不平衡，故并不能够根本解决民族问题，社会、经济和文化发展上的不平等及许多民族不能真正享受法律赋予的平等权利等问题依然存在。当时的苏联俄国正处于过渡的关键时期，政治危机并没有得到真正意义上的克服。"纠纷扰攘"的不稳定的日子还在前面。所以，现在以及将来的主要任务就是争取完全民主化。

---

① 《斯大林选集》上卷，人民出版社 1979 年版，第 697 页。
② 《斯大林全集》第 11 卷，人民出版社 1955 年版，第 288 页。
③ 同上书，第 291 页。

　　上述情况，是斯大林制定适合于苏联的民族政策并产生重要影响的现实因素，也是促使斯大林民族政策形成的直接原因。

　　（2）斯大林的民族平等理论的主要内容。

　　①斯大林关于民族的定义的论述。

　　1901 年，斯大林在《斗争报》中发表了《俄国社会民主党及其当前任务》。在这篇论文中，斯大林第一次谈论了俄国的民族问题，指出：“在沙皇制度压迫下，呻吟叫苦的有俄国境内被压迫的各民族和异教徒，其中包括那些被逐出乡土而其神圣情感蒙受伤害的波兰人和芬兰人，历史赋予他们的权利和自由都被专制制度蛮横的践踏了，呻吟叫苦的有经常受迫害受侮辱的犹太人，他们甚至被剥夺了其他俄国臣民所享有的微不足道的权利，即随处居住的权利、就学的权利、供职的权利等等，呻吟叫苦的有格鲁吉亚人、亚美尼亚人及其他民族，他们被剥夺了开办本族学校的权利，在国家机关中工作的权利，他们不得不服从专制政权所疯狂推进的可耻的、压迫少数民族的俄罗斯文化政策。”① 从斯大林论述的顺序可以看出，斯大林已经摒弃了之前那种狭隘的民族主义倾向。

　　1903 年，斯大林撰写了《社会民族党怎样理解民族问题》，严肃地批判了俄国党二大提出来的按照民族建党的论断。在他看来，俄国党是俄国各民族无产阶级的政党，而不是俄罗斯的党。他在《民族问题和列宁主义》中断言：“在资本主义以前的时期是没有而且也不可能有民族问题的。”② 在 1913 年发表的《马克思主义和民族问题》一文中，斯大林第一次给民族下了一个定义。他认为，“民族是人们在历史上形成的一个有共同语言、共同地域、共同经济生活以及表现于共同文化上的共同心理素质的稳定的共同体”③。这个定义同样适用于处于其他社会发展阶段上的民族，因而具有普遍性。此外，只有同时具备这四个特征时，才能形成一个民族。其中，共同经济生活是决定民族形成的因素，斯大林从马克思主义立场出发，给近代民族下了一个科学的定义，丰富

---

　　① 《俄国社会民主党及其当前任务》，载《斯大林选集》上卷，人民出版社 1979 年版，第 8—9 页。

　　② 《斯大林全集》第 11 卷，人民出版社 1955 年版，第 289 页。

　　③ 《斯大林全集》第 2 卷，人民出版社 1953 年版，第 294 页。

和发展了马克思主义的民族学说。同时，"针对当时民族主义的浪潮和某些俄国社会民主党人在民族问题上存在的模糊认识，斯大林指出有必要对民族问题进行一番认真的和全面的讨论，以便用久经考验的国际主义武器消除民族主义的迷雾"①。

②民族间事实上的不平等是民族问题的实质。

斯大林以民族问题在世界历史发展进程中不同阶段为前提，分析了无产阶级专政条件下民族问题的新特点，并在此基础上，论证了民族"事实上的不平等"的表现、出现的根源及消除民族间事实上的不平等的途径。在一定程度上为论证和实践列宁关于达到"民族事实上的平等"的理论和任务作出了积极的贡献。

首先，斯大林分析了苏维埃时期民族问题的特点，并在此基础上提出了"民族事实上的不平等"这个论断。在他看来，民族问题在世界范围内一共经历了三个阶段，即西方封建主义时期、资本主义胜利的时期、西方帝国主义出现的时期。并指出"在不同时期，民族问题的内容，表现形式和解决方式是不同的。但前两个时期也有一个共同的特征，就是存在着民族压迫和民族斗争，民族问题不但得不到解决，反而更扩大更尖锐了。到苏维埃时期，民族压迫已经消除，被压迫民族得到了解放，各民族都在法律上有了平等的地位，各民族之间也建立了自愿的联盟，这对于鼓舞世界上被压迫民族的解放斗争，对于进一步建立国内各民族之间经济、军事和政治的互助合作关系，都有极重大的意义（但是，斯大林也指出，在苏维埃条件下，民族问题还存在，这主要就是在发达民族和不大发达的民族之间存在着事实上的不平等）"②，他还指出："事实上的不平等仍然是一切不满和摩擦的根源。"③

其次，斯大林认为社会主义时期民族问题的实质是消除民族问事实上的不平等。他指出，在俄国"在短时期内消除这种不平等现象""是不可能的"。但是，"我们一定要把它消除。而且只有通过俄罗斯无产阶级给予联盟各落后民族真正的长期的帮助，使它们经济和文化方面繁荣起来才能把它铲除掉。不这样，就没有理由指望在统一的联盟国家范

① 李淮春：《马克思主义哲学全书》，中国人民大学出版社 1996 年版，第 656 页。
② 《斯大林全集》第 5 卷，人民出版社 1955 年版，第 29 页。
③ 同上书，第 35 页。

围内建立各民族的正确的巩固的合作。因此，为消灭各民族在事实上的不平等而斗争，为提高各落后民族的文化和经济水平而斗争是我们党当前的第二项任务"。同时也指出"虽然俄罗斯忽然同它联盟的各共和国在苏维埃制度下已经没有统治民族和无权民族、宗主国和殖民地、被剥削者和剥削者了，但是民族问题在俄罗斯仍然存在。俄罗斯苏维埃联邦社会主义共和国的民族问题的实质就是要消灭过去遗留下来的某些民族的事实上的落后性（经济的、政治的、文化的），使各落后民族有可能在政治、文化和经济方面赶上俄国中部"①。"民族问题加进了新的因素，即加进了使各民族在事实上（不只是在法律上）平等的因素（帮助和协助落后民族提高到走在它们前面的民族的文化水平和经济水平），这是建立各民族劳动群众之间兄弟合作的条件之一。"②"没有这种帮助，就不可能建立为社会主义最终胜利的不同民族和部族的劳动者在统一的世界经济范围内的和睦共处和兄弟合作。"③

在多民族的国家，社会主义革命取得胜利后，民族压迫制度废除了，开始了民族平等的新时代，但是民族问题依然存在，如民族歧视、民族隔阂、民族偏见、民族猜疑等，这些问题在短期内是无法消除的，这些都会是无产阶级专政时代长期存在着的民族问题，因而说民族问题是无产阶级专政的一部分。斯大林在 1929 年 3 月 18 日的《民族问题和列宁主义》中就说过："俄国马克思主义者所持的出发点始终是下面这个原理：民族问题是革命发展总问题的一部分，在革命的各个不同阶段上民族问题具有和各该历史时期的革命性质相适应的各种不同的任务，因此，党在民族问题上的政策也就随之而改变。"④ 可见，社会主义国家的民族问题和无产阶级专政问题紧紧联系在一起，是无产阶级专政的一部分。

综上，斯大林论述了社会主义国家民族问题的实质，并把民族问题的重要性提高到建立社会主义并取得最终胜利的问题，提高到不同民族劳动者在世界经济范围内和睦共处和兄弟合作的高度看待。

---

① 《斯大林全集》第 5 卷，人民出版社 1955 年版，第 31 页。
② 同上书，第 46 页。
③ 同上书，第 47 页。
④ 同上书，第 301 页。

③斯大林关于消除民族间事实上不平等的理论和政策。

斯大林认为，苏维埃制度的确立开辟了解决民族问题的广阔道路，但不等于苏维埃制度下已经不存在民族问题了，它只是为彻底解决民族问题奠定了必要的基础。斯大林指出："十月革命所获得法律上的民族平等乃是各民族的伟大成就，但是它本身并未解决整个民族问题。"①这种政治、法律上的平等只是解决民族问题的一个前提条件。然而，仅仅实现政治、法律上的平等又是很不够的，它还远没有达到民族平等的全部要求。这是因为在旧的民族压迫制度被推翻以前，各民族处于不同的社会发展阶段，一些民族的经济文化比较发达，另一些民族的经济文化则比较落后，这样就造成了各个民族在经济文化生活方面的极大差距。因此，在进入消灭民族压迫的社会主义社会之后，发展落后的民族的劳动群众在享受法律所赋予的平等权利时，就会受到种种实际的限制，"没有力量像先进民族的劳动群众那样想用'民族权利平等'给他们的权利"②，于是便出现了各民族间事实上的不平等。

"事实上平等"的概念是列宁提出的。斯大林在苏维埃多民族的国家建设过程中，针对许多原先被压迫民族和俄罗斯民族间事实上不平等非常突出的情况，以及消除这种不平等对巩固苏维埃政权解决民族问题的迫切性，从理论到实践作了较为系统的论述。他在 1921 年俄共（布）十大所做的关于民族问题的报告中明确指出："俄罗斯苏维埃联邦社会主义共和国的民族问题的实质就是要消灭过去遗留下来的某些民族的事实上的落后性（经济的、政治的、文化的）、使各落后民族有可能在政治、文化和经济方面赶上俄国中部。"③ 1923 年又在《党和国家建设中的民族问题》中指出："这种遗产是共和国联盟各民族在事实上即在经济上和文化上的不平等。"④

斯大林对于民族之间的不平等也有自己的理解，主要包括以下几个方面：第一，把"事实上的不平等"所反映的内容有时解释为"文化的、经济的、政治的"；有时解释为"即经济上和文化上的"。第二，

---

① 斯大林：《马克思主义与民族、殖民地问题》，人民出版社 1961 年版，第 352 页。
② 《列宁全集》第 5 卷，人民出版社 1959 年版，第 46—47 页。
③ 《斯大林全集》第 5 卷，人民出版社 1955 年版，第 32 页。
④ 同上书，第 153 页。

把"事实上的不平等"所反映的范围，有时解释为"大俄罗斯民族和其他民族、部族之间的关系。文化较发达的民族和文化不发达的民族之间的关系"①；有时是指"苏维埃共和国联盟内的'各民族'之间的关系"。有时是指"先进民族和落后民族之间的关系"②。第三，各民族之间"事实上的不平等"，主要就是指"落后民族的劳动群众没有力量像先进群众那样享有'民族权利平等'给他们的权利"③。

斯大林也分析了导致民族之间事实上不平等的根源：第一，"在以生产资料和生产工具集体所有制为基础的苏维埃国家，还存在着旧的资产阶级制度遗留下来的事实上的不平等"④。第二，"有些民族还没有来得及经过资本主义，而有些民族根本没有进入资本主义，没有或者几乎没有自己的无产阶级，由于文化上和经济上落后，这些民族的劳动群众还没有力量来充分使用他们已经取得的权利"⑤。第三，"产生这种事实上不平等的原因不仅在于这些民族的历史，也在于沙皇政府和资产阶级的政策"，"使边疆地区变成受工业发达的中部地区剥削的纯原料产地"⑥。

同时，斯大林指出："在先进民族和落后民族之间确立事实上的平等是一件很复杂很艰巨的工作，需要很多年才能完成"，"需要我们给文化和经济上落后的各民族的劳动群众以真实的、经常的、真诚的和真正无产阶级的帮助"⑦。"除了发展学校和语言以外，俄罗斯无产阶级必须采取一切办法帮助各边疆民族地区建立工业基地，建立当地的工人阶级队伍。"⑧ 为了解决民族间事实上的不平等问题，斯大林"要求规定一些措施来帮助各落后民族和部落的劳动群众在经济、政治和文化上繁荣起来，使他们有可能赶上走在前面的无产阶级的俄国中部"⑨。这些

① 《斯大林全集》第5卷，人民出版社1955年版，第153页。
② 同上书，第196页。
③ 同上书，第35页。
④ 同上书，第35页。
⑤ 同上书，第29页。
⑥ 同上书，第46页。
⑦ 同上书，第154页。
⑧ 同上。
⑨ 同上书，第196页。

措施主要包括："第一，研究落后民族的经济状况、生活习惯和文化；第二，发展它们的文化；第三，对它们进行政治教育；第四，把它们逐步地无痛苦地引向高级的经济形式；第五，建立落后民族劳动者和先进民族劳动者之间的经济合作。"

斯大林对这一理论也有许多分析论述，其理论贡献在于：一是说清楚了民族间事实上不平等的基本含义，即指在多民族国家里，某些民族由于历史的原因而造成经济、文化发展落后，不能和先进民族同样享受法律赋予的各项权利的现象。二是论述了民族间事实上的不平等的存在是社会主义时期民族问题中的主要矛盾和产生民族纠纷的重要根源。指出马克思主义把实现各民族间事实上的平等，看作是社会主义革命和建设事业的一项根本任务。三是说明了产生民族间事实上不平等的社会历史原因。斯大林认为民族间事实上不平等是历史遗产，旧社会的统治阶级实行民族压迫和剥削政策加剧了民族间社会经济文化发展的不平等和社会历史发展的不平衡，因而造成了民族间事实上不平等。四是提出了消除事实上的不平等是长期的历史任务，国家和先进民族的工人阶级必须给经济文化落后的各民族以长期的有效的帮助。可见，消灭民族间历史遗留下来的事实上的不平等，是整个社会主义历史阶段的长期任务。

④民族平等是解决民族问题的一个必要条件的理论。

民族平等作为一种口号虽然早在资产阶级民族主义时期即已提出，但并未变为现实，只有在社会主义条件下，才被赋予了它的真实的内容和科学的含义，成为无产阶级民族观的核心思想，成为无产阶级处理民族问题的根本原则。

斯大林则从另外的角度用朴实无华的语言解释了民族平等的重要性。首先，他认为，无疑地，不论哪一个地区都不是清一色的单一民族区，因为每个地区里都杂居着少数民族。例如波兰有犹太人、立陶宛有拉脱维亚人、高加索有俄罗斯人、乌克兰有波兰人等等。因此，有人就要担心少数民族会受多数民族的压迫。但是只有国家还保存着旧制度的时候，这种担心才有依据。如果国家具有完善的民主制度，这种担心就失去任何根据了。那么，少数民族特别关心的是什么呢？少数民族感到不满的不是没有民族联盟，而是没有使用本族语言的权利，让他们使用本族语言，这种不满就会自行消失了；少数民族感到不满的不是没有人为的联盟，而是他们没有本族的学校，给他们这种学校，这种不满就失去任何根据了；少数民族感到不满的不是没有民族联盟，而是没有信仰（信教）、迁徙等等的自由，给他们这种自由，他们就不再会不满了。总之，在一切方面（语言、学校等等）实行民族平等是解决民族问题的一个必要条件。因此，必须在国家完全民主化的基础上颁布全国性的法律，无例外地禁止民族享有任何特权，禁止对少数民族权利加以任何妨碍或限制。这样，也只有这样，才能实际地而不是纸上空谈地保障少数民族的权利。

⑤斯大林在民族平等理论上的失误。

虽然说，斯大林一定程度地丰富了民族平等思想，但他在关于如何实现各民族实事上平等的途径问题上却也出现了严重的失误。

首先，斯大林只讲先进民族应当帮助后进民族，不提列宁关于"大民族要以对待自己的不平等来抵偿生活上实际形成的不平等"的理论。他在俄共（布）十二大《关于党和国家建设中的民族问题的报告的结论》中指出："有人对我们说，不能委屈少数民族。这是完全正确的，我同意这一点，不应当委屈少数民族。但是如果因此而创造出一种新的理论，说必须使大俄罗斯无产阶级在对过去被压迫民族的关系上处于不平等的地位——那就是胡说八道了。在列宁同志的一篇著名论文中只是文字上的一种变现方法，可是很明显，无产阶级专政的政治基础首先而且主要是中部地区即工业地区，而不是边疆地区即农民地区。如果我们矫枉过正地偏向农民的边疆地区而损害无产阶级地区的利益，那就会造成无产阶级专政体系的裂痕。"① 斯大林还引证了列宁的《论民族自决权》的一段话作为其立论的依据："民族问题和'工人问题'比较起来，只有从属的意义，这在马克思看来无可置疑。"斯大林得出结论："这里总共只有一行字，但是它解决了一切问题。"② 在他看来，大民族应该在绝对平等的基础上帮助少数民族。由于斯大林没有真正理解列宁关于民族平等、大民族对小民族要多让步和多宽容的国际主义思想，加上对苏联社会现实认识上的偏差，从而导致了他在民族问题上做

① 《斯大林全集》第5卷，人民出版社1955年版，第214—215页。
② 同上书，第215页。

出了不正确的判断。

其次，在民族自决和民族平等方面的某些理论和实践的错误。这些错误主要表现在以下几个方面：第一，斯大林从最初承认民族自决的道路走上了否认民族自决的道路；第二，过分夸大了少数民族上层分裂的危险性，对各民族友好团结的愿望和要求进步的趋势估计不足，没有把少数民族坚持其民族传统、民族特点和民族意识同地方民族主义严格地加以区别对待，从而也没有正确区分和处理好民族问题上的两类不同性质的矛盾；第三，提出了"只有俄罗斯的共产党员才能从事反对大俄罗斯沙文主义的斗争"① 的片面观点。

再次，斯大林在 20 世纪 30 年代中期的社会实践以及在民族政策上也犯了一系列错误，其主要表现在：第一，在同两种民族主义倾向的斗争中，由重点反对大俄罗斯沙文主义转到只强调反对地方民族主义，不再把大俄罗斯沙文主义看作"主要危险"；第二，在民族文化政策上，片面强调俄罗斯的文化和历史的重要性，限制少数民族文化的发展，并以行政措施推广俄语；第三，20 世纪 30 年代中期对少数民族干部清洗出现扩大化的趋势；第四，在卫国战争期间对一些民族实行强制移民，剥夺他们的民族权利；第五，战后提出了"俄罗斯民族是苏联各民族中'最杰出的民族'和'领导力量'"② 的论点，并把俄罗斯民族凌驾于其他民族之上。

最后，斯大林对于"社会主义民族"理论的认识也存在许多错误。主要表现在：第一，在理论上承认社会主义民族发展的两个历史阶段，但在实践上把这两个历史阶段混同了起来，在第一个历史阶段去实现第二个历史阶段的任务。第二，斯大林没有完全看清社会主义民族和资产阶级民族之间的复杂关系，没有看清后者对于前者的矛盾和影响，把二者截然分离开来，而且把两者之间的关系简单化了。第三，斯大林认为在苏联，由于民族压迫早已消灭，因而民族猜疑、民族隔阂、民族仇视、民族冲突也不存在。第四，斯大林承认在第一时期，社会主义国家仍然存在"民族差别"，但是他并没有阐明这种差别的含义，因而他不

---

① 《斯大林全集》第 5 卷，人民出版社 1955 年版，第 216 页。
② 同上。

承认由于这些差别的存在而必然导致的一定的民族矛盾和斗争。实践证明，这些论断都说得过分简单和绝对，也不符合苏联当时的实际情况。第五，斯大林没有明确地把民族差别和民族国家的差别联系在一起。他虽然承认在一个社会主义国家里，仍然存在民族差别，但是却没有明确指出社会主义国家间的民族差别或国家差别也必然同时存在以及消除国家之间民族差别的措施。因此，笔者认为在看到斯大林民族理论的贡献的同时，也应该客观公正地看到其民族理论的局限性。

斯大林在民族理论和实践中的缺陷产生了十分严重的后果。就国内而言，斯大林在民族问题上的错误理论为勃列日涅夫时期苏联领导集团炮制的民族"历史共同体"理论的缔造奠定了基础；就国际而言，促使苏联领导人炮制出了影响深远的国际民族强制同化论，对世界民族的团结造成了严重的影响。

二　马克思主义民族平等思想的基本内涵

（一）基本内涵

马克思主义民族理论是马克思和恩格斯共同创立的，它来源于18、19世纪法国的空想社会主义，产生于无产阶级的社会主义革命实践。列宁和斯大林发展了马克思主义民族理论，毛泽东和邓小平在中国革命和社会主义建设中丰富了这一理论。

马克思民族平等思想包含两个概念：一是法律上、政治上的平等；二是"事实上的平等"。民族之间"事实上的不平等"是马克思主义有关民族平等理论的核心观点，它是指多民族国家在建设社会主义的过程中，各民族在政治上、法律上获得平等权利后，由于历史的和现实的原因，一些民族的经济文化发展水平处于比较先进的地位，而另一些民族的经济文化发展水平则处于比较落后的状态，后发展民族因为自身发展程度低而带来的种种限制导致其不可能与先发展民族同样享受政治上、法律上的平等权利。有关民族的"法律上的平等"和"事实上的平等"问题，列宁和斯大林论述得较为充分。列宁指出："不能把民族压迫的消灭和民族差别的消失混淆起来。民族差别的消失和民族融合的实现，是社会主义在全世界范围内胜利以后的事，这个胜利为一切民族逐渐融合为一个整体创造所需的实际条件。"① 斯大林认为，在一切方面实行民族平等，是解决民族问题的一个必要条件，但是，"民族之间还存在着旧的资产阶级制度留下来的事实上的不平等，这种形势要求规定一些措施来帮助落后民族和部族的劳动群众在经济、政治和文化上繁荣起来"②。他指出："使各民族在事实上（不只在法律上）平等的因素，这是建立各民族劳动群众之间兄弟合作的条件之一。"③ 恩格斯也已经将民族平等的要求明确地定位到了社会、经济的具体平等上："无产阶级抓住了资产阶级的话柄：平等应当不仅是表面的，不仅在国家的领域中实行，它还应当是实际的，还应当在社会、经济领域实行。"④

马克思主义认为，世界上各个民族都是人类物质财富和精神财富的创造者，对于人类历史的发展和世界文明的创造都作出了自己的贡献。尽管由于种种历史的和社会的原因，各民族的政治、经济、文化发展程度不同，民族有大小、强弱、先进和落后之分，但根本不存在民族优劣、贵贱之别。马克思批判了资产阶级的民族优劣论，指出："古往今来每个民族都在某些方面优越于其他民族。"⑤ 斯大林进一步阐明了马克思的这一基本思想。他说："每一个民族，不论其大小，都有它自己的，只属于它而为其他民族所没有的本质上的特点、特殊性。这些特点便是每一个民族在世界文化宝库中所增添的贡献，补充了它，丰富了它。在这个意义上，一切民族，不论大小，都处于同等的地位，每个民族都是与其他民族平等的。"⑥ 既然各民族的地位是平等的，那么就应该反对任何民族的任何特权，坚持各民族有完全平等的权利。列宁强调指出："谁不承认和不坚持民族平等和语言平等，不同各种民族压迫或不平等作斗争，谁就不是马克思主义者，甚至也不是民主主义者，这是毫无疑问的。"⑦ 也就是说，承认不承认各民族有平等的地位和平等的

① 《列宁全集》第 29 卷，人民出版社 1956 年版，第 165—166 页。
② 《斯大林全集》第 5 卷，人民出版社 1955 年版，第 32 页。
③ 同上书，第 46 页。
④ 《马克思恩格斯选集》第 1 卷，人民出版社 1995 年版，第 146 页。
⑤ 《马克思恩格斯论民族问题》，民族出版社 1987 年版，第 46—47 页。
⑥ 《斯大林文选》，人民出版社 1962 年版，第 506 页。
⑦ 《列宁全集》第 20 卷，人民出版社 1958 年版，第 11 页。

权利与坚持不坚持民族平等的原则，是区分真假马克思主义的试金石。

因而，马克思主义认为，民族平等是指各民族在社会生活各个领域和相互交往中，处于同等的社会地位，具有相同的权利。民族平等是马克思主义民族思想的一个根本原则，是党和国家制定民族政策的一项总原则，也是社会主义民族关系的基石。

（二）基本属性

1. 民族平等主体的广泛性

平等，包括民族平等，是资产阶级民主主义的一个口号，是17—18世纪由小资产阶级和资产阶级政治家提出来的，后来成为资产阶级民主运动的一个原则。资产阶级提出民族平等的经济原因和政治目的决定了这个口号的虚伪性和阶级私利性。资产阶级民族平等的抽象的，形式主义的提法，也决定了这个口号的虚伪性和欺骗性。资产阶级平等（包括民族平等）的虚伪性，归根结底，就是以平等的形式掩盖着不平等的内容，就是以反对特权的形式掩盖了资产阶级的"金钱的大特权"。社会生活有着广阔而丰富的内容，社会生活的所有方面都和各民族的平等权利相联系着。马克思主义认为，各民族平等权利涉及社会生活的所有领域，包括政治领域、经济领域、科技文化领域等等。这些权利不仅包括各民族共有的权利，也包括为少数民族设有的特定的权利。

2. 民族平等内容的真实性

把民族平等作为一项宣言并非难事。追溯民族平等这句口号的源头，是资产阶级为了反对封建统治，开拓市场，建立资本主义制度而提出来的。今天，几乎所有国家的法律上，都有关于各民族一律平等的内容。但在存在阶级压迫、民族压迫的社会里，实现真正的民族平等是根本办不到的。我们可以看到，世界上许多国家，包括美国这样处处标榜平等自由、以人权作利器的超级大国，也存在着严重的种族歧视。在剥削制度下，国家的属性、社会制度的属性，决定了民族平等很难成为社会中的真实。社会主义国家建立后，民族平等是建立在社会主义公有制基础上的，国家在确定民族平等的同时，还采取了一系列措施，使之在社会生活中实实在在地得到体现。比如，确立合理的选举制度，为保障各民族政治权利提供客观条件，以及为保障各民族的文化权利、教育权利提供物质保障，相应设立文化、教育设施等等。这就使得民族平等权利不仅是法律上的庄严记载，而且是现实生活中可以感知、可以体验、可以享受的具体而真实的东西。

3. 民族平等领域的彻底性

马克思主义民族平等思想是马克思主义世界观、民族观指导下的产物，反映了社会主义制度的本质，它是其他任何社会制度所不能比拟的。它着眼于各民族的根本利益和整体利益，而没有共产党人的任何私利，所以便有了对少数民族权利的特殊保护，有了对欠发达民族地区的特别照顾。民族平等的彻底性也表现为权利保护手段的多样性，包括政治、经济、法律、行政等各种手段。因为权利不仅需要确认，而且需要保护。民族平等并不是权宜之计，而是一项宪法原则，一项政治原则。不仅要长期坚持，并且要随着实际情况的变化和社会的发展，不断采取新的措施，使其更加具体、更加完善。比如，支持少数民族地区进行经济建设、保障少数民族经济发展权利方面与时俱进，随着整个国民经济实力的日益增长而不断制定新的政策措施，不断加大力度。对少数民族地区实行财政转移支付制度，进行对口扶助，保障少数民族生活的特殊需要等等，这些政策措施和规定都体现了保障各民族平等权利的彻底性。

4. 民族平等权利的完整性

一个民族是由许许多多的成员组成的。马克思主义认为，民族平等权利，既包括集体权利又包括个人权利，法律对集体权利和个人权利都给予充分的保护。从权利的主体而言，有的权利是属于各民族公民个人的，有的权利是集体享有的，有的权利的主体既包括集体又包括个人，显示了民族平等权利保护的完整性的特点。

三 马克思主义民族平等思想的主要特征

（一）批判性

首先，马克思、恩格斯揭露了资产阶级"民族平等"口号的欺骗性、虚假性。在人类平等发展史上，无论是启蒙思想家的平等要求，还是杰斐逊的"民族平等"口号，这些思想的提出从来就离不开它们植根的土壤——资本主义社会，这些思想都是资产阶级利益的代表。他们主张的"民族平等"只是资产阶级剥削方式取代封建主义剥削方式的平等，是在保证资本主义剥削制度的前提下的平等，因而，真正的平等是不存在的。这只不过是先进民族统治落后民族、大民族压迫小民族的虚假平等。同时，资产阶级的阶级本质则决定了他们"不仅对本民族劳动人民进行阶级压迫和剥削，而且对其他民族实行民族压迫和民族掠夺，利用民族因素和民族间的差别，制造和扩大民族隔阂、民族歧视，挑起民族对抗，达到他们剥削压迫各族劳动人民的目的"[①]。"民族平等"口号只不过是资产阶级掩盖剥削本质、欺骗受压迫民族的工具，只是在维持现有剥削关系下达成的虚假平等。

其次，私有制是民族不平等的根源。马克思恩格斯认为，"现存的所有制关系是造成一些民族剥削另一些民族的原因"[②]，"一切统治者及外交家玩弄手腕和进行活动的目的可以归结为一点：为了延长专制政权的寿命，唆使各民族互相残杀，利用一个民族压迫另一个民族"[③]。这里的现存所有制关系指的就是私有制。因为在私有制产生之前，民族之间的斗争和矛盾只存在于争夺生存资料和血亲复仇之间，民族与民族之间不存在奴役和压迫。私有制产生之后，民族之间的争斗开始朝着剥削、压迫、奴役的方向发展。战争中失败的民族成了最早的奴隶，战争中胜利的民族则成了奴隶主，民族关系在战争的促使下演变成了阶级关系，民族压迫和民族剥削也由此产生。压迫民族往往通过政治、经济等手段榨取受压迫民族的经济利益和社会地位，使受压迫民族完全赤贫化。所以，私有制是一切民族压迫的根源，民族压迫则是基于私有制的阶级压迫。

（二）阶级性

这里的阶级性指的是马克思主义民族平等思想的无产阶级性，亦即

---

① 温华：《马克思主义民族平等的理论和实践》，《西北民族大学学报》1984年第3期。

② 《马克思恩格斯文集》第1卷，人民出版社2009年版，第694页

③ 《马克思恩格斯文集》第2卷，人民出版社2009年版，第375页。

马克思认为无产阶级反对资产阶级的运动，也是各民族内部无产阶级联合起来反对民族压迫的运动，无产阶级既是反对资本主义的力量，也是反对民族压迫的主力军。马克思主义民族平等思想作为无产阶级民族革命的指导思想，也被打上了无产阶级的烙印。这种阶级性表现为：

首先，无产阶级是消灭私有制的主要力量。"因为现存的所有制关系是造成一些民族剥削另一些民族的原因；对消灭现存的所有制关系关心的只有工人阶级。只有工人阶级能做到这一点。无产阶级对资产阶级的胜利就是克服了一切民族间和工业中的冲突，这些冲突在目前正是引起民族互相敌视的原因"①。因此，消灭私有制、消灭私有制基础上的剥削制度就必须通过无产阶级革命来实现。

其次，无产阶级和被压迫民族有共同的利益，可以联合起来共同奋斗。一个国家中的个别资产者之间虽然存在着竞争和冲突，但资产阶级总是联合起来反对本国的无产阶级。在资本主义国际化的条件下，各国的资产阶级之间也存在竞争和冲突，但是他们往往也会联合起来反对各国的无产阶级。所以，面对资产阶级的联合，面对共同的敌人和共同的利益，各民族的无产阶级和被压迫民族也应该联合起来共同斗争，以各民族的工人兄弟同盟来共同反对各民族的资产阶级兄弟同盟，把民族解放运动与无产阶级革命有机地结合起来。

最后，无产阶级的胜利是民族解放的信号，民族的解放是无产阶级解放全人类的前奏。马克思和恩格斯在《论波兰》一文中指出："无产阶级对资产阶级的胜利，同时就是一切被压迫民族获得解放的信号。"②无产阶级只有在坚持民族平等，联合民族斗争，支持被压迫民族的解放的基础上，同他们团结在一起，才能彻底推翻资本主义，取得无产阶级革命的胜利，解放受压迫民族。也正是在解放受压迫民族的条件下，无产阶级达到解放自己和解放全人类的目的。

（三）革命性

马克思主义民族平等思想的革命性集中地表现在他不崇拜任何一种

---

① 《马克思恩格斯文集》第1卷，人民出版社2009年版，第694页。
② 同上。

民族理论，他主张在民族实践中批判和消灭一切不合时宜的民族观，用唯物辩证法分析民族发展的历史趋势，批判并拒绝非无产阶级的民族平等思想。因而，马克思主义民族平等思想首先支持各民族解放运动。首先，马克思和恩格斯历来认为，排除民族压迫，实现民族的独立和解放，是实现民族平等的重要条件，"欧洲各民族的诚恳的国际合作，只有当其中每个民族都在自己内部完全自主的时候才能实现"①。"国际合作只有在平等者之间才有可能，甚至平等者中间居首位者也只有在直接行动的条件下才是需要的……排除民族压迫是一切健康和自由的发展的基本条件"②。推翻压迫民族，解放被压迫民族，实现民族的独立和解放，是实现民族平等的关键环节，是民族平等的重要保障。

其次，马克思主义民族平等思想主张消灭剥削制度，建立各民族真正平等的共产主义社会。恩格斯认为，"无产阶级的平等要求的实际内容都是消灭阶级的要求。任何超出这个范围的平等要求，都必然要流于荒谬"③。要消灭阶级就必须消灭阶级压迫的赖以存在的私有制根源，进行无产阶级革命，消灭剥削制度，建立公有制为基础的共产主义。在共产主义社会中"人对人的剥削一消灭，民族对民族的剥削就会随之消灭"。"民族内部的阶级对立一消失，民族之间的敌对关系就会随之消失"④，民族与民族之间就能保持真正的平等地位，民族平等团结才能真正实现。

（四）时代性

时代性是马克思主义民族平等思想区别于其他民族平等思想的主要特征，马克思主义民族平等思想从它的产生到发展都以时代的发展为根基、以时代诉求为追求目标。具体说来：

首先，马克思、恩格斯从资产阶级"民族平等"的幌子入手，揭露了资产阶级"民族平等"的虚假性，深刻指出："无产阶级和资产阶级间的阶级斗争一方面随着大工业的发展，另一方面随着资产阶级新近

---

① 《马克思恩格斯文集》第3卷，人民出版社2009年版，第355页。
② 《马克思恩格斯文集》第10卷，人民出版社2009年版，第474页。
③ 《马克思恩格斯选集》第3卷，人民出版社1995年版，第448页。
④ 《马克思恩格斯选集》第1卷，人民出版社1995年版，第270页。

取得的政治统治的发展，在欧洲最发达的国家的历史中升到了首要地位。"① 资产阶级内部、资产阶级和无产阶级的矛盾已深刻地显露出来，成为民族不平等的直接论据。同时，西方资产阶级对亚洲、非洲的殖民掠夺也激化了发达资本主义国家与落后殖民地国家之间的民族矛盾，在政治、经济、文化等领域激起了深刻的民族矛盾。因而，马克思、恩格斯民族平等思想首先揭示的是其深刻的时代背景。

其次，马克思、恩格斯还关注同时代波兰、爱尔兰、亚洲及拉丁美洲的民族解放运动。马克思、恩格斯深入其中，深刻分析了波兰民族解放运动的性质、对象、动力和前提，揭示了爱尔兰民族问题的集中表现——土地问题，鼓励被压迫民族从本民族实际出发，自力更生地争取民族的平等。此外，马克思、恩格斯还强调了欧洲无产阶级革命和亚洲民族解放运动的联系，最早提出了殖民地民族解放运动与资本主义国家的无产阶级革命之间相互联系、相互推动的关系。即"可以大胆预言，中国革命将把火星抛到现代工业体系的即将爆炸的地雷上，使酝酿已久的普遍危机爆发，这个普遍危机一旦扩展到国外，直接随之而来的将是欧洲大陆的政治革命"②。至此，马克思、恩格斯根据压迫国家民族斗争的现状，对这些民族解放运动给予了积极的支持，为压迫民族、为无产阶级制定了民族解放、民族独立、民族平等的纲领和策略。

需要特别指出的是，马克思主义的民族平等思想是一个开放的理论体系，对其时代性的解读不仅要专注于马克思、恩格斯，作为一门发展着的学说，其时代性还表现在不同时代继承者对民族平等思想的坚持和发展中。例如，十月革命后，列宁洞悉到民族解放运动方向的转变，结合俄国民族运动的情况，积极把马克思、恩格斯提出的"全世界无产者联合起来"的口号，发展成"全世界无产者和被压迫民族联合起来"的民族平等运动策略，为被压迫民族指出了社会主义的民族平等之路。在斯大林时期，如何在社会主义制度下制定民族政策，坚持和发展马克思主义的民族平等思想也是一个时代性的问题。他结合时代发展的特点具体分析了民族间事实不平等的原因和危害，主张民族间"最完全的

---

① 《马克思恩格斯选集》第3卷，人民出版社1995年版，第65页。
② 《马克思恩格斯文集》第2卷，人民出版社2009年版，第612页。

平等"，主张"民族自决权"。到中国共产党领导的民族运动时期，马克思主义民族平等思想更是对中国的民族问题给予了指导和回应。从中国的新民主主义革命时期开始，中国共产党就实行民族平等，主张压迫民族联合起来推翻民族剥削和压迫，为新民主主义革命的胜利奠定了群众基础。新中国成立后，民族平等的理念更是以政策、法律的形式确立起来，使马克思、恩格斯提出的民族平等理念更加符合时代的发展需要、更加成为一种民族问题的时代解答。

四　小结

马克思主义民族平等思想是我党处理民族问题的根本原则，也是我党民族政策的立足点，批判性、阶级性、革命性和时代性是马克思主义民族平等思想的基本特征，也是区别于其他民族平等思想的根本标志。应该说，马克思主义民族平等思想所特有的批判性和革命性使它总是能冲破旧思想的束缚，通过革命运动建立起新的民族理论；它的阶级性使它始终保持鲜明的政治立场，始终站在广大人民的立场上，体现了无产阶级民族政策的先进性；它所具备的时代性使它时刻与历史发展保持一致，使其始终能指导不断发展着的民族实践，既能为无产阶级民族理论的发展注入新的血液，也在实践中丰富和发展着马克思主义的民族思想。

第三章　马克思主义民族平等思想的发展及其重要意义

一　马克思主义民族平等思想在中国的发展与创新

（一）毛泽东的民族平等思想

实现中华民族的独立和团结是毛泽东毕生的追求。在我国新民主主义革命、社会主义革命和建设事业中，毛泽东同志将马克思主义民族理论和中国民族问题的客观实际相结合，提出了解决我国民族问题的两个基本原则，即民族平等和民族团结。其中，民族平等是毛泽东民族理论的核心和基础。

1. 毛泽东民族平等思想的基本内涵

毛泽东民族平等思想是一个复杂而完整的思想体系，是对马克思主义民族理论的创新和发展，对于中国民族问题的解决和民族工作的开展具有指导意义。具体来说，毛泽东民族平等思想主要包括以下几方面的内容。

（1）民族只有大小之分，没有优劣之分，中华民族一律平等。

早在民主革命时期，毛泽东就曾指出，在中华民族的四亿五千万人口中，"十分之九以上为汉人。此外，还有蒙人、回人、藏人、维吾尔人、苗人、彝人、壮人、仲家人、朝鲜人等，共有数十种少数民族，虽然文化发展的程度不同，但是都已有长久的历史。中国是一个由多数民族结合而成的拥有广大人口的国家"①，在毛泽东看来，中国境内各民族都是中华民族大家庭的成员，中华民族是"代表中国境内各民族之总称"②。抗日战争时期，毛泽东从当时的实际出发，指出"中国是一个多民族的国家，中华民族是代表中国境内各民族之总称，四万万五千万人民是共同祖国的同胞，是生死存亡利害一致的"③，新中国成立后，以毛泽东为主席的中央人民政府在全国范围内开展了民族识别工作，初步界定了我国的民族种类，并在此基础上，引导各少数民族走社会主义改造的道路，采取各项方针政策促进民族地区经济的发展。

毛泽东认为民族只有大小之分，没有优劣之分，中华民族一律平等。这种平等表现在：第一，政治法律地位的平等。我们要"实行中国境内各民族一律平等政策"④，"允许蒙、回、藏、苗、瑶、彝、番各民族与汉族有平等权利"⑤，"在一切工作中要坚持民族平等政策"。第二，政治权利的平等。"中国境内各少数民族有平等自治的权利"⑥，"有自己管理自己事务之权"⑦。第三，国家应该通过颁布宪法和法律的方式来保障少数民族平等的法律地位和政治权利。我国宪法规定：中华人民共和国年满十八岁的公民，不分民族、种族、性别、职业、社会出身、宗教信仰、教育程度、财产状况、居住期限，都有选举权和被选举权。这对于少数民族权利的保障具有重要的意义。第四，中国共产党是领导各族人民实现民族平等的核心。中国共产党以"全心全意为人民服务"为宗旨，是各民族人民利益最忠实、最彻底的代表，它"不但是代表工农的，而且是代表民族的"⑧，它所制定的纲领和政策"不但代表了工农的利益，同时也代表了民族的利益"⑨，中国共产党的性质

① 《毛泽东选集》第2卷，人民出版社1991年版，第622页。
② 中共中央统战部：《民族问题文献汇编》，中共中央党校出版社1991年版，第808页。
③ 同上。
④ 同上书，第304页。
⑤ 引自《民族问题文献汇编》，中共中央党校出版社1991年版，第595页。
⑥ 《毛泽东选集》第2卷，人民出版社1991年版，第1238页。
⑦ 中共中央统战部：《民族问题文献汇编》，中共中央党校出版社1991年版，第595页。
⑧ 《毛泽东选集》第1卷，人民出版社1991年版，第158页。
⑨ 同上书，第278页。

和它所肩负的使命决定它必须要把中国的各民族紧紧地团结在一起，共同致力于社会主义建设。在中国，"只有经过共产党的团结，才能达到全阶级和全民族团结"①。

（2）实现真正意义上的民族平等是毛泽东民族思想的本质内容。

在毛泽东看来，实现全方位的民族平等是中国共产党民族思想的首要原则之一，传统中国民族问题的核心主要是解决民族不平等问题。在中华民族的历史上，"不论是汉族统治者还是少数民族统治者，都实行民族压迫政策和民族同化政策。我们要反其道而行之，实行各民族一律平等的政策"②，在后来的民族解放运动中和社会主义建设中，毛泽东努力将其贯彻实施，"实行中国境内各民族一律平等"③，促进了少数民族地区政治、经济、文化、社会的进步和全面发展，真正实现了少数民族的当家作主，积极参与国家各项事业的管理，成为社会主义事业建设的重要主体之一。但是，由于各种主客观因素的存在，各民族之间还存在许多不平等的事实。因此，实现真正意义上的民族平等是毛泽东民族思想最本质的体现。在他看来，只有改变少数民族经济、文化方面的落后状态，消除民族间事实上的不平等，才能最终消除各民族之间真正意义上的不平等。消除各民族之间事实上的不平等，使各民族共同繁荣，是社会主义的本质要求所在，也是社会主义新时期解决民族问题的主要内容和任务。因此，必须把各民族之间的"共同繁荣"作为各民族现代化建设的核心内容，进一步加强和促进少数民族地区的政治建设、经济建设和文化建设，逐步解决历史遗留问题，实现真正意义上的民族平等。"我们不能使落后的地方永远落后下去，如果让落后的地方永远落后下去，这就是不平等"④，最终促进中华民族和睦相处、团结互助、多元一体民族关系格局的形成。

（3）反对民族歧视是实现民族平等的必然要求。

民族平等是中国共产党处理民族问题和开展民族工作的基本准则之一，历届党和国家领导人都重视民族平等原则的落实。当前，我国已经

---

① 《毛泽东选集》第 1 卷，人民出版社 1991 年版，第 278 页。

② 同上书，第 311 页。

③ 同上。

④ 中共中央统战部：《民族问题文献汇编》，中共中央党校出版社 1991 年版，第 2 页。

建立了新型的民族关系。但是由于诸多客观因素的存在以及历史遗留因素的影响，我国各民族之间还存在一定的民族歧视，严重制约了各民族之间关系的进一步发展。为此，毛泽东指出，必须坚决反对民族歧视，这是实现民族平等的必然要求。1951 年，中央人民政府专门颁布了《政务院关于处理带有歧视或侮辱少数民族性质的称谓、地名、碑碣、匾联的指示》，强烈要求各地方政府采取有力措施清除历史上遗留下来的带有歧视性或侮辱少数民族意味的称谓、地名、碑碣、匾联，修改艺术品（戏剧等）和学校教材中具有民族歧视的内容。毛泽东以身作则，要求广大干部和群众时刻检查和纠正歧视少数民族的思想和行为。不仅是从理论上来说，更是从实际着手，各民族之间必须采取相关措施消除民族歧视，加强各民族之间的沟通和交流，增强互信、加强合作。

（4）实行民族区域自治是实现民族平等的根本途径。

在民族地区推行民族区域自治制度，有利于真正实现少数民族的当家作主。毛泽东在继承马克思恩格斯民族理论的基础上，创造性地提出了少数民族地区实行民族区域自治制度。毛泽东在《论新阶段》一文中，指出少数民族"有自己管理自己事务之权，同时与汉族联合建立统一的国家"[1]。毛泽东在七大上的政治报告《论联合政府》中指出："要求改变少数民族的待遇，允许各少数民族有民族自治的权利"[2]，在"少数民族修养问题"一节中，毛泽东进一步指出："必须帮助各少数民族人民群众，包括一切联系群众的领袖人物在内，争取他们在政治上、经济上、文化上的解放和发展"[3]，"他们的言语、文字、风俗、习惯和宗教信仰，应被尊重"[4]。各民族在语言文字、风俗习惯、宗教信仰等方面都有平等权利。[5] 毛泽东十分重视"'各少数民族的文化、宗教、习惯'，'赞助他们发展用各民族自己语言文字的文化教育'，制定了各民族都有使用和发展自己的语言文字的自由、都有保持或改变自己的风俗习惯的自由以及宗教信仰自由的政策，从而实现和保障了少数民

---

①　《毛泽东选集》第 2 卷，人民出版社 1991 年版，第 532 页。

②　《毛泽东选集》第 3 卷，人民出版社 1991 年版，第 1033 页。

③　同上。

④　同上。

⑤　参见《民族问题文献汇编》，中共中央党校出版社 1991 年版，第 323、595 页。

族在各个领域中的平等、自由权利"①。

新中国成立后，中国的诸多体制都以苏联为模板，但是在民族关系问题的处理上，毛泽东没有学习苏联，而是从中国的国情出发，创造性地提出采用民族区域自治制度来处理中国的民族问题和开展民族工作。在民族地区实行民族区域自治，是以毛泽东同志为代表的党中央经过长期的观察和实践而作出的战略性选择。在毛泽东看来，民族区域自治制度把民族因素与区域因素、政治因素、经济因素正确地结合起来，并在中央政府的统一领导下，在少数民族聚居区建立自治地方，设立自治机关，行使自治权。这样一种举措，既有利于维护国家的统一、增强中华民族的凝聚力，也有利于保障自治地方少数民族管理本民族事务的权利。

2. 毛泽东民族平等思想的意义

毛泽东曾深刻地指出："国家的统一，人民的团结，国内各民族的团结，这是我们的事业必定要胜利的基本保证。"② 从这个论断可以看出，毛泽东是把"民族平等"提到事业成败的战略高度来认识。实践证明，民族平等是新中国建立的基础和前提。新的历史时期，必须进一步坚持民族平等的基本原则，巩固和发展平等、团结、互助、和谐的社会主义民族关系。因为只有坚持民族平等，才能实现民族之间的和谐共处，才能将56个民族团结在党中央国务院周围，从而发展中国特色社会主义，构建社会主义和谐社会，实现中华民族的伟大复兴。

（二）邓小平的民族平等思想

邓小平理论是一个涵盖"经济、政治、文化、军事"的科学理论，民族理论是其中的一个重要组成部分，民族平等是其民族观的核心。民族平等体现了社会主义的本质要求，是我们党在马克思主义民族理论的指导下，结合中国实际，用于解决民族问题的原则之一。邓小平在新的历史时期，在继承和发展前人民族理论的基础上，一切从实际出发，进

---

① 《民族问题文献汇编》，中共中央党校出版社1991年版，第595页。
② 毛泽东：《关于正确处理人民内部矛盾的问题》，1957年2月27日。引自中国人民大学哲学系编《毛泽东哲学著作学习文件汇编》下册，中国人民大学出版社1958年版，第1261页。

一步论述了民族平等思想。

1. 邓小平民族平等思想的形成

我国自秦朝以来，就是一个统一的多民族国家。因此，对于民族问题处理的好坏程度关系到国家整体发展的优劣。新中国成立之后，党和国家领导人都非常重视和谐民族关系的构建。邓小平也对此提出了自己的见解，具体来说，其民族平等思想的形成主要经历了以下几个阶段：

（1）《关于西南少数民族问题》的讲话标志着邓小平民族平等思想的形成。

1950 年 7 月，邓小平在《关于西南少数民族问题》的讲话中对正确处理民族问题进行了阐述，主要包括三个方面的内容：第一，强调了少数民族问题对西南发展的重要性和复杂性；第二，论述了要消除少数民族与汉族的隔阂，就必须实现各民族在政治、经济和文化等方面的平等，反对大民族主义和狭隘民族主义；第三，提出了实现民族平等的工作原则，即汉族干部遇事要同少数民族商量。这些论述虽然是针对西南民族问题而提出的，但是对于全国民族问题的解决和民族工作的开展具有重要的指导意义。同时也标志着邓小平民族平等思想的形成。

（2）十一届三中全会促进了邓小平民族平等思想的发展和深化。

十一届三中全会是中国历史上具有划时代意义的会议，标志着党和国家把工作重心转移到经济建设上来，同时，民族事业也成为国家的重要工作之一。邓小平的民族平等思想也得到了发展和深化。第一，在 1979 年全国政协五届二次会议的开幕词中，邓小平指出我国的民族关系已是"新型民族关系"，从而确认了新时期我国的民族关系是平等、团结、互助的新型民族关系。第二，20 世纪 80 年代以来，国际上民族矛盾、民族冲突不断加剧，以及面对当时我国民族工作的新形势，邓小平进一步强调了民族平等问题的重要性。同时，为新时期民族工作确定了指导思想和根本任务。第三，提出了"真正立足于民族平等"或"真正的民族平等"的思想。1987 年，邓小平在《立足平等加快西藏发展》中第一次明确提出了"中国没有民族歧视，我们对西藏的政策是真正立足于民族平等……不仅西藏，其他少数民族地区也一样"①，1990 年邓小平又在《共同努力，实现祖国统一》中再次强调"我们的民族政策是正确的，是真正的民族平等"。第四，阐明了民族区域自治制度是实现民族平等的途径。邓小平民族平等思想是随着实践的发展而不断丰富和深化的，是我国处理民族问题和开展民族工作的基本原则之一。

2. 邓小平民族平等思想的内涵

民族平等是我们党处理民族问题的基本原则。以邓小平为核心的党的第二代领导集体在建设有中国特色的社会主义过程中，继承和发展了马克思主义民族平等思想。具体来说，邓小平的民族平等思想主要包括以下几方面的内容：

（1）坚持民族平等，反对民族歧视。

当前，我国基本上已经形成团结、平等、互助的社会主义新型民族关系，少数民族基本实现了权利平等的目标，但是由于经济、社会、文化等几方面的原因，要实现各民族的全面、真正的平等，还有很长的路要走，还需要国家和各族人民的共同努力。邓小平十分重视和关注民族平等工作，将其作为关系国家存亡的大事来抓，并落实于社会主义各项建设事业之中。邓小平指出："在政治上，中国境内各民族是真正平等的"②，因此，他主张要消灭历史上各民族之间的民族隔阂，加强彼此之间的沟通和交流，建立和谐互助的民族关系。民族平等是做好少数民族地区民族工作的前提和基础，从而才能调动他们建设社会主义事业的主动性、积极性和创造性。邓小平指出："只有在消除民族隔阂的基础上，经过各族人民的共同努力，才能真正形成中华民族美好的大家庭。"③

改革开放以来，随着中国处理民族问题能力的不断增强，党的领导人进一步强调民族平等思想在处理我国民族问题中的重要性。邓小平在1987 年6 月29 日会见美国前总统卡特时指出："中华人民共和国没有民族歧视，我们对西藏的政策是真正立足于民族平等"，向国际友人重申了中央人民政府对于西藏地区等民族问题的立场。我们必须长期坚持

---

① 《邓小平文选》第 3 卷，人民出版社 1993 年版，第 246 页。
② 《邓小平文选》第 1 卷，人民出版社 1994 年版，第 162 页。
③ 《邓小平文选》第 2 卷，人民出版社 1994 年版，第 162 页。

民族平等的思想，在此基础上坚持支持少数民族地区的经济发展并将其作为一项长期的政策，促进少数民族地区的发展。"我们帮助少数民族地区发展的政策是坚定不移的"①，邓小平历来关注民族平等和民族发展问题，强调任何时候都必须坚持民族平等，反对民族歧视，建立新型的社会主义民族关系，例如其"我们的民族政策是正确的，是真正的民族平等。我们十分注意照顾少数民族的利益"② 等等，都从不同的侧面反映了民族平等的思想。

（2）互相尊重是实现民族平等的重要条件。

各民族之间的互相尊重是民族平等实现的前提和基础，但是，由于历史上各方面的原因而形成的大汉族主义和狭隘民族主义使各民族之间还存在一定的隔阂，严重制约了和谐民族关系的发展以及民族团结目标的实现。因此，要真正实现民族平等，就必须加强各民族之间的交流，增强彼此之间的信任。一方面，汉族要摒弃大汉族主义；另一方面，各少数民族也要放弃狭隘民族主义。懂得相互尊重各自的语言、文字、风俗习惯以及宗教信仰等。邓小平指出："为了消除民族间的隔阂，汉族要做出高姿态，首先'抛弃大民族主义'，就可以换得少数民族抛弃狭隘民族主义。我们不能首先要求少数民族取消狭隘民族主义，而是应当首先老老实实取消大民族主义"③，汉族作为我国民族重要组成部分，必须起到表率作用，争取少数民族的信任和支持，进而推动民族之间团结、互助、和谐关系的构建。

民族区域自治制度是我国管理少数民族地区实行的一项基本政治制度，实施的过程同时也是尊重少数民族意愿的过程。邓小平十分尊重少数民族的基本权利，并且强调在和少数民族商量的基础上来解决民族问题，给少数民族充分的言论自由，真正实现少数民族的当家作主。邓小平指出："少数民族的事应该由他们自己当家，这是他们的政治权利"④，"必须坚持实行民族区域自治，加强民族区域自治的法制建设，

---

① 《邓小平文选》第 2 卷，人民出版社 1994 年版，第 246 页。
② 《邓小平文选》第 3 卷，人民出版社 1993 年版，第 362 页。
③ 《邓小平文选》第 1 卷，人民出版社 1994 年版，第 163 页。
④ 同上书，第 166—167 页。

保障各少数民族地区根据本地实际情况贯彻执行党和国家政策的自主权"①，在实行民族区域自治制度中，选派干部的过程也体现了尊重少数民族的意愿，他指出"实行民族区域自治，我们派不派干部？要，但一定要少而精，要派真正能帮助他们的干部，至于用什么名义，这要跟他们商量"②，只有这样，才能调动少数民族干部参与管理国家的事业，高效地做好民族工作。相应地，还要听取少数民族民众的意见和建议，经常和他们沟通和商量，完善其政治参与的渠道，聆听并充分考虑他们的合理诉求。此外，"政治的也好，经济的也好，文化的也好，现在都要开始去做。所有这一切工作，都要掌握一个原则，就是要同少数民族商量。他们赞成就做，赞成一部分就做一部分，赞成大部分就做大部分，全部赞成就全部做。一定要他们赞成，要大多数人赞成，特别是上层分子赞成，上层分子不赞成就不做，上层分子赞成才算数"③。

（3）解决实际问题是实现民族平等的重要途径。

少数民族群体作为底层政治参与的群体之一，具有底层政治参与的特点，即政治参与的目标在于解决最基本的物质生活条件。因此，要真正做到民族平等，必须重视少数民族生产力的发展，积极改善他们的各种条件，切实把正确的理论、方针和政策落到实处，真正为他们排忧解难。邓小平指出："历史上的统治者，何尝没有宣布过好的政策，可是他们只说不做。我们的政策只要确定了，是真正要实行的。对于我们提出的十条，有的西藏的代表人士觉得太宽了点。就是要宽一点，这是真的，不是假的，不是骗他们的"④，在此，邓小平阐明了我党和历史上的统治者所实施的政策之间的本质区别，即是否能够真真切切地贯彻和实施。中国共产党不仅是工人阶级的先锋队，也是包括少数民族在内的中华民族的先锋队，代表最广大人民群众的利益。邓小平指出："共同纲领规定，各少数民族聚居的地区，应实行民族的区域自治。纲领宣布了，少数民族很高兴，在高兴的同时，就要问什么时候实行，如何实行，他们要求兑现。如果半年不兑现，一年还不兑现，他们就会不相信

---

① 《三中全会以来重要文献选编》（下），人民出版社 1982 年版，第 843 页。
② 《邓小平文选》第 1 卷，人民出版社 1994 年版，第 166 页。
③ 同上。
④ 同上书，第 162 页。

我们的政策。这个政治上的问题，不解决不行"①，我们有理由相信党会落实相关的政策措施，从而使少数民族真正享受社会发展的成果。

无论如何，党和国家必须认真贯彻落实在少数民族地区的相关政策，进一步增强少数民族对国家的认同感、自豪感，并在尊重彼此的基础上促进各民族的共同繁荣，发展并维护好互助、平等、团结、和谐的新型民族关系。

（4）原则性与灵活性相结合是实现民族平等的重要法宝。

矛盾具有普遍性，同时也具有特殊性。因此，在解决问题的时候，我们应该一切从实际出发，主观符合客观，这是马克思主义唯物辩证法的一个基本原理。在解决民族问题的过程中亦是如此，我们应该充分认识到少数民族地区存在的差异性和特殊性，采取特殊的和灵活的政策，实现政策性和原则性的统一。这种统一主要体现在认真贯彻落实宪法和法律所规定的民众的各项平等权利上，使少数民族享有管理国家和社会事务的权利，真正实现当家作主。例如，在全国人民代表大会和地方各级人民代表大会的代表名额的分配上，党和国家做了特殊规定，使每个民族包括人口只有一两千人甚至几百人的少数民族都有自己的代表。邓小平曾经指出："中国有几十个民族，少数民族只占总人口的百分之六，汉族占百分之九十四，但在各级人民代表大会和各级行政机构中少数民族干部所占的比例大大超过百分之六。"②

我国自古就是一个统一的多民族国家，各族人民在祖国的发展、繁荣过程中都发挥过积极的作用。在新时期、新的社会环境下，需要各民族在党的领导下，团结一致，为建设有中国特色的社会主义事业而共同奋斗。因此，必须首先做好民族工作，为民族团结打下坚实的基础。

邓小平在处理民族问题的过程中，非常重视一切从实际出发。他指出："我们对少数民族地区确定了一个原则，就是在汉族地区实行的各方面的政策，包括经济政策，不能照搬到少数民族地区去，要区分哪些能用，哪些修改了才能用，哪些不能用。要在少数民族地区研究出另外

---

① 《邓小平文选》第 1 卷，人民出版社 1994 年版，第 165 页。
② 《邓小平文选》第 3 卷，人民出版社 1993 年版，第 246 页。

一套政策，诚心诚意地为少数民族服务。"① 因此，在民族工作的开展中，不能"一刀切"和脱离民族地区和少数民族的实际，生搬硬套地沿用发达地区或汉族地区的成功经验和做法。这样只会阻碍少数民族地区的发展。

（5）民族区域自治是实现民族平等的重要形式。

民族区域自治制度是我国解决民族问题的基本制度，也是实现我国民族平等的重要形式，它同人民代表大会制度、中国共产党领导下的多党合作和政治协商制度并称为我国的三大基本政治制度。

邓小平指出："要使各少数民族聚居的地方真正实行民族区域自治"②，"解决民族问题，中国采取的不是民族共和国联邦的制度，而是民族区域自治的制度。我们认为这个制度比较好，适合中国的情况"③，因此，从我国民族地区和少数民族"大杂居、小聚居"分布状态的实际情况出发，我国只能实行民族区域自治制度，让少数民族自己管理自己的事务，这样不仅有利于发挥少数民族管理国家和社会事务的积极性，还有利于增强他们对国家的自豪感。

同时，邓小平强调，要完善民族区域自治制度，少数民族干部的培养是核心。邓小平指出："在少数民族地区，党必须用最大的努力培养本民族的干部"④，他在给西南民族大学题词中曾说过，团结各民族于祖国大家庭的中心关键之一，尽在各民族都有一批热爱祖国，并能联系群众的干部，人是任何方针、政策落实的主体因素，因此，在民族区域自治制度的贯彻过程中，必须充分重视少数民族干部的培养。此外，我国还颁布了旨在调节和规范民族区域自治制度的法律法规，比如：《民族区域自治法》，"民族区域自治制度是解决我国民族问题的基本制度，《民族区域自治法》是以法律形式把这种制度确定下来的一项基本法律"⑤。这部法律及其配套的法律体系和监督体系为我国民族区域自治制度的贯彻实施提供了法律保障。

---

① 《邓小平文选》第 1 卷，人民出版社 1994 年版，第 167 页。
② 《邓小平文选》第 2 卷，人民出版社 1994 年版，第 339 页。
③ 同上书，第 257 页。
④ 《邓小平文选》第 1 卷，人民出版社 1994 年版，第 251 页。
⑤ 《民族工作文献选编（1990—2002）》，中央文献出版社 2003 年版，第 3 页。

　　（6）实现各民族共同繁荣共同进步是民族平等的核心和归宿。

　　社会主义本质论是邓小平理论的重要组成部分，在新时期、新的历史条件下，邓小平阐释了什么是社会主义，我们应该建设什么样的社会主义。"社会主义的本质是解放生产力，发展生产力，消灭剥削，消除两极分化，最终实现共同富裕"。① 邓小平指出："社会主义要消灭贫穷，贫穷不是社会主义，社会主义的原则，第一是发展生产，第二是共同富裕，社会主义的目的就是要全国人民共同富裕，不是两极分化"②，而共同富裕是各民族的共同富裕，共同享受改革开放的成果。但是共同富裕不是同步富裕，"一部分地区有条件先发展起来，一部分地区发展慢点，先发展起来的地区带动后发展的地区，最终达到共同富裕"③。同时，要实现共同富裕，就必须反对两极分化。邓小平指出："社会主义最大的优越性就是共同富裕，这是体现社会主义本质的一个东西，如果搞两极分化，情况就不同了，民族矛盾、地域矛盾、阶级矛盾都会发展，相应的中央和地方的矛盾也会发展，就可能出乱子。"④

　　要实现共同富裕，就必须大力发展生产力，建设社会主义物质文明。我国处于并将长期处于社会主义初级阶段，而"社会主义初级阶段的最根本任务就是发展生产力，社会主义的优越性归根到底，要体现在它的生产力比资本主义发展得更快一些、更高一些，并且在发展生产力的基础上不断改善人民的物质文化生活"⑤，因为，"按照历史唯物主义的观点来讲，正确的政治领导的成果，归根结底要表现在社会生产力的发展上，人民物质文化生活的改善上"⑥，因而，要实现共同富裕，就必须重视少数民族地区经济的发展，发展的最终目的就是要尽快消除各民族之间的差距。

　　发展民族地区的经济，我们应该从以下几方面努力：第一，"我们帮助少数民族发展经济，很重要的一环是贸易经济工作应当以贸易工作

　　① 《邓小平文选》第 3 卷，人民出版社 1993 年版，第 370—383 页。
　　② 《邓小平文选》第 2 卷，人民出版社 1994 年版，第 64—65 页。
　　③ 同上书，第 374 页。
　　④ 同上书，第 364 页。
　　⑤ 同上书，第 63 页。
　　⑥ 同上书，第 123 页。

为中心,要帮助少数民族把自己的贸易活动组织起来,这不是我们能够包办的,贸易中要免除层层中间剥削,使他们少吃亏,这样经济就活了,我们的生活也就会好起来。目前的关键就是要使他们在贸易中获得利益,然后在这样的基础上帮助他们逐步地从农、工、牧、商等方面的发展"①。第二,发展少数民族地区的科教文卫事业,提高少数民族地区民众的素质。邓小平指出:"我们要实现现代化,关键是科学技术要能上去,发展科学技术,不抓教育不行,靠空讲不能实现现代化,必须有知识、有人才……抓科技必须同时抓教育"②,鉴于少数民族地区特殊的历史和现实原因,必须进一步加强少数民族地区的发展,只有这样,才能最终实现共同富裕。

(三) 江泽民的民族平等思想

我国自古就是一个多民族国家,各民族的大团结是祖国统一、政治稳定、经济发展和社会进步的重要保障。我国历届国家领导人都非常重视民族工作、民族政策的贯彻和落实,并致力于将马克思主义民族理论与中国的具体实际相结合,江泽民在继承毛泽东、邓小平民族理论基础上,实现了民族理论的创新和发展。

1. 江泽民民族平等思想的基本内容

江泽民从政治、经济和文化三个方面论述了民族平等的思想,民族平等是我国处理民族问题的基本原则之一,也是邓小平民族理论的立足点,是民族区域自治的主要内容。江泽民的民族平等理论对于新的历史时期进一步实现民族平等以及最终实现各民族的共同繁荣具有重大的作用。

(1) 政治平等。

平等是民主政治的价值取向之一,也是一个国家政治统治所追求的目标。中华人民共和国的成立使中国人民在政治上翻了身,并以宪法的形式将政治平等规定下来。《中华人民共和国宪法》规定:"中华人民共和国的一切公民,不论其民族、出身、性别、年龄、受教育程度如何,在法律面前一律平等,各民族都平等地享有参与国家事务的管理,

---

① 《邓小平文选》第2卷,人民出版社1994年版,第165页。
② 同上书,第37页。

参与国家大政方针的制定和实施的权利。"邓小平指出："中华人民共和国没有民族歧视，我们对西藏的政策是真正立足于民族平等，中国有几十个民族，少数民族只占总人口的6%，汉族占94%，但各级人民代表大会和各级行政机构中，少数民族所占的比例大大超过6%。"① 江泽民继承并发展了邓小平民族平等的思想，指出"新中国成立和社会主义制度建立以后，全国各族人民成为国家和社会的主人，真正掌握了自己的命运，实现了各族人民在根本利益的一致。这是各族人民大团结，各族人民同呼吸、共命运、心连心的坚实的政治基础"②。

政治平等是经济平等和文化平等的基础和保障。一方面，民族区域自治制度是马克思主义民族理论中国化的产物，是党的领导人结合中国的实际，所制定的旨在解决民族问题，促进民族和谐，建立新型民族关系的一项基本政治制度。江泽民指出："民族区域自治制度是解决我国民族问题的基本制度，《民族区域自治法》是以法律的形式把这种制度确定下来的一项基本法律，实现这种制度，既能发挥各民族的积极性，又保证了中央必要的集中和祖国的统一。它把民族的因素和区域因素、政治要素和经济要素恰当地结合起来，具有强大的生命力。"③ 此外，由于各种历史原因，当前少部分民族之间还存在一定的民族隔阂，严重制约了各民族之间的交流，不利于民族之间的和谐。江泽民指出："我们伟大的中华民族，是由五十六个民族构成的，在我们的大家庭里，各个民族的关系是平等、团结、互助的社会主义新型民族关系，汉族离不开少数民族，少数民族离不开汉族，少数民族之间也是相互离不开。"④ 同时，江泽民也指出："民族特点和民族差异将长期存在。我们既不能忽视民族特点和民族差异，也不能人为地扩大民族差别。全党同志必须把加强民族团结、促进各民族共同发展和共同繁荣，作为整个社会主义初级阶段民族工作的行动纲领。"⑤ 为此，必须进一步消除民族隔阂、民族歧视和民族压迫，维护国家的稳定和少数民族地区的发展。

---

① 《邓小平文选》第2卷，人民出版社1994年版，第357页。
② 《江泽民论有中国特色社会主义（专题摘编）》，中央文献出版社2002年版，第358页。
③ 同上书，第362页。
④ 同上书，第354页。
⑤ 同上书，第358页。

（2）经济平等。

经济基础决定上层建筑，一个社会的政治状况是其经济状况的反映。经济问题的解决是民族区域自治制度实施的前提和基础。只有发展经济，实现各民族的共同繁荣，才能为民族政策的落实奠定基础。邓小平曾多次指出要发展民族地区的经济。江泽民在继承的基础上，也对民族地区经济的发展提出了自己的看法，他指出"在新的历史时期，搞好民族工作，增强民族团结，实现民族平等，就要积极地创造条件，加快少数民族和民族地区的经济文化事业发展，促进各民族的共同繁荣。这就是少数民族和民族地区人民的迫切需要，也是我们社会主义民族政策的根本原则"①，江泽民非常重视民族地区的经济发展问题，并且将其作为政治问题来加以重视。在当代中国，发展才是硬道理，经济的发展是解决一切问题的基础。党的领导人都把经济的发展作为国家的一项重要工作。邓小平指出，在中国，只有抓住发展这个大问题，才抓住了民族问题的核心，在社会主义本质理论的基础上提出了实现共同富裕的路径，他指出："搞平均主义不行，搞平均主义，吃大锅饭，实际上是共同落后，共同贫穷，共同富裕不等于同步富裕，提出优先发展沿海地区然后再由沿海地区拿出更多的钱帮内地发展，使整个国民经济不断地向前发展。"② 以江泽民为核心的第三代领导集体注重西部和少数民族地区的发展，提出了"西部大开发战略"，江泽民指出："我国经济的发展，离不开东部地区，也离不开西部地区包括民族地区的经济振兴，西部民族地区的发展对国家的现代化建设和各民族的团结进步，都具有重大的意义。"③ "西部大开发"的实施，进一步加强了少数民族地区的基础设施建设和改善了交通状况，增加了少数民族地区民众的收入，改善了他们的生活条件。总之，促进了西部少数民族地区经济社会的协调发展。

（3）文化平等。

文化平等也是江泽民民族平等思想的重要组成部分。中华民族是一个具有五千年文明历史的古国，有着悠久的历史和灿烂的文化。中华文化是

---

① 《十五大以来重要文献选编》下册，人民出版社 1999 年版，第 231 页。
② 《邓小平文选》第 1 卷，人民出版社 1994 年版，第 163 页。
③ 《江泽民论有中国特色社会主义（专题摘编）》，中央文献出版社 2002 年版，第 363 页。

各民族努力创造的结果，也是文化多样性的表现形式。但是由于历史、地理以及其他客观因素的影响，少数民族文化作为一种主流文化之外的非主流文化一直处于边缘地带，少数民族地区基础教育设施落后，科学技术水平低，文盲和半文盲率相对于其他地区高，这些因素严重制约了少数民族地区的发展，成为少数民族地区"脱贫"的瓶颈。因此，党和国家都非常重视发展少数民族地区的文化并采取相关措施加以保护。

随着我国社会主义市场经济体制的建立，改革开放的不断深化，以及知识经济时代的到来，以江泽民为核心的党的第三代领导集体加大了发展少数民族地区文化的力度。江泽民指出："在教育结构、专业设置、教学内容、学制、办学形式等方面，逐步走出一条适应少数民族和民族地区实际的路子"[①]，文化上的平等不仅体现为要重视保护和发展少数民族的特色文化，还表现为要十分尊重各民族的在长期历史过程中形成的风俗习惯，尊重他们的历史，党的第三代领导集体在前人的基础上，进一步加强了对少数民族的人文关怀，给予少数民族不同的优惠政策，恢复和发展少数民族的传统节日等都丰富了各少数民族人民的文化生活。此外，还要注意处理好少数民族地区的民族问题和宗教问题，二者是有联系的。他还指出："宗教仍然具有长期性、复杂性、群众性、民族性和国际性等特点，做好我国的宗教工作，是维护改革、发展、稳定的大局的需要。要进一步巩固和发展我们党同宗教界的爱国统一战线，全面贯彻执行党的宗教政策，保障公民宗教信仰的自由，依法管理宗教事务，积极引导宗教与社会主义社会相适应。"[②]

2. 江泽民民族平等思想的飞跃和创新

江泽民民族平等思想是在继承前届中央领导人民族理论的基础上，结合新的时代背景而做出的创新，是其"三个代表"重要思想的组成部分。新的内外环境下，进一步研究和探讨江泽民关于民族平等和民族团结的思想，对于正确处理民族关系、维护社会政治稳定、促进民族团结和构建社会主义和谐社会有重要的作用。江泽民的民族思想主要回答了什么是民族问题以及怎样解决我国现阶段民族问题，实现了党对民族

---

① 刘先照：《中国共产党主要领导人论民族问题》，民族出版社 1994 年版，第 253 页。

② 《江泽民论有中国特色社会主义（专题摘编）》，中央文献出版社 2002 年版，第 371 页。

问题认识的第三次飞跃，促进了当代中国的民族理论体系的形成。具体来说，江泽民民族平等思想的创新主要表现在以下几个方面：

（1）认识到民族问题的重要性是做好民族工作的前提。

对事物的认识是人类实践的前提和基础。江泽民指出，民族问题的解决具有长期性、复杂性和重要性。这是江泽民民族思想中的第一个创新点，有利于进一步做好党的民族工作。

他阐释了社会主义初级阶段民族问题的长期性和复杂性，指出现阶段是各民族发展的繁荣时期，但民族问题仍然具有长期性和复杂性，主要包括以下几个方面："一是各民族政治上的平等实现后，在经济、文化发展上的差别依然存在，旧社会在民族问题上的遗毒不是短时期内可以完全消除的；二是各民族的根本利益是一致的，但在某些具体权益，主要是经济权益方面，民族之间仍会发生一些矛盾和纠纷；三是在风俗习惯和语言文字等方面由于相互了解或尊重不够，也容易造成某些误会和纠纷；四是民族问题在一些地方往往和宗教问题交织在一起，如果对宗教问题处理不慎或不当，也会影响民族关系甚至酿成冲突；五是由于种种原因，有些人有时会做出伤害民族感情、损害民族团结的事，甚至违法犯罪。尤其值得我们警惕的是国际敌对势力明目张胆地支持我国内部的极少数分裂主义分子正在加紧对我们进行渗透、破坏和颠覆活动。"① 这种长期性和复杂性决定了"我们必须从振兴中华民族的高度，充分认识民族工作的长期性、复杂性和重要性"②。

（2）做好民族工作是当前党和国家的一项重要战略任务。

民族工作在党和国家工作中的地位和任务决定了民族工作的重要性，"民族问题是关系到我们的国家统一、社会稳定、边防巩固、建设成功的大问题"③。稳定是一个国家和民族发展的前提条件，而做好民族工作是解决好民族问题的关键所在。因此，我们应该把民族工作放到一个战略的高度去认识和解决，这也是社会的稳定发展所需要的客观条件。"如果国家不统一，民族不团结，就没有社会的稳定，就无法集中

---

① 江泽民：《论有中国特色社会主义（专题摘编）》，中央文献出版社 2002 年版，第355 页。

② 《民族工作文献选编》，中央文献出版社 2003 年版，第 29 页。

③ 同上书，第 91 页。

力量进行现代化建设，各民族也就不可能实现共同发展，所以，处理好
民族问题，做好民族工作，是涉及全局的大问题，是国家的一项重要战
略任务。"①

（3）少数民族和民族地区的发展是做好民族工作的根本。

把发展与民族问题的概念联系起来，并将其作为民族工作的核心是
江泽民在民族问题方面的突破和创新。主要包括以下三方面的内容：

第一，把发展引入民族问题的概念，科学地阐明了当代民族问题的
内涵。江泽民指出："民族问题既包括民族自身的发展，又包括民族之
间、民族与阶级、国家等方面的关系。"② "现阶段，我国的民族问题，
比较集中地表现在少数民族和民族地区迫切要求加快经济文化的发
展。"③ 因而，发展概念的引用，赋予了民族问题新的内涵，进一步提
高了我们党对民族问题的认识。

第二，把加快民族发展作为当代中国民族工作的核心任务，阐明了
发展对于民族工作的重要意义。江泽民认为，社会主义的本质在于解放
和发展生产力，消灭剥削，消除两极分化，最终实现共同富裕。所以，
"加快少数民族和民族地区的发展，是我国社会主义事业的本质要求在
民族工作上的体现，也是党的民族政策的基本出发点和归宿"④。发展
问题是一切民族矛盾和民族斗争出现的本质原因，因而必须努力发展民
族地区的经济，为民族问题的解决提供充实的物质保障。"加快民族地
区的发展不仅是个重大的经济问题，也是一个重大的政治问题"⑤。"全
党同志必须把加强民族团结、促进各民族共同发展和共同繁荣，作为整
个社会主义初级阶段民族工作的行动纲领。"⑥

第三，把发展作为解决民族问题的根本，提出了加快民族地区经济
发展的基本对策。在江泽民看来，首先，"改革开放是实现各民族共同

---

① 《新时期统一战线文献选编（续编）》，中共中央党校出版社 1997 年版，第 397 页。
② 《民族工作文献选编》，中央文献出版社 2003 年版，第 29 页。
③ 江泽民：《论有中国特色社会主义（专题摘编）》，中央文献出版社 2002 年版，第
364 页。
④ 同上书，第 365 页。
⑤ 同上书，第 362 页。
⑥ 同上书，第 356 页。

繁荣的必由之路"①。"民族地区的发展要努力适应社会主义市场经济和对外开放的历史条件"②。主动融入本国乃至世界的经济浪潮,"加强同沿海地区的经济联系,加快对外开放的步伐,充分利用各种有利条件,结交新伙伴,开拓新市场"③。其次,把民族地区的自力更生与国家和发达地区的对口支持结合起来。一方面,"我们要通过政策调节,加强国家对民族地区的扶持和帮助"④。另一方面,"少数民族地区要自力更生,发挥自己的优势"⑤。再次,认真贯彻落实西部大开发战略,加快民族地区经济和社会的协调发展。"我国经济的发展离不开东部地区,也离不开中西部地区包括民族地区的经济振兴,西部地区的多种丰富的资源和某些产业,在我国经济发展中占有举足轻重的地位,蕴藏着巨大的发展潜力,加快中西部包括民族地区的开发建设,已成为我国经济发展的必然走向。"⑥ 最后,进一步加强少数民族地区科教文卫事业的发展。"加快民族地区的发展,必须坚定不移地实施科教兴国战略,要优先发展教育事业,全面推进素质教育,加快实用科技开发和成果转化。"⑦

(4) 民族平等是做好民族工作的基础。

巩固和发展平等、团结、互助的社会主义民族关系是做好民族工作的基础和前提,这是江泽民在邓小平民族理论基础上实现的创新。这也是党的第三代领导集体解决民族问题的根本原则之一。

第一,阐述了发展和巩固社会主义民族关系的重要意义。社会主义民族关系是各民族之间团结、互助的新型民族关系。民族团结和国家统一是有中国特色的社会主义建设事业的重要前提和力量源泉。因此,"在新的历史时期,我们要不断加强各民族人民的平等、互助、团结、

---

① 江泽民:《论有中国特色社会主义 (专题摘编)》,中央文献出版社 2002 年版,第363 页。

② 同上书,第 365 页。

③ 同上书,第 364 页。

④ 同上。

⑤ 同上书,第 365 页。

⑥ 同上书,第 363 页。

⑦ 江泽民:《在中央民族工作会议暨国务院第三次全国民族团结进步表彰大会上的讲话》,《人民日报》1999 年 3 月 30 日。

合作，促进共同繁荣。唯有这样，国家的统一才能稳固，中华民族才能振兴，建设有中国特色社会主义的宏伟目标才能顺利实现"①。

第二，阐述了民族平等的基本含义。在江泽民看来，从主体上看，民族平等的主体具有广泛性，"各民族不分人口多少、历史长短、发展程度高低，都对我国的文明做出了贡献，都应该一律平等"②。同时，江泽民指出民族平等还具有真实性，"各民族人民都享有宪法和法律所规定的民主、自由权利和平等的发展权利，都以高度的政治热情和主人翁精神积极参与管理社会事务，平等地商讨和决定国家大事"③。除此之外，还论述了民族平等具有全面性。"包括政治上的平等权利、发展经济文化的平等权利、语言文字的平等地位，还包括尊重各民族的宗教信仰和风俗习惯等"④。

第三，提出了发展平等团结互助关系的思路和对策。江泽民主要从以下三方面阐述了发展团结、互助、平等的民族关系的措施，首先"在各民族干部、群众中，要大力加强党的马克思主义民族观和党的民族政策教育"⑤。从而为民族地区民族政策的执行奠定坚实的人力基础。其次，树立互帮互助、团结共荣的思想，"要反对大民族主义，也要反对地方民族主义"⑥，再次，要严格区分民族关系和民族矛盾的性质；要"严格区分两类不同性质的矛盾，贯彻正确处理人民内部矛盾的原则，是什么问题就解决什么问题"⑦。

（5）民族区域自治制度是做好民族工作的保障。

进一步坚持和完善了民族区域自治制度是江泽民民族思想的又一创新点，主要有以下几方面的内容：

第一，"提出民族区域自治制度是解决我国民族问题的根本制

---

① 《江泽民文选》第1卷，人民出版社2006年版，第358页。
② 同上书，第357页。
③ 《民族工作文献选编》，中央文献出版社2003年版，第257页。
④ 同上书，第2页。
⑤ 江泽民：《论有中国特色社会主义（专题摘编）》，中央文献出版社2002年版，第356页。
⑥ 同上。
⑦ 同上。

度"①，"是我们党和各族人民的一个伟大创举"②。同时，在十三届四中全会以后，党中央把民族区域自治制度、全国人民代表大会制度、共产党领导的多党合作政治协商制度并列为我国三大基本政治制度，进一步提高了民族区域自治制度的地位，江泽民强调"民族区域自治制度是解决我国民族问题的根本制度"。

第二，进一步论述了民族区域自治制度的特点和优势。这也正是坚持和完善民族区域自治制度的内在动因所在。在江泽民看来，民族区域自治制度是马克思主义民族理论与中国实际相结合的产物，对于中国民族问题的解决、新型民族关系的建立具有重要的意义，因此，民族区域自治制度是有中国特色的解决民族问题的最好制度。"它把民族因素同区域因素、政治因素同经济因素恰当结合起来"③，"既能发挥各少数民族和民族地区的积极性，又保证了必要的集中和祖国的统一"④，"具有强大的政治生命力，我们要始终不渝地坚持并不断加以完善"⑤。

第三，完成了坚持和贯彻民族区域自治制度的措施创新。江泽民认为：首先，全面贯彻《民族区域自治法》既是依法治国的基本要求，又是实行民族区域自治制度的保证。"国家依法保障民族自治地方的自治权利"⑥，"中央有关部门和各级政府都要制定实施自治法规定和措施，涉及少数民族和民族地区的政策、法规，要体现自治法的精神"⑦。其次，"完善民族区域自治制度，全面贯彻落实《民族区域自治法》的关键在于大力培养少数民族干部，加强民族地区的干部队伍建设"⑧。再次，"要警惕敌对势力支持我国的逃亡分子和极少数民族分裂分子搞所谓的高度自治，坚决反对民族分裂主义，粉碎敌对势力的分化、西化

---

① 江泽民：《论有中国特色社会主义（专题摘编）》，中央文献出版社 2002 年版，第359 页。

② 同上书，第 360 页。

③ 同上书，第 359 页。

④ 同上。

⑤ 同上书，第 362 页。

⑥ 同上。

⑦ 《民族工作文献选编》，中央文献出版社 2003 年版，第 35 页。

⑧ 江泽民：《论有中国特色社会主义（专题摘编）》，中央文献出版社 2002 年版，第360 页。

的图谋"。最后，"完善《民族区域自治法》，根据少数民族和民族地区
的特点制定具体的实施细则和条例，建立和健全配套的法规体系，形成
比较完备的社会主义民族法规体系和监督机制"①，"使民族区域自治制
度和法律在实践中得到充实和完善"②。

（6）各民族的团结是做好民族工作的核心。

江泽民在继承毛泽东和邓小平关于民族理论的基础上，提出了
"加强各民族的团结是做好民族工作的核心"的命题，进一步丰富了马
克思主义的民族理论，具体包括以下几方面的主要内容：

第一，论述了加强民族团结对于做好民族工作的重要意义。民族平
等是民族团结和各民族共同繁荣的基础，也是社会实现和谐稳定的基
础。在江泽民看来，"中国各民族的大团结是稳固的，这是中国社会进
步、经济发展、政治稳定的重要保证"③，因为，"在民族平等的基础
上，加强民族团结和祖国统一是各族人民根本利益之所在"④。

第二，提出了新时期进一步加强民族团结的指导方针。加强民族团
结对于新型民族关系的建立具有重要的作用，也是新时期促进社会稳定
的前提条件。江泽民认为，新时期进一步加强民族团结应该在下列指导
方针的基础上开展。首先，进一步加快少数民族地区的发展，"在新的
历史时期，搞好民族工作，增强民族团结的核心问题，就是要积极创造
条件，加快发展少数民族和民族地区的经济文化等各项事业，促进各民
族共同繁荣。这既是少数民族和民族地区人民群众的迫切要求，也是我
们社会主义民族政策的根本原则"⑤。其次，正确处理民族关系。"中华
民族经历了几千年交融的过程，各族人民在彼此交往特别是近百年反对
共同敌人的斗争中，发展了休戚与共、相互依存的亲密关系，各民族同
呼吸、共命运、心连心，谁也离不开谁。"⑥ 再次，进一步促进各民族
的共同繁荣。"这是我们战胜各种困难和风险，推动建设中国特色社会

---

① 《民族工作文献选编》，中央文献出版社 2003 年版，第 35—36 页。
② 江泽民：《论有中国特色社会主义（专题摘编）》，中央文献出版社 2002 年版，第
361 页。
③ 《新时期统一战线文献选编（续编）》，中共中央党校出版社 1997 年版，第 348 页。
④ 《江泽民文选》第 1 卷，人民出版社 2006 年版，第 355 页。
⑤ 同上书，第 363 页。
⑥ 同上书，第 358 页。

主义事业不断前进的重要保证。"①最后，坚持宗教信仰自由，尊重少数民族风俗习惯。"正确处理各民族和民族地区矛盾，及时解决出现的利益纠纷，防止不尊重民族风俗习惯、伤害民族感情的事情发生。"②

（7）民族精神是做好民族工作的动力。

江泽民民族工作思想的重要特点之一是强调弘扬民族精神，增强民族凝聚力。主要包括以下几个方面：

第一，论述了中华民族是有强大凝聚力的民族。"中国历来是一个统一的多民族国家，在漫长的历史发展中，经过长期的锤炼，形成了具有强大凝聚力的中华民族"③，"不论是国际上发生什么样的剧变，还是国内出现什么样的风波，我国各民族都是和睦相处、同舟共济、患难与共的，充分体现了中华民族的强大凝聚力"④，这种凝聚力正是维系整个中华民族生存与发展的内在力量，也是促使中国社会稳定、各民族团结合作的前提和基础。

第二，提出了民族凝聚力是综合国力的重要组成部分。江泽民指出："一个民族、一个国家如果没有自己的精神支柱，就会失去凝聚力和生命力。有没有高昂的民族精神，是衡量一个国家综合国力强弱的一个重要尺度，综合国力主要是经济实力、技术实力，这种物质力量是基础，但离不开民族精神、民族凝聚力，精神力量是综合国力的重要组成部分。"⑤ 因此，必须进一步提高民族凝聚力，并充分发挥其在社会主义建设过程中的作用。

第三，进一步弘扬各民族优秀的文化传统和民族地区精神文明建设。江泽民强调，在新的历史时期，继承中华民族传统精神的精华，就要大力弘扬爱国主义精神、自强不息的奋斗精神、崇尚科学等精神，从而为社会主义现代化建设提供强大的精神动力。因为"少数民族的振

---

① 《江泽民在中央民族工作会议暨国务院第三次全国民族团结进步表彰大会上的讲话》，《人民日报》1999 年 3 月 30 日。

② 同上。

③ 《江泽民文选》第 1 卷，人民出版社 2006 年版，第 355 页。

④ 《江泽民在中央民族工作会议暨国务院第三次全国民族团结进步表彰大会上的讲话》，《人民日报》1999 年 3 月 30 日。

⑤ 《江泽民文选》第 1 卷，人民出版社 2006 年版，第 395 页。

兴同整个中华民族的振兴是密不可分，互相促进的"①，中华民族的振兴，就是五十六个民族的共同振兴。除此之外，在弘扬中华民族优秀文化传统的时候，大力发展物质文明时，还要进一步加强少数民族地区的精神文明建设，提高少数民族群体的素质。因为："大力发展少数民族和民族地区的教育、科技、文化、卫生、体育等各项社会事业，努力提高少数民族的科学文化、思想道德水平和身体素质、抓好社会主义精神文明建设，是发展社会生产力的需要，是各民族共同繁荣的内在要求。"②

（8）宗教与社会主义社会相适应是做好民族工作的重要条件。

宗教作为一种文化现象，对一个国家政治统治存在积极与消极的作用。新时期，江泽民在新的时代背景下，提出"民族、宗教无小事"的论断，实现了民族与宗教问题之间的融会贯通，并将其作为做好民族工作的重要条件。这是江泽民民族理论的又一个新的突破。

第一，阐明了新时期做好民族工作必须贯彻落实好党的宗教政策。我国不仅是一个多民族国家，而且还是一个信仰多种宗教的国家。因此，在我国，民族问题和宗教问题同样是重要的社会政治问题，民族工作和宗教工作同样也是党和国家的重要工作。同时，"民族问题和宗教问题在一些地方往往交织在一起"③。此外，受到国内外敌对势力的民族分裂主义活动的影响，促使我国部分民族地区还存在不稳定的因素，严重影响着社会的和谐与稳定。因而，"在处理民族问题时，还要注意全面地、正确地贯彻落实党的宗教政策"④。

第二，强调做好与民族问题相关的宗教工作。做好宗教工作对于民族工作的开展具有重要作用。江泽民分析了做好新时期宗教工作的方针，主要包括以下几方面：首先，"要全面、正确地贯彻执行党的宗教信仰自由政策，把不同信仰的人团结起来，把意志和力量集中到建设有中国特色的社会主义事业上来"⑤。其次，依法加强对宗教事务的管理，

① 《江泽民文选》第1卷，人民出版社2006年版，第362页。
② 《新时期统一战线文献选编（续编）》，中共中央党校出版社1997年版，第254页。
③ 《江泽民文选》第1卷，人民出版社2006年版，第357页。
④ 《中国共产党主要领导人论民族问题》，民族出版社1994年版，第4页。
⑤ 《江泽民文选》第1卷，人民出版社2006年版，第369页。

更好地贯彻宗教信仰自由政策，保护正常的宗教活动和宗教界的合法权益，制止和打击利用宗教进行违法犯罪活动。再次，积极引导宗教与社会主义社会相适应，改革不适应社会主义要求的制度和教条，引导宗教界人士在政治上热爱祖国，拥护社会主义制度和共产党的领导。最后，坚持政治上团结合作、信仰上互相尊重，继续巩固和发展党与爱国宗教界的统一战线，把宗教的领导权牢牢掌握在爱国宗教人士手中。"总之，贯彻党的宗教信仰自由政策也好，依法加强对宗教事务的管理也好，目的都是要引导宗教与社会主义社会相适应。"①

（9）反对分裂，维护祖国统一是做好民族工作的基本立场。

反对民族分裂，维护祖国统一是我国长期的一项政治任务。同时，也是解决民族问题和做好民族工作的基本立场和原则。这也是以江泽民为核心的党中央对马克思主义民族理论的丰富和发展。

第一，明确指出了反分裂斗争的实质。江泽民分析了反分裂斗争的实质，在他看来，"民族分裂主义分子是各民族人民的共同敌人，维护祖国统一和各民族的大团结，是五十六个民族共同神圣职责，我们必须旗帜鲜明地反对民族分裂主义"②。因为"分裂与反分裂的斗争是政治斗争"③，所以，"加强民族团结，维护祖国统一和社会稳定，反对民族分裂是一项长期的政治任务"④。必须坚定不渝地认真贯彻、落实反分裂斗争的相关政策，维护祖国的统一。

第二，强调坚决打击敌对势力和民族分裂主义分子的分裂破坏活动。当前，随着我国社会主义建设事业的不断发展，西方敌对势力试图采取各种手段旨在破坏社会主义发展的进程，比如利用民族和宗教问题实施西化，从而实现分化中国的政治图谋。为此，江泽民指出："为了维护祖国的统一，我们必须同极少数分裂主义分子进行坚决的斗争"，"我们要依靠各族人民群众，坚决反对和揭露台独分子，妄图把台湾分离出去的罪恶活动，警惕和反对国际上某些政治势力支持逃亡国外的分裂主义分子，利用泛伊斯兰主义、泛突厥主义，或打着其他旗号，在我

---

① 《新时期统一战线文献选编（续编）》，中共中央党校出版社1997年版，第616页。
② 《中国共产党关于民族问题的基本观点和政策》，民族出版社2002年版。
③ 《新时期统一战线文献选编（续编）》，中共中央党校出版社1997年版，第21页。
④ 《中国共产党关于民族问题的基本观点和政策》，民族出版社2002年版，第309页。

国某些地区煽动分裂的图谋"。① "对于破坏民族关系、民族团结和社会稳定的突发事件，必须采取措施，坚决消灭在萌芽状态，绝不姑息迁就、犹豫不决。"② 因此，我们必须团结最广大的人民群众，坚决同敌对势力和旨在破坏民族团结的少数分子做斗争，维护祖国的统一。

（10）少数民族干部队伍建设是做好民族工作的关键。

江泽民从我国现代化建设的目标以及当前少数民族干部的状况出发提出了加强少数民族干部队伍建设的论断，这是其民族工作思想的重要内容。

第一，阐述了加强少数民族干部队伍建设的重要性。"培养少数民族干部是一项事关大局的重要工作"③，同时，也是新时期做好民族工作的重要内容，具有重要的意义。首先，"民族干部的状况又是衡量一个民族发展水平的重要标志"④，"抓紧培养少数民族干部，提高少数民族干部的素质，这对发展民族团结进步事业是至关重要的"⑤。其次，少数民族的干部队伍具有汉族干部不可替代的作用，因为"少数民族干部与本民族有着广泛而密切的联系，是我们党做好民族工作的骨干力量"⑥。最后，"努力造就一支宏大的德才兼备的少数民族干部队伍，是做好民族工作和解决民族问题的关键"⑦，"在民族自治地区培养一支高质量的少数民族干部队伍，对于保证党的路线、方针政策的贯彻执行和各项工作的落实有重要意义"⑧。

第二，论述了加强少数民族干部队伍建设的基本途径。首先，加强重视少数民族干部培养是加强少数民族干部队伍建设的前提和基础。"今后不仅要继续重视培养一般少数民族干部，而且要注意培养少数民

---

① 《江泽民文选》第 1 卷，人民出版社 2006 年版，第 377 页。
② 《中国共产党关于民族问题的基本观点和政策》，民族出版社 2002 年版，第 297 页。
③ 《新时期统一战线文献选编（续编）》，中共中央党校出版社 1997 年版，第 253 页。
④ 《江泽民文选》第 1 卷，人民出版社 2006 年版，第 360—361 页。
⑤ 《新时期统一战线文献选编（续编）》，中共中央党校出版社 1997 年版，第 222 页。
⑥ 《江泽民文选》第 1 卷，人民出版社 2006 年版，第 360 页。
⑦ 同上书，第 357 页。
⑧ 《江泽民在中央民族工作会议暨国务院第三次全国民族团结进步表彰大会上的讲话》，人民日报 1999 年 3 月 30 日。

族高中级干部"①。其次，要"进一步加强对少数民族干部，特别是中高级干部和各种科技、管理人才的培养，既要在数量上有计划地扩大，更要在提高素质、改善结构上下功夫，全面提高少数民族的素质"。"当前，培养少数民族干部关键不在数量，最重要的是政治素质"。② 最后，"要高度重视培养、教育、使用少数民族干部，特别要注意选任一批跨世纪的优秀中青年干部"③，从而，把少数民族干部的培养、教育和使用有机地结合起来。

（11）党对民族工作的领导是做好民族工作的保证。

江泽民在新时期、新的时代条件下，提出的"加强党对民族工作的领导是做好民族工作的保证"论断是其民族思想的重要创新点，主要表现在以下几个方面：

第一，阐明了加强党对民族工作领导的必要性。民族问题是我国政治问题的重要组成部分，民族工作是党的工作的重要组成部分。"中国共产党是领导我国社会主义事业的核心力量，也是中华民族团结统一的核心力量，为了适应国际形势和国内建设的需要，继续解决好我国的民族问题，必须进一步加强党对民族工作的领导。"④

第二，分析了如何加强党对民族工作领导的问题。江泽民指出："首先要坚定不移地全面贯彻执行党的基本路线，坚持实事求是，一切从实际出发，解决好我国的民族问题。"⑤ 其次"各级领导干部特别是高级干部，都要认真学习马克思主义的民族理论和党的民族政策，认真研究党的民族工作的历史经验和民族工作面临的新情况新问题，及时了解世界民族问题的发展趋势和动向，努力掌握在改革开放和社会主义市场经济条件下做好民族工作的特点和规律，不断提高正确处理民族问题的能力"⑥。再次，大力加强民族地区的基层党委建设，"民族地区的基层党组织要进一步密切与各族群众的联系，真正发挥战斗堡垒作用，带

---

① 《江泽民文选》第 1 卷，人民出版社 2006 年版，第 361 页。

② 同上。

③ 《新时期统一战线文献选编（续编）》，中共中央党校出版社 1997 年版，第 221 页。

④ 《中国共产党关于民族问题的基本观点和政策》，民族出版社 2002 年版，第 259 页。

⑤ 同上书，第 261 页。

⑥ 同上书，第 254 页。

领群众努力发展生产、脱贫致富，增强民族团结和创建文明新风"①。最后，各级党委和政府要给予民族工作部门支持和关心。"从中央到地方，各级党委和政府都要把民族工作切实管起来，健全和完善各级政府的民族工作机构，选派得力干部充实民族工作部门，并逐步改善他们的工作条件，各级党委和政府的主要负责同志，要亲自过问民族工作，帮助解决实际问题"②，同时，"各级党委统战部门和政府民族工作部门要全面提高自己的政治和业务素质，通过履行自己的职责，继续当好党和政府在民族工作方面的参谋和助手"③。

江泽民民族平等思想的内容是"三个代表"重要思想的重要组成部分，是新时期党和国家领导人把马克思主义民族理论和中国的具体实际相结合的产物，对于今后我国民族问题的解决、民族工作的开展具有重要的指导意义。

（四）胡锦涛的民族平等思想

进入新世纪以来，以胡锦涛为代表的中国共产党人，根据新世纪新阶段中国民族工作面临的新形势和新任务，旗帜鲜明地确立了各民族共同团结奋斗、共同繁荣发展的民族工作主题，提出了一系列新观点和新论断，作出了一系列加强和改进民族工作的重大部署，进一步丰富和发展了中国特色社会主义民族理论体系，为马克思主义民族平等理论的中国化作出了新的贡献。

（1）实现民族平等的基础是各民族共同繁荣。在 2003 年 3 月全国政协十届一次会议少数民族委员联组讨论会上，胡锦涛首次明确提出了新世纪新阶段我国民族工作要坚持"两个共同"的观点，并作了深刻阐述。他指出："全面建设小康社会的宏伟目标，就是要更好地实现各民族的共同繁荣发展。实现各民族共同繁荣发展，需要各民族共同团结奋斗。共同团结奋斗，共同繁荣发展，这就是我们新世纪新阶段民族改

---

① 《中国共产党关于民族问题的基本观点和政策》，民族出版社 2002 年版，第 260 页。
② 同上书，第 253 页。
③ 江泽民：《在中央民族工作会议暨国务院第三次全国民族团结进步表彰大会上的讲话》，《人民日报》1999 年 3 月 30 日。

造的主题。"① 民族平等的基本原则要求各民族共同发展和共同繁荣，党和国家各项民族政策的制定和实施也正是着眼于此。每一项民族政策的制定和实施都是为了在社会主义现代化建设中带领各族人民群众走向繁荣之路，民族政策的有效实施为各民族的繁荣发展提供了保障，各民族之间的广泛交流与合作为各民族乃至整个国家的繁荣发展奠定了基础。各民族和民族地区的快速发展和繁荣稳定得益于党和国家的各项民族政策，尤其是近十年来，在党和国家的民族政策指引下，少数民族和民族地区经济、社会迅速发展。

（2）民族区域自治是实现民族平等的政治保障。民族区域自治是解决我国民族问题的基本政治制度，是发展社会主义民主、建设社会主义政治文明的重要内容。民族区域自治是与中国的国家利益和各民族人民的根本利益相一致的。以胡锦涛为总书记的新的中央领导集体指出，"民族区域自治法是国家保障少数民族和民族地区各项权利的基本法律，是我国民族工作走上法制化、规范化轨道的重要保障"②，并强调坚持和完善民族区域自治制度，必须全面贯彻落实民族区域自治法。实行民族区域自治，保障了少数民族在政治上的平等地位和平等权利，极大地满足了少数民族积极参与国家政治生活的愿望。

（3）巩固和发展平等团结互助的和谐民族关系。胡锦涛同志非常重视新时期我国民族问题的解决。在 2005 年的中央民族工作会议暨国务院第四次全国民族团结进步表彰大会上，他指出："正确处理民族问题，是建设中国特色社会主义的重要内容。中国的民族问题必须放到建设中国特色社会主义的全局中来解决，解决好民族问题又有利于推进建设中国特色社会主义。中国特色社会主义是中国各族人民的共同事业，中国特色社会主义道路是解决中国民族问题的根本道路，实现各民族共同繁荣发展，是全面建设小康社会的重要目标。要切实落实民族地区全面建设小康社会的各项任务，使民族地区的面貌更快地得到改变，让改革发展的成果更好地惠及各族群众。要不断巩固和发展全国各族人民的

---

① 参见《人民日报》2003 年 3 月 5 日第 1 版。

② 胡锦涛：《在中央民族工作会议暨国务院第四次全国民族团结进步表彰大会上的讲话（单行本）》，人民出版社 2005 年版，第 17 页。

大团结，为全面建设小康社会、实现中华民族的伟大复兴提供重要保证。"① 同时强调"现阶段民族工作的主要任务是：坚持以邓小平理论和'三个代表'重要思想为指导，以科学发展观统领经济社会发展全局，围绕全面建设小康社会的宏伟目标，牢牢把握各民族共同团结奋斗、共同繁荣发展的主题，全面贯彻执行党和国家的民族政策和民族法律法规，坚持和完善民族区域自治制度，巩固和发展社会主义民族关系，大力培养少数民族干部和各类人才，加快少数民族和民族地区经济社会发展，为中国社会主义物质文明、政治文明、精神文明与和谐社会建设全面发展作出贡献"②。

（4）实现民族工作的途径。胡锦涛同志不仅对我国民族问题的解决和民族工作的开展做了理论上的探讨，还对如何实现这一任务做了战略部署。主要包括以下内容："第一，加快少数民族和民族地区经济社会发展；第二，加强民族地区人才资源开发和少数民族干部队伍建设；第三，加强民族团结、维护祖国统一；第四，坚持和完善民族区域自治制度。"③

综上所述，马克思主义经典作家都从不同的角度阐述了民族平等的思想，并在实践中丰富和发展了马克思主义民族理论。民族平等是我国解决民族问题和开展各项民族工作的前提和基础。党的十八大报告指出："全面正确贯彻落实党的民族政策，坚持和完善民族区域自治制度，深入开展民族团结进步教育，加快民族地区发展，促进各民族和睦相处、和衷共济、和谐发展"④，同时，还指出了新时期我国民族工作的目标要求，即"其一，全面正确贯彻落实党的民族政策；其二，坚持和完善民族区域自治制度；其三，牢牢把握各民族共同团结奋斗、共同繁荣发展的主题，深入开展民族团结进步教育；其四，加快民族地区发展；其五，保障少数民族合法权益；其六，巩固和发展平等、团结、

---

① 胡锦涛：《在中央民族工作会议暨国务院第四次全国民族团结进步表彰大会上的讲话（单行本）》，人民出版社 2005 年版，第 18 页。

② 同上。

③ 同上。

④ 胡锦涛：《坚定不移沿着中国特色社会主义道路前进，为全面建成小康社会而奋斗——在中国共产党第十八次全国代表大会上的报告》，2012 年 11 月 18 日。

互助、和谐的社会主义民族关系，促进各民族和睦相处、和衷共济、和谐发展"①，为新时期我国民族工作的开展指明了方向。

（五）习近平的民族平等思想

1. 习近平民族平等思想的内涵

坚持马克思主义为指导，汲取毛泽东的民族平等思想、邓小平的民族平等思想、江泽民的民族平等思想、胡锦涛的民族平等思想为精髓，习近平总书记着眼新的时代背景和全国发展大局，为民族发展确立了新坐标、明确了新定位、赋予了新使命，为少数民族地区改革开放和现代化建设给出了行动指南。全面分析我国当前民族工作面临的国内外形势，准确把握新形势下民族问题、民族工作的特点和规律，统一思想认识，明确目标任务，坚定信心决心，提高做好民族工作能力和水平。深刻阐述当前和今后一个时期我国民族工作的大政方针。加快民族地区发展、促进全面建成小康社会。

（1）尊重民族文化多样性、加强民族文化保护是促进民族平等的前提条件。

多民族是我国的一大特色，多民族造就了我国丰富多样的文化，各民族共同开发了祖国的锦绣河山、广袤疆域，共同创造了悠久的中国历史、灿烂的中华文化。我国历史演进的这个特点，造就了我国各民族在分布上的交错杂居、文化上的兼收并蓄。多元文化的独特魅力吸引了世人，我国各民族对多元文化的包容，加强和巩固了民族团结，多民族文化对我国发展有着深远的影响和重大的意义。大力发展中国特色社会主义优秀文化，努力建设中华民族文化特色保护地，使中华民族的优秀民族文化受到保护与发展。情感上的相互亲近，形成了你中有我、我中有你，谁也离不开谁的多元一体格局。中华民族和各民族的关系，是一个大家庭和家庭成员的关系，各民族的关系，是一个大家庭里不同成员的关系。处理好民族问题、做好民族工作，是关系祖国统一和边疆巩固的大事，是关系民族团结和社会稳定的大事，是关系国家长治久安和中华

---

① 胡锦涛：《坚定不移沿着中国特色社会主义道路前进，为全面建成小康社会而奋斗——在中国共产党第十八次全国代表大会上的报告》，2012 年 11 月 18 日。

民族繁荣昌盛的大事。新中国成立60多年来，党的民族理论和方针政策是正确的，中国特色解决民族问题的道路是正确的，我国民族关系总体是和谐的，我国民族工作做的是成功的。同时，我们的民族工作也面临着一些新的阶段性特征。做好民族工作要坚定不移走中国特色解决民族问题的正确道路，开拓创新，从实际出发，顶层设计要缜密、政策统筹要到位、工作部署要稳妥，让各族人民增强对伟大祖国的认同、对中华民族的认同、对中华文化的认同、对中国特色社会主义道路的认同。加强中华民族大团结，长远和根本的是增强文化认同，建设各民族共有精神家园，积极培养中华民族共同体意识。要把建设各民族共有精神家园作为战略任务来抓，抓好爱国主义教育这一课，把爱我中华的种子埋在每个孩子的心灵深处，大力传承和弘扬民族文化，为民族地区发展提供强大精神动力，让社会主义核心价值观在祖国下一代的心田生根发芽。弘扬和保护各民族传统文化，要去粗取精、推陈出新，努力实现创造性转化和创新性发展。要积极做好双语教育、信教群众工作和少数民族代表人士和知识分子工作。

(2) 改善民生、促进民族地区经济发展是民族平等的重要物质保障。

解决好民族问题，物质方面的问题要解决好。支持民族地区加快经济社会发展，是中央的一项基本方针。要紧紧围绕全面建成小康社会目标，顺应各族群众新期盼，深化改革开放，调动广大干部群众的积极性，激发市场活力和全社会创新创造热情；发挥民族地区特殊优势，加大各方面支持力度，提高自我发展能力，释放发展潜力；发展社会事业，更加注重改善民生，促进公平正义；加强生态环境保护，提高持续发展能力。加强基础设施、扶贫开发、城镇化和生态建设，不断释放民族地区发展潜力。民族地区加快发展，最终还是要向改革要动力、要活力。民族地区与全国一样，都要深化投资体制改革，搞好和周边地区的互联互通，通过市场机制与沿海地区连接起来，实现优势互补、合作共赢、共同发展。会议指出，要以推进基本公共服务均等化为重点，着力改善民生。发展经济的根本目的就是要让各族群众过上好日子。既要坚持不懈抓发展，不断扩大经济总量，为民生改善提供坚实基础，也要大力推进基本公共服务均等化，促进社会公平。教育投入要向民族地区、边疆地区倾斜，加快民族地区义务教育学校标准化和寄宿制学校建设，实行免费中等职业教育，办好民族地区高等教育，搞好双语教育。加快改善医疗卫生条件，加强基层医疗卫生人才队伍建设。进一步加强对口支援和帮扶，把改善民生放在首位，帮扶资金主要用于民生、用于基层。

(3) 坚定不移地坚持民族区域自治制度是民族平等的必要制度保障。

促进我国的民族平等、团结统一在政治上是要有充分保障的。习近平站在全局和战略的高度，系统阐述了民族工作的方向和道路、理论和政策、制度和法律、工作和实践等重大问题，思想上的深刻性、政策上的鲜明性非常突出，是做好新形势下民族工作的纲领性文献。做好民族工作关键在党、关键在人。只要我们牢牢坚持中国共产党的领导，就没有任何人任何政治势力可以挑拨我们的民族关系，各级党委和政府要把民族工作摆上重要议事日程，坚持从政治上把握民族关系、看待民族问题。民族地区的好干部做到明辨大是大非的立场特别清醒、维护民族团结的行动特别坚定、热爱各族群众的感情特别真诚。要坚持德才兼备的原则，大力培养选拔少数民族干部，优秀的要放到重要领导岗位上来。无论是少数民族干部还是汉族干部，都要以党和国家的事业为重、以造福各族人民为念，齐心协力做好工作。民族地区要重视基层党组织建设，加强干部作风建设。要形成党委领导、政府负责、有关部门协同配合、全社会通力合作的民族工作格局，坚持好、健全好民委委员制度。突出重点领域，千方百计把促进各民族共同繁荣发展的决策部署落到实处；积极稳妥推进，力争使加强民族团结的各项举措取得实实在在的进展；顺应历史趋势，把推进民族事务治理法治化做深做实；汇聚各方力量，形成贯彻会议精神的良好体制机制。要求全党全国各族人民要紧密团结在以习近平同志为总书记的党中央周围，坚定不移走中国特色解决民族问题的正确道路，万众一心，不懈奋斗，把民族团结进步事业全面推向前进。

2. 习近平民族平等思想的发展与创新

泱泱华夏五千年之不老，是中华儿女五千年勤劳与智慧的浇筑，而勤劳与智慧的交集正是正确战略的布局。可以说，中华民族一次次浴火重生以至兴旺发达的背后，都离不开坚实的战略支撑。今天，以习近平同志为总书记的党中央承先辈之宏大夙愿，在中国特色社会主义道路上谋划民族复兴的伟大事业，从全面建成小康社会，到全面深化改革，再到全面依法治国、全面从严治党，"四个全面"战略蓝图清晰可见。"四个全面"不仅为实现中国梦提供战略指引，也为少数民族地区的发展稳定给予了战略支撑。

（1）"四个全面"建设是民族平等发展稳定的战略支撑。

第一，"四个全面"建设是加强民族平等跨越式发展的战略基石。

发展是解决所有民族问题的基础和关键，而谋划发展大局必须立足现实。立足民族现实就要立足特殊区情，立足特殊区情必须深刻认识和全面把握民族地区社会的主要矛盾。人民日益增长的物质文化需要同落后的社会生产之间的矛盾，是由错综复杂的历史成因和社会主义初级阶段的现实特征决定的。这个矛盾决定民族地区的发展必须以经济建设为中心，以全面提高社会生产力发展水平、增强社会综合实力、提高人民生活水平为内容的跨越式发展架构。和平解放特别是改革开放30多年来，民族社会发展与日俱进，各项事业蒸蒸日上，但同时，仍面临诸多困难和挑战。从经济发展来看，经济总量稳步提升，但根基薄弱，发展质量差强人意；从民生改善来看，生活水平显著提升，但均衡不调，总体水平尤显滞后；从思想文化建设来看，现代文明深入人心，但意识落后，先进文化有待发展；从生态建设来看，环境保护成绩显著，但困难重重，生态安全形势严峻。

发展总是在历史中承上启下、在问题中破浪前行的实践过程。民族社会已经基本实现小康，业已站在新的历史起点上，而要按照跨越式发展的要求继续前行，必须建构合理的战略布局，为发展提供强大的战略支撑。"四个全面"的提出，正是当下西藏发展进行战略布局的基石。"四个全面"源于新的实践，根据新的国际国内形势，立足中国当前实际，针对当下发展难题，总结历史经验教训，回应人民热切期盼，不仅是实现中国梦的发展总纲，也是民族跨越式发展的行动指南。

习近平总书记指出："中国已经进入全面建成小康社会的决定性阶段。实现这个目标是实现中华民族伟大复兴中国梦的关键一步。"把全面建成小康社会置于中国梦的宏大愿景之中，不仅为中国梦给予了精准坐标，也使发展有了更加具体而现实的目标和要求。民族地区跨越式发展任务尤艰，赶超是要迅速缩短与其他省市的发展差距，并非无视规律和罔顾现实，准确言之，民族地区的跨越式发展是立足现实、科学合理的赶超型发展。如前所述，民族发展的诸多阶段性特征，正是全面建成小康社会阶段的特征。换言之，民族地区跨越式发展在当下的具体内容就是全面建成小康社会，这是当前跨越式发展最根本的战略指向和目标要求。全面建成小康社会，核心是全面。这个全面是覆盖人群的全面，亦即每个人都不掉队的全面，正如总书记所指的"一个民族都不能少"的全面；这个全面是涉及领域的全面，是五位一体总体布局的全面。可以说，全面建成小康社会之"全面"二字，核心地表达了发展的中心和主旨，涵盖了跨越式发展应有的内涵。从覆盖人群而言，在中国全面建成小康社会，当然要有民族地区跨越式发展的自我加速；从涉及的领域而言，跨越式发展必须是立足现实、解决问题、科学合理的发展。全面建成小康社会，从根本上说是发展问题，是当前解决西藏所有问题的战略方向和根本举措。

党的十一届三中全会开启了改革开放的进程。改革开放，旨在解决如何发展、怎么发展的问题。党的十八届三中全会，以习近平同志为总书记的党中央深刻总结改革开放以来的历史经验，高瞻远瞩，明确提出全面深化改革的战略方针，形成全面深化改革的战略思想，把改革开放引入一个全新境界，也为民族地区跨越式发展开拓了全新视野。民族地区的跨越式发展不可能一帆风顺，虽然成就辉煌，但挑战和困难不容忽视。全面深化改革的战略思想，无疑为民族的跨越式发展给出了方向、目标、思路。全面深化改革，就是要坚定中国特色社会主义的道路、理论和制度自信，对西藏而言，推进跨越式发展就是要坚定不移走有中国特色、民族地区特点的发展路子，这是方向、原则和立场。背离这个方向，脱离这个原则和立场，跨越式发展就是无本之木。全面深化改革，是要完善和发展中国特色社会主义制度、推进国家治理体系和治理能力现代化，对西藏而言，就是要不断推动社会治理创新、实现治理体系和治理能力现代化，形成经济发展、政治清明、民生改善、生态良好、文化繁荣的良好格局，这是目标。没有这个目标的指引，建设富裕和谐幸福法治文明美丽的社会主义新民族地区就是无的放矢。毫无疑问，全面深化改革，是跨越式发展的动力所在。

党的十八届四中全会，以习近平同志为总书记的党中央提出全面依法治国的战略思想，为法治中国建设标定新的里程碑，也为中国梦的实现营造着良好的法治环境。对民族地区而言，在全面依法治国战略指引下的依法治藏，是跨越式发展不可或缺的基础和保障。法治既是框架和支撑，又是观念和方法。跨越式发展必须于法有据，发展结果必须法治固化，方能在法治的保障和支撑下做到发展为了人民，发展依靠人民，发展的成果由人民共享。只有把依法治藏贯穿到治边稳藏的全过程、落实到发展稳定的大棋局，跨越式发展才有良好的生成环境。

和平解放以来，中国共产党始终坚定地领导各族人民在推进社会发展进步的历程中不断进取，取得了辉煌的建设成就。实践早已雄辩地证明，民族地区的跨越式发展离不开中国共产党的坚强领导。跨越式发展要取得更大成绩，党的领导不能丢，而从严治党是关键。全面从严治党，就是要使党始终保持与人民群众的血肉联系，始终保持先进性和纯洁性，严明政治纪律和政治规矩，在从严治吏、正风反腐、严明党纪的过程中实现自我净化、自我完善、自我革新、自我提高，给予跨越式发展强有力的政治保证。

第二，"四个全面"建设是促进民族平等的战略保障。

民族社会不仅存在着人民日益增长的物质文化需要同落后的社会生产之间的主要矛盾，还存在着各族人民同以十四世达赖为代表的分裂势力之间的特殊矛盾。我们与十四世达赖及其背后的国际敌对势力之间的斗争长期存在，决定了维护稳定、促进社会长治久安是民族工作的重要主题。就目前形势而言，这一斗争尚具有长期性、尖锐性和复杂性等特征，我们必须把稳定作为硬任务和第一责任，深入持久地开展反分裂斗争。"四个全面"战略思想和布局，是我们党因应当前形势，在治国理政方面与时俱进的新成就、新创造，它既有目标又有举措，既有全局又有重点，为维护民族地区稳定、实现社会长治久安提供了强大的战略保障。

全面建成小康社会为实现民族地区长治久安奠定坚实的物质基础。全面建成小康社会，从根本上说是发展问题。没有发展所提供的物质基础和现实条件，稳定自然无从谈起。安居乐业是人民的幸福期待，小康社会则是这一期待的现实表达。小康社会追求的目标，在于经济持续健康发展、人民民主不断扩大、文化软实力显著增强、人民生活水平全面提高、资源节约型以及环境友好型社会建设取得重大进展。实现这一目标的过程，正是人们建设美好家园的过程，是一个和谐发展的过程，也是社会稳定得到极大维护、长治久安得到进一步推进的过程。全面建成小康社会，描绘人民生活的幸福画卷，这本是长治久安现实图景的展现。

全面深化改革为实现民族地区长治久安提供强大动力。全面深化改革的总目标是完善和发展中国特色社会主义制度，推进国家治理体系和治理能力现代化。推进治理体系和治理能力现代化，推进社会治理创新，无疑是维护民族地区稳定、实现社会长治久安的基本举措。从这个角度而言，实现长治久安本身就是作为系统工程之全面深化改革的应有之义，换言之，全面深化改革的目的之一，就是要实现长治久安。全面深化改革作为重大战略举措，既是现实驱动力，又是根本凝聚力；既是方法路径，也是精神支柱。不容否认，实现长治久安是一个艰难的实践过程，就当下而言，反分裂斗争的尖锐性、复杂性和长期性决定了这一实践任务的繁重；就长远来看，随着实践深入而产生的各种新情况和新问题，又使这一任务面临种种困难和挑战。如果说长治久安是目标，全面深化改革就是为实现这一目标扫清障碍的"清道夫"，也是实现这一目标的强大动力。

全面依法治国为实现民族地区长治久安营造出良好的法治环境。管子有言："圣人能生法，不能废法而治国。"法令者，民之命也，为治之本也。社会稳定需要社会规范予以维系，长治久安离不开法治保障。依法治国既治吏也治民，既治理社会也治理政府，明确"没有法律之外的绝对权力"，强调"政府职能转变到哪一步，法治建设就要跟进到哪一步"，声明"让人民群众在每一个司法案件中都感受到公平正义"，要求"领导干部要做尊法学法守法用法的模范"。毫无疑问，当社会生产生活都被纳入法治轨道，改革发展稳定，无不以法治为框架、用法治作支撑、由法治来贯穿，这既是为子孙万代计、为长远发展谋的治世之举，也是长治久安不可或缺的法治环境。因此，要实现长治久安，必须落实好全面依法治国的战略部署，坚持依法治藏，用法治思维推进社会治理创新，坚决依法打击一切分裂祖国、危害国家安全、破坏社会稳定的违法犯罪行为，用法治手段切实维护好国家的最高利益、社会的整体利益和最广大人民群众的根本利益。

全面从严治党为实现长治久安提供政治保证。长治久安如同跨越式发展一样，需要坚强的领导核心。没有强大政治权威的感召，一个社会犹如一盘散沙，又怎会有长治久安？全面从严治党，树立坚不可摧的政治威信，正是党领导各族人民实现长治久安的根本政治保证。全面从严治党，全面是基础，它是思想建党和制度治党的紧密结合，是建章立制和执行落实的有机统一，是自上而下和自下而上的双向互动，全党参与，严明政治纪律和政治规矩，全面提升党的凝聚力、号召力和战斗力，锻造坚强领导核心，使党始终成为各族人民的主心骨，进而为实现社会长治久安凝聚共识、汇聚力量。

（2）在"四个全面"战略布局中谱写中国梦的民族平等篇章。

谱写中国梦民族地区篇章，既是时代赋予各族儿女的光荣使命，也是党和人民寄予各民族的殷切期望。"四个全面"战略布局，是建设富裕和谐幸福法治文明美丽社会主义新民族地区的行动指南，是推进跨越式发展、实现全面建成小康社会的必然要求，也是维护西藏社会稳定、促进长治久安的有力保障。我们必须紧紧围绕"四个全面"，奋力谱写中国梦西藏篇章。

谱写中国梦民族篇章，要立足民族地区实际。"四个全面"，是从我国经济社会发展现状中得出来的，是从改革开放的实践中得出来的，是从人民群众根本利益与现实需要中得出来的，是为推动解决当前突出矛盾和复杂问题提出来的。一言以蔽之，是一切从实际出发的战略布局。谱写中国梦民族篇章，必须立足各民族实际，着力解决发展不平衡不协调的突出问题，在全面建成小康社会的目标指引下努力建设小康；深刻认识和全面把握主要矛盾和特殊矛盾，在全面深化改革过程中，推进跨越式发展和长治久安；彻底摆脱封建农奴制残余思想的影响，在全面依法治国路径下，推进治理体系和治理能力现代化，不断推动社会治理方式创新；切实推动党的建设新的伟大工程，在全面从严治党过程中，使党始终成为推进跨越式发展和长治久安的坚强领导核心。

谱写中国梦民族篇章，要有系统思维和整体布局。"四个全面"自成体系，是一个完整的相互联系的有机体，由一个目标系统和三个支撑系统构成，全面小康是目标系统，深化改革、依法治国、从严治党是支撑系统。

对民族地区来说，民族地区的小康便是目标系统，深化改革、依法治藏、从严治党就是推进全面建成小康社会的支撑系统。民族地区的小康是党的殷切期望和各民族人民的共同追求，深化改革是推进社会发展进步的根本动力，依法治理各民族是实现社会治理体系和治理能力现代化的重要保障，从严治党是党能够始终坚强领导社会主义现代化建设的必然要求。四者相互影响、相互贯通，是一个完整的系统和有机联系的整体，统一于中国梦西藏篇章的恢宏意境，统一于跨越式发展和长治久安的伟大实践，统一于建设富裕和谐幸福法治文明美丽社会主义的伟大事业。谱写中国梦民族篇章，就是要把全面建成小康社会、全面深化改革、全面依法治国、全面从严治党统筹起来，形成推进跨越式发展和长治久安的总纲，全面推进各民族地区社会主义现代化事业的新发展。

谱写中国梦民族篇章，要有创新思维和开拓精神。"四个全面"是党领导人民在建设中国特色社会主义的伟大实践中对治国理政方略的完善、发展和创新。全面建成小康社会是对全面建设小康社会的创新和发展，全面深化改革是对改革开放永无止境的深刻诠释，全面依法治国则开创了法治的新境界，全面从严治党彰显我们党与时俱进的革命精神。可以说，"四个全面"中的每一个全面都是历史经验的总结，都是现实需要的呼唤，都是实践创新的成果，具有鲜明的时代特征和实践要求。谱写中国梦民族篇章，同样是一个不断创新的过程。在"四个全面"战略布局中，谱写中国梦的民族篇章，就要着力解决经济社会发展不够充分、发展方式粗放、发展水平不高的突出问题，就要时刻回应各族群众的关切与期待，不断适应新形势新环境新要求，在创新思维和开拓精神激励下，使民族地区全面建成小康社会的目标愈加明确、要求愈加严格，使全面深化改革的实践愈加深入，使依法治藏稳步推进，使从严治党一以贯之，勇于担当，锐意进取，以更加开放自信的姿态、更加坚定有力的步伐，在谱写中国梦民族篇章的征程上阔步前行。

二　马克思主义民族平等思想的重要意义

（一）马克思主义民族平等思想的国内意义

民族平等是马克思主义民族思想的核心，是我国民族政策的根本原则，是我国建设和谐社会、促进各民族团结合作、共同繁荣发展的前提和保证。如果没有民族之间的平等关系，民族团结就无从谈起。

马克思主义民族平等思想反映了我国社会中人们对社会正义、公平等的理性追求，是团结、互助、和谐的民族关系的基本条件，同时民族平等还关系到各民族团结合作，共同繁荣发展的大局。我国民族平等关系的建立，增强了各民族尤其是少数民族的自信心和国家主人翁的责任感，有助于增强各民族之间的凝聚力和向心力，在根本利益一致基础上共同发展共同繁荣。因此，坚持马克思主义民族平等思想是处理好我国民族关系的现实需要，对于我国社会主义现代化建设具有重要价值。坚持马克思主义民族平等思想有利于祖国的统一、边防巩固和国家的安全与团结，有利于增进民族关系领域的公平正义，有利于进一步完善民族区域自治制度，构建社会主义和谐民族关系，营造民主法治、公平正义、诚信友爱、充满活力、安定有序、人与自然和谐相处的社会环境。

1. 坚持马克思主义民族平等思想，有利于祖国的统一、边防巩固和国家的安全与团结

我们伟大祖国的疆域，是各民族共同开拓的。祖国大陆边防线长达两万多公里，大多是少数民族居住的地区，战略地位十分重要。国内外敌对势力总是企图在我国边疆地区制造民族矛盾，策动民族分裂。因此，促进民族平等，加强民族团结，发展社会主义民族关系，对于维护祖国的统一和边疆的安全，以及发展同友好邻国人民的关系，都具有重要意义。毛泽东曾说："国家的统一，人民的团结，国内各民族的团结，这是我们的事业必定要胜利的基本保证。"① 因此，按照党的民族政策，正确处理民族矛盾和民族纠纷，加强民族团结，是巩固和发展国

---

① 《江泽民文集》第1卷，人民出版社2006年版，第182页。

家安定团结的一个十分重要的方面。历史经验证明，无论什么朝代，凡是民族分裂，国家就发生动乱；凡是各民族融洽、团结的时候，国家就兴旺发达。我国是一个多民族的社会主义国家，我们从来不侵犯邻国的一寸土地，我们也绝不受任何国家的侵略。我国少数民族大多居住在祖国的边疆地区，因此少数民族历来就担负着保卫祖国边疆安全的光荣使命。30 多年来，各族人民共同缔造了中华人民共和国，加强各族人民之间的团结，对于保卫祖国边界的安全，发展同友好邻国人民的关系，做出了重要贡献。在今天，我国各族人民共同建设有中国特色的社会主义，如果没有民族团结，祖国的安定团结、繁荣昌盛是不可能的。因此，只有加强民族平等、民族团结，才能巩固和发展我国安定团结的政治局面，才能齐心协力地进行社会主义现代化建设，不断促进社会主义祖国的安定团结和繁荣富强。

2. 坚持马克思主义民族平等思想，有利于增进民族关系领域的公平正义，关系到社会主义现代化建设的成败

少数民族地区资源十分丰富，煤、石油、天然气、有色金属、稀有金属和非金属矿的储量在全国占有重要地位。经济作物有橡胶、咖啡、甘蔗、名贵中草药等等，林木蓄积量占全国的 46%，水利资源占全国的 52.3%。但少数民族地区人口稀少，经济文化比较落后，资源开发不多，而我国汉族地区则是人口众多，经济科学比较先进。这样，如何使汉族和少数民族地区的各自优势结合起来，则是实现我国社会主义现代化建设的重大的战略问题。如果离开少数民族，实现社会主义现代化是不可能的。

从实践情况看，各民族在改革开放中获得了巨大的发展与进步，但是发展差距依然存在，并且这种差距还在进一步加大。中国最贫困的地区是民族地区，中国最落后的地区也是民族地区。各民族所有平等权利的获得和保护都与经济发展状况相联系。当今时代是经济高速发展的时代，也是人们更加重视和关注经济权利的时代。这是由经济权利的特点决定的，因为经济权利很大程度上会制约甚至决定其他权利的获得与实现。

从人们的思想观念看，历史上形成的在民族问题上的错误思想和观点的残余很难在短时期内消除，还会不同程度地影响人的思想和行为，

一遇到"适当"的条件便会表现出来，这就有可能影响平等原则在社会生活中的实现。

从国际环境看，西方反华势力企图利用民族问题牵制、遏制和分化中国，往往是在少数民族的人权问题上做文章，对我国少数民族平等权利或颠倒黑白，或小题大做。我们必须以事实有力地回击敌对势力的攻击和破坏，捍卫国家的形象和利益，维护民族团结，促进社会主义现代化建设的顺利进行。

3. 坚持马克思主义民族平等思想，有利于进一步完善我国的民族区域自治制度和构建社会主义和谐社会

民族区域自治制度是马克思主义者针对无产阶级革命取得胜利的民族国家，采取何种国家结构形式来保障民族国家的繁荣发展提出的科学构想，是马克思主义民族平等思想的重要体现。我国民族区域自治制度确立的过程是马克思主义者关于区域自治理论中国化的过程，民族区域自治制度作为我国的一项基本政治制度必须长期坚持和贯彻下去。马克思主义民族平等思想将进一步推动我国民族区域自治制度的深化和发展，尤其是社会主义和谐社会的建设和发展。

首先，马克思主义民族平等思想，有利于进一步完善我国民族区域自治制度，推进社会主义民主建设和法制建设。民族区域自治制度是在国家的统一领导下，在少数民族聚居的地方设立自治机关，行使自治权，实现各民族人民当家作主，管理本民族事务的一种制度。人民当家作主是社会主义民主的核心和本质，少数民族地区人民通过实行民族区域自治制度，真正实现了少数民族人民自己管理本民族内部事务的愿望。一方面，民族区域自治赋予少数民族自治权，既要妥善地处理好本民族的内部事务，又要正确地处理好各民族之间的关系，这就在一定程度上扩大了广大人民群众有序的政治参与，不断满足少数民族群众日益增长的民主政治要求；另一方面，民族区域自治制度的实施，在一定程度上扩大了人民民主的范围，保障了少数民族人民当家作主的权利，推进了社会主义民主建设。不仅如此，民族区域自治制度是国家用法律的形式确立的我国的一项基本政治制度，不仅体现在1954年《宪法》和1982年《宪法》中，而且在2001年新修订的《民族区域自治法》中以基本法的形式对民族区域自治加以确认并在以后实践中使这一法律更加

充实和完善。这样，马克思主义关于民族平等的思想，不仅是我们党处理民族问题的一项政治原则，而且成为中华人民共和国每个公民的行为准则，从而使我们党的民族平等、团结和共同繁荣的马克思主义的主张获得了国家法律保证。民族区域自治法制的建设和完善，使我国的民族工作有法可依，同时我国还及时制定和完善法律法规监督机制，依法行政，进一步推进了我国的法制建设，广泛调动各方面的积极因素，有力地推进社会主义民主法制建设。

其次，坚持马克思主义民族平等思想，有利于进一步促进社会主义和谐社会建设。2005 年 2 月 19 日，胡锦涛同志在中共中央举办的省部级主要领导干部提高构建社会主义和谐社会能力专题研讨班会议上指出，"实现社会和谐，建设美好社会，始终是人类孜孜以求的一个社会理想，也是包括中国共产党在内的马克思主义政党不懈追求的一个社会理想。根据马克思主义基本原理和我国社会主义建设的实践经验，根据新世纪新阶段我国经济社会发展的新要求和我国社会出现的新趋势新特点，我们所要建设的社会主义和谐社会，应该是民主法治、公平正义、诚信友爱、充满活力、安定有序、人与自然和谐相处的社会"。因此，为实现和谐社会的总体目标，要求我们"必须坚持以人为本，始终把最广大人民的根本利益作为党和国家工作的根本出发点和落脚点，在经济发展的基础上不断满足人民群众日益增长的物质文化需要，促进人的全面发展；尊重人民群众的创造精神，通过深化改革、创新体制，调动一切积极因素，激发全社会的创造活力"。同时，也要求我们必须恰当地处理好民族关系，尤其是汉族与少数民族之间的关系，不断促进各民族之间的沟通和理解，交流与合作；不断维护各民族的实际利益和各种权益的真正落实；不断增强各民族之间的信任和团结，促进民族的经济快速发展，最终实现共同繁荣。这就要求我们既反对大汉族主义，又要反对地方民族主义，以马克思主义民族平等思想为指导，不断促进民族之间的政治平等，经济发展，文化繁荣，社会进步，最终实现社会主义和谐社会的总体目标和要求，为全面建设小康社会奠定坚实的基础。

（二）马克思主义民族平等思想的国际意义

第一，坚持马克思主义民族平等思想，有利于防止西方敌对势力利用民族问题和宗教问题对社会主义中国实施"西化"、"分化",社会主义必定要战胜资本主义,而帝国主义绝不肯放弃颠覆社会主义,这是历史规律。"国际敌对势力从来没有停止和放松在世界上颠覆社会主义的活动,用战争的办法不行,又搞和平演变。"① 以"分化"促"西化"是他们惯用的伎俩。苏联解体以后,他们便把"和平演变"的重点转移到中国,并把中国边疆民族地区作为他们实施"和平演变"政治图谋的桥头堡和突破口。他们收买、支持、怂恿境内外极少数的民族分裂主义分子,在一些民族地区打着"民族"、"宗教"的旗号,煽动民族情绪,蓄意挑起事端,甚至制造骚乱和暴动,破坏民族团结,分裂国家,妄图颠覆我国的社会主义制度。这就要求我们必须坚定不移地坚持马克思主义民族平等思想。民族平等是中国共产党人的政治宣示,也是中国特色社会主义的理性价值。中国作为世界上最大的社会主义多民族国家,在苏联、东欧等多民族国家解决民族问题失败和国家裂变的形势下,在西方敌对势力利用民族、宗教等问题对中国进行"西化"、"分化"的环境中,中国特色社会主义现代化事业却展现了社会主义和马克思主义在中国大地上焕发出勃勃生机,给人民带来更多福祉,使中华民族大踏步赶上时代前进潮流、迎来伟大复兴的光明前景。其中的重要原因之一,就是我们党始终坚持了马克思主义的民族平等思想,坚定不移地保障少数民族合法权益与利益,不断巩固和发展社会主义民族关系,致力于缩小和消除由于社会历史等原因造成的经济、文化和社会生活等方面的发展差距。实践证明,坚持马克思主义民族平等思想,有利于防止西方敌对势力利用民族问题和宗教问题对社会主义中国实施"西化"、"分化",有利于整个社会的稳定和发展。

第二,坚持马克思主义民族平等思想,有利于深化对世界民族冲突的认识和反对霸权主义和强权政治,有利于遏制国际恐怖主义。

当今世界民族问题错综复杂,往往与各种问题交织在一起,其表现形式日益隐蔽化,大部分地区冲突的背后都隐藏着深刻的民族平等问题。回顾世界民族运动的历程,伴随着第一次世界大战、第二次世界大战和冷战,世界民族运动经历了三次热潮。第一次世界大战爆发后,西

---

① 《中国共产党主要领导人论民族问题》,民族出版社1994年版,第235—236页。

方各资本主义国家之间的矛盾升级，为中东欧和亚洲等地区的民族运动提供了契机，引发了世界民族运动的第一次高潮。在第二次世界大战中，全球性殖民主义体系开始瓦解，亚非拉美民族解放运动高潮带来了世界民族运动的第二次高潮。20 世纪 90 年代初冷战结束标志着美苏两个超级大国构建的霸权体制瓦解，世界多极格局开始形成，长期被压制的民族问题凸显，引发了世界民族运动的第三次高潮。由此可见，三次民族运动高潮都是在反对帝国主义、殖民主义和霸权主义，要求实现各民族的独立和解放的强烈诉求下产生和发展的。进入 21 世纪世界民族矛盾和冲突仍然在延续，民族问题的政治化倾向越发明显，一些西方国家利用民族问题干涉别国内政，挟制其他国家的发展，阿富汗战争、伊拉克战争、利比亚战争以及当前的叙利亚战争和马里战争，除了霸权主义外，都有其深刻的民族根源。因此，运用马克思主义民族平等思想正确认识和挖掘世界民族冲突的深刻根源显得尤为重要。正如，"首先只要有一天人类平等没有得到公认，战争状态必然是部落与部落之间、民族与民族之间的自然状态"①。

第三，坚持马克思主义民族平等思想，有利于世界各民族的团结和发展，为世界民族平等事业指明了方向。

随着世界多极格局的形成和经济全球化的深入发展，世界各个民族之间的联系进一步加强。经济全球化的发展促成了世界各国、各个民族之间千丝万缕的经济关系网，各民族之间的联系愈加紧密，一国的经济波动将会影响整个周边地区和国家的稳定和发展。一国的稳定已经不再是一个国家的内部问题，而是关系到其他民族和国家的一个全局性的问题。坚持民族平等，实现世界各民族和国家的协调发展是维护世界和谐和稳定的根本要求，也是各个民族人民的共同期盼。

社会主义国家的实践表明，社会主义制度是解决民族问题的最好出路。列宁曾经预测，资本主义的发展过程在民族问题上表现为两个历史趋势。第一个趋势是民族生活和民族运动的觉醒，反对一切民族剥削、压迫的斗争和民主国家的建立。第二个趋势是世界各个民族之间各种联系的发展和日益频繁，民族之间的隔阂被打破，资本、整个经济生活、

---

① ［法］皮埃尔·勒鲁：《论平等》，王允道译，商务印书馆 1988 年版，第 75 页。

政治、科学等的国际统一的形成。

事实证明，只有社会主义才能实现这两个趋势的融合。共产党人把马克思主义民族平等理论与本国具体实际相结合，实行符合本国实际的民族制度，进而促进了各民族共同发展和繁荣，积极构建平等、团结、互助、和谐的社会主义新型民族关系，充分体现了社会主义制度的优越性，为世界各国解决民族问题提供了有益借鉴。因此，马克思主义民族平等思想是世界各国解决民族问题的理论武器，为世界各国指明了民族发展的方向，也是世界各民族共同繁荣和发展的必然趋势。

三　小结

马克思主义经典作家对民族平等思想进行了发展和创新。在我国，毛泽东、邓小平、江泽民、胡锦涛、习近平关于民族平等思想的理论观点，是对马克思主义民族平等思想体系的与时俱进的补充和完善，实现了马克思主义民族理论的中国化，即中国特色民族平等思想。纵观古今，马克思主义民族平等思想无疑有着重要的国内意义和国际意义，对以民族国家为单元的当今世界有重要的启发意义。

第四章　中国特色民族平等思想中的政治平等

　　马克思主义民族平等思想有着丰富的思想内涵，与中国具体实际和时代特点相结合，形成了中国特色民族平等思想，其理论内容为：中国特色民族政治平等、中国特色民族经济平等、中国特色民族社会平等和中国特色民族文化平等。

　　古希腊哲学家亚里士多德认为："政治学上的善就是'正义'，正义以公共利益为依归。按照一般的认识，正义是某些事物的'平等'（均等）观念。在这方面，这种世俗之见恰好和我们在伦理学上作哲学研究时所得出的结论相同。简而言之，正义包含两个因素——事物和应该接受事物的人；大家认为相等的人就该配给到相等的事物。可是，这里引起这样的问题，所谓'相等'和'不相等'，它们所等和所不等者究为何物？这个问题中所包含的疑难应在政治学上从事明智（哲学）的考察。"① 可见，亚里士多德在人类政治哲学史上第一次明确地把平等归为一个伦理范畴。如上所述，马克思主义哲学确立了以"实践的唯物主义"为原则的哲学研究范式，为解读人类的政治平等权利坚定了哲学基础，并在理论与实践相互结合的基础上破解了"政治平等"的历史之谜，即政治平等是"自然与历史的统一"。人的平等诉求表现为人的基本价值和基本权利的实现，政治平等的价值就在于能够保障主体基本权利的实现。"平等的发展过程和实现程度，从一定意义上讲，其核心内容就是使公民的权利不断向纵深拓展，人们在社会生活各个领

---

① ［古希腊］亚里士多德：《政治学》，吴寿彭译，商务印书馆1965年版，第152页。

域的权利更加广泛、更加具体和更加直接。"①

　　人的平等诉求表现为人的基本价值和基本权利的实现，自从人类社会发展到由代表公权力的政府管理社会的阶段，平等就成为政治统治所追求的价值取向之一，这也是"天赋人权"以及人民主权的客观要求。政治平等作为平等的一个重要组成部分，标志着政治权利的主体都有平等的机会参与国家的政治活动，向政治统治系统表达自己的政治诉求，沟通自己的政治意愿，从而实现自身的合法权利。对于多民族国家，政治平等还标志着政治权利的分配必须在各民族之间实现合理化，保障少数民族参加国家管理活动的权利，充分实现其主人翁地位。进而在合理、有序的政治参与的基础上以及市场经济的发展和完善的前提下不断实现国家政治决策的科学化、合理化，最终实现国家政治发展的软着陆。

　　政治平等是中国特色民族平等思想的核心观点，也是中国共产党解决中国民族问题的根本原则。之前我国学界对该问题的研究，大多从传统马克思主义民族平等理论出发，从一般平等理论出发探求民族平等的还不多。在此，借鉴国内外平等理论的研究成果，进一步深入把握民族平等原则，对于深入理解马克思主义民族理论，妥善处理好构建我国社会主义和谐社会的民族问题具有重要意义。

一　民族身份与国家认同

　　民族平等的理论，在我国处理民族问题中有着极为重要的地位，是我国民族理论中的基础理论，并对我国民族政策的制定和执行有着重要的指导作用。因为要解决民族问题、处理好民族关系，首先必须确立各民族的地位，这种地位构成各民族的基本关系。民族平等理论为民族理论的其他方面确定了一个总纲。中国民族理论体系中所包含的重要内容，比如各民族团结的理论、各民族共同发展的理论、各民族聚居区实行民族区域自治的理论、保障各民族的宗教信仰自由的理论，都与民族

---

① 郑慧:《论平等的政治价值》,《湖南师范大学社会科学学报》2004 年第 4 期。

平等理论密切相关，无不体现平等原则。民族平等和民族团结理论密不可分。中国政府历来认为，民族平等是民族团结的前提和基础，没有民族平等，就不会实现民族团结；民族团结是民族平等的必然结果，是促进各民族真正平等的保障。

（一）民族身份

"民族身份作为一种认同意识，更加突出对群体文化的认同，当然群体共同的历史记忆、风俗、宗教信仰、族源等一般都为民族和族群共同享有。而民族身份侧重政治认同包括对群体利益、权利以及在国家所属的地位等的要求。"[①] 民族身份有一个民族识别过程。民族识别，是一个涉及民族平等的重大现实问题。我国的民族识别，是以马克思主义民族理论为指导，结合我国民族的实际情况，坚持历史唯物主义观点，尊重本民族人民的意愿，逐一进行。

斯大林在1913年提出了比较完整的民族定义。他指出："民族是人们在历史上形成的一个有共同语言、共同地域、共同经济生活以及表现于共同文化上的共同心理素质的稳定的共同体。"[②] 斯大林同时还提出了两个附加条件：第一，民族是"资本主义上升时期的历史范畴"，在资本主义以前是不可能有民族的；第二，民族的四个要素"只要缺少一个，民族就不成其为民族"。苏联根据斯大林的民族定义，将其境内处在前资本主义社会形态的弱小的人们共同体称为"部族"，将进入资本主义社会的人们共同体称为"民族"。

我国的民族识别，既坚持以斯大林的民族定义为理论指导，又没有生搬硬套这个定义，而是从我国民族的实际出发。我国各民族在历史上发展很不平衡。新中国成立前，少数民族基本上都处在前资本主义社会形态，其中大多数处于半殖民地半封建社会阶段，有的还保留着较为完整的奴隶制或农奴制，有的甚至还保留着原始公社的浓厚残余。新中国成立以后，各民族才逐步进入社会主义社会。如果照搬斯大林的定义，将一部分族体称为民族，而将另一部分族体称为部族，这不仅不符合我

---

① 祁进玉：《群体身份与多元认同：基于三个土族社区的人类学对比研究》，社会科学文献出版社2008年版，第268页。

② 《斯大林全集》第2卷，人民出版社1953年版，第294页。

国民族的客观实际，而且在政治上有悖民族平等的原则，不利于民族团结。

1953年，中共中央在讨论《关于过去几年内党在少数民族中进行工作的主要经验总结》时，毛泽东同志明确提出了民族识别的总原则。他指出："科学的分析是可以的，但政治上不要去区分哪个是民族，哪个是部族或部落。"① 根据这一指示，我国的民族识别工作没有对不同历史时期的人们共同体加以区分，各民族不分人口多少、历史长短、居住地域大小、社会发展阶段和经济文化发展水平高低，都统称为民族，一律平等。这一科学决策，既充分体现了实事求是的精神，也充分体现了理论创新的勇气。

在这里必须区分公民身份与民族身份，公民身份纯粹是个人，民族身份则是作为一个集体。由于民族概念的狭义和广义，狭义上，一国之内，民族身份就是汉族和少数民族的区别。在广义上，民族就是中华民族共同体。中华民族实现振兴与复兴，自立自强于世界民族之林。

从文化的角度看，民族身份的视野更加宽阔。四川大学新闻学阎嘉教授的译文《民族身份与多元文化论的政治》中指出：全球化对文化视野中的民族主义、民族身份、身份政治、文化多元等重要概念都产生了严峻挑战，这种挑战甚至波及激进主义、自由主义、保守主义的各种论断。民族身份本应该是被压迫民族争取自身权益的武器，然而经常被右翼主义话语用作为其身份政治服务的工具。在今天极端错综复杂的多元文化语境下，对民族身份的关注必须同民主、包容性、资源分配、平等权利联系起来。

（二）国家认同

认同最早是心理学的概念，弗洛伊德认为认同是对"我是谁"这一问题的回答，并指出可以从自我与他人的关系来界定认同。按照他的意思，认同就是在与他者的比较中形成的一种自我认知和自我界定，是自身独有的特征。但是在埃里克森的认同理论中，认同不仅可以是个体的，还可以是群体的和社会的。群体性和社会性的认同有民族认同和国

---

① 《当代中国的民族工作》（上），当代中国出版社1993年版，第276页。

家认同。安东尼·史密斯对民族认同颇有研究，认为"民族认同"有五个普遍性特征，分别是：历史形成的领土；共同的神话传说和历史记忆；共同的大众文化；所有成员所具有的权利和义务；共同的经济。国内对民族认同也有研究，但是由于对"民族"概念使用的混乱，对民族认同的界定较为模糊。民族的概念有狭义和广义之分，狭义的指一国之内的某一个民族，广义的是指"国族"，如中华民族。在学术界，民族认同主要以族群认同为主，但是族群概念的不确定，政府和社会各界还是习惯沿用"民族"。国内的对民族认同的代表看法是王建民和郑晓云。王建民认为，民族认同是一个民族成员相互之间包含着感情和态度的一种特殊认知，是将他人和自我认知为同一民族成员的认识。郑晓云认为，民族认同就是一个民族中的人们对自己所属民族的一种归属意识。民族认同属于社会认同中的一种，社会认同理论强调社会比较和社会类化的过程。通过社会比较，有效区分自我与他者，即所谓认同与认异的过程，认同则归为同类，属于"我族"；认异则是从文化、风俗、生活习惯、价值观、伦理、宗教信仰以及语言、服饰等方面相互加以对比，找出差异和分歧的过程，即区分究竟谁是"非我族类"并加以排斥、隔离。① 本书相关的看法是中国各少数民族成员对本民族身份的认同。

国家认同对我们而言就是中华民族认同，对外而言，它强调中华民族作为一个整体，一致对外。对内而言，就要求汉族和各个少数民族联系起来，风雨同舟，同甘共苦，增强民族间的凝聚力和向心力。国家认同高于民族认同，民族认同反过来影响国家认同。

肖滨对国家认同的二元结构进行了分类：赞同性国家认同和归属性国家认同。归属性国家认同与文化、心理有关，赞同性国家认同与政权系统相联系。韩震在《论国家认同、民族认同及文化认同——基于历史哲学的分析与思考》一文中指出，民族认同不能超过国家认同，民族的文化认同不能超过国家的文化认同。我们需要增加民族认同与国家认同的重叠内容，以形成统一的中华民族共同体，强化国家认同必须有

---

① 祁进玉：《群体身份与多元认同：基于三个土族社区的人类学对比研究》，社会科学文献出版社 2008 年版，第 296 页。

政策和法规的支撑，如共同的语言，政治仪式，文化符号。国家认同在文化认同之上，两者之间互相影响，应用公民的国家认同促进文化认同。

这里，民族认同意识是指一些民族成员之间都相互认为属于相同的民族共同体的族性意识。这种意识是以一定的民族共同特征、特点作为基础，作为认同的标准的。这种意识的认识方向是双向的，民族的这一成员和那一成员之间、民族的这一部分和那一部分之间在上述标准上的双方的相同感和相互认同，民族认同意识是维系民族成员之间情感联系的精神纽带。在民族认同意识的作用下，民族内部具有向心力、内聚力和互助性。①

二　中国特色民族平等思想中的政治地位平等

政治地位是一定的政治共同体（如阶级、阶层、政党、社会集团及人民等）在政治关系中，特别是在国家中的位置及其状态。具体地讲，指某一政治共同体是统治阶级还是被统治阶级，在统治阶级中处于领导地位还是被领导地位，在领导关系中是一般领导还是核心领导。政治地位体现了一定政治共同体在政治生活中的利益关系、作用大小和力量强弱。由于政治关系是经济关系的表现，因而政治地位是依附和从属于社会经济地位的，所以，不同的经济地位，制约着人民不同的政治地位。在人民民主专政的社会主义国家，人民是国家的主人，享有国家的一切政治权利，各少数民族依然是国家的主人，同样享有一切政治权利。

维护少数民族的政治地位平等，这个问题从根本上说，首先是一个

---

①　民族认同意识，就是民族自我归属心理。每一个民族的成员都自觉到他们属于一个民族。民族认同意识是以民族特征、特点为基础和标准的一种心理。以一定的民族共同特征、特点作为一种标准，民族成员对民族整体有认同感。民族这一成员和那一成员之间也有认同心理。民族认同意识是维系民族成员之间情感联系的精神纽带。在民族认同意识的作用下，民族产生向心力、内聚力以及民族成员之间或民族不同部分、地区之间的互助性。民族认同意识使遥远相隔的民族成员相遇时一见如故，对相隔异地的本民族部属时常挂念。因此，民族认同意识是我们在民族工作中值得注意的一个问题。

国家内部的事情，是国内法的问题。这是由每一个少数民族与其所属国家之间的相互关系决定的，他们长期生活于这个国家，并构成这个国家的人口的组成部分，一国对其管辖范围内少数民族人权有自己的政策和法律，国际社会对于这个问题只能发挥有限的影响。我国是一个社会主义的法治国家，所有公民以《宪法》为根本大法，所有公民在法律面前一律平等，平等地享有《宪法》赋予的一切权利和义务。我国宪法第4条规定：中华人民共和国各民族一律平等。国家保障各少数民族的合法的权利和利益，维护和发展各民族的平等、团结、互助关系。禁止对任何民族的歧视和压迫，禁止破坏民族团结和制造民族分裂的行为。此外，作为集中反映中国民族区域自治制度的基本法律，《民族区域自治法》分别在第9条和第48条也对少数民族集体政治平等权做了规定。少数民族在法律框架下的政治地位平等，依据《宪法》和《民族区域自治法》在两个层面上体现了我国少数民族的政治地位的平等。

恩格斯曾说过，政治权利也是一种经济力量。在实现民族地区平等的过程中，如果说经济平等是实现民族和谐的基础，那么政治平等就是实现民族和谐的核心，因为中国共产党是建设社会主义和谐社会的领导者、组织者和设计者。

（一）政治地位平等的宪法和法律保障

政治建设既是边疆地区稳定推进社会现代化的政治保障，也是我国政治现代化的重要组成部分，边疆政治建设与我国国家安全建设、边疆社会稳定密不可分。我国边疆地区是少数民族的主要聚居区，主张民族平等、民族团结及实行少数民族区域自治，是新中国成立以来我国处理民族关系的指导理念，也是我国边疆政治建设的理念基础，这是历史经验总结、长期的实践探索及马克思主义民族理论指导下所获得的创造性成果。新中国成立后，1949年9月29日第一届中国人民政治协商会议通过的具有临时宪法作用的《中国人民政治协商会议共同纲领》，将民族区域自治制度确定为国家的一项基本政策和重要政治制度之一。《共同纲领》第50条、第51条规定：

第50条，中华人民共和国境内各民族一律平等，实行团结互助，反对帝国主义和各民族内部的人民公敌，使中华人民共和国成为各民族团结友爱的大家庭。反对大民族主义和狭隘民族主义，禁止民族间的歧视、压迫和分裂民族团结的行为。①

第 51 条，各少数民族聚居的地区，应实行民族的区域自治，按照民族聚居的人口多少和区域大小，分别建立各种民族自治机关。凡民族杂居的地方及民族自治地方内，各民族在当地政权机关中均应有适当名额的代表。②

1952 年 2 月中央人民政府颁布的《关于保障一切散居的少数民族充分享有民族平等权利的决定》，对保障少数民族政治权利提出明确规定。1952 年 8 月 8 日颁布的《中华人民共和国民族区域自治实施纲要》，对民族区域自治制度的实施作了全面规定，民族区域自治开始全面推行。1954 年制定的《中华人民共和国宪法》总纲规定：各少数民族聚居的地方实行区域自治，以后的历次宪法修订中，民族区域自治制度的相关规定都得到很好的保持与完善。1984 年 5 月《中华人民共和国民族区域自治法》正式颁布，对少数民族自治地方的政治、经济、文化等各方面的权利和义务作了系统的规定，标志着民族区域自治制度进入法制化建设阶段，该法律于 2001 年 2 月九届全国人大常委会第十二次会议审议通过了新的修订。《中华人民共和国民族区域自治法》规定：民族自治地方的各民族都应有适当名额的代表参加各级人民代表大会；民族自治地方的人大常委会中应当有实行区域自治的民族的公民担任主任或副主任；自治区主席、自治州州长、自治县县长由实行区域自治的民族的公民担任，自治区、自治州、自治县人民政府的其他组成人员要尽量配备实行区域自治的民族和其他少数民族的人员。民族自治地方的自治机关除了行使《宪法》规定的地方国家机关的职权，同时依照《宪法》、《民族区域自治法》和其他法律的规定行使自治权，其自治权主要包括：自主管理本民族、本地区的内部事务，享有制定自治条例和单行条例的权力，使用和发展本民族语言文字，尊重和保障少数民族宗教信仰自由，保持或者改革本民族风俗习惯，自主安排、管理、发展经济建设事业，自主发展教育、科技、文化等社会事业等。2005 年，

---

① 中共中央统战部：《民族问题文献汇编》，中共中央党校出版社 1991 年版，第 1290 页。
② 同上。

国务院发布《国务院实施〈中华人民共和国民族区域自治法〉若干规定》，明确规定上级人民政府支持和帮助民族自治地方的职责。我国历次全国人民代表大会均强调要坚持贯彻和完善民族区域自治法，保障民族自治区域的自治权利和民族平等权利，全面贯彻党的民族政策，坚持和完善民族区域自治制度，切实加强民族工作，巩固和发展平等、团结、互助的社会主义民族关系，促进各民族共同繁荣进步。除此以外，我国政府还在 1999 年 9 月发表《中国的少数民族政策及其实践》白皮书、2005 年 2 月发表《中国的民族区域自治》白皮书、2009 年 9 月发表《中国的民族政策与各民族共同繁荣发展》白皮书，都对我国实行少数民族区域自治制度进行了明确的阐述。

(二) 制度层面的政治地位平等

改革开放以来，我国民族法制进入了恢复阶段，国家颁布了 1982 年新宪法，1984 年颁布实施了《民族区域自治法》，1993 年，国务院批准颁布了《城市民族工作条例》和《民族乡行政工作条例》。进入新世纪新阶段，民族法制进入了创新发展阶段，2001 年，全国人大重新修订了民族区域自治法，2005 年，国务院颁布了《国务院实施〈民族区域自治法〉若干规定》。各地、各部门也相继制定了一系列法规和规章，截至目前，民族自治地方共制定了自治条例 139 件，单行条例 777 件，根据本地实际对法律和行政法规的规定作出变通和补充规定 75 件，13 个辖有民族自治地方的省都先后制定了实施《民族区域自治法》的若干规定或意见，少数民族散杂居的 10 个省、直辖市出台了少数民族权益保障条例。

1. 宪法对民族平等的规定

《中华人民共和国宪法》第三章"国家机关"第六节"民族自治地方的自治机关"规定有第 112 条至第 122 条，共 11 条内容，第 112 条规定：民族自治地方的自治机关是自治区、自治州、自治县的人民代表大会和人民政府。第 113 条规定：自治区、自治州、自治县的人民代表大会中，除实行区域自治的民族代表外，其他居住在本行政区域内的民族也应当有适当名额的代表。自治区、自治州、自治县的人民代表大会中应有实行民族区域自治的民族的公民担任主任或副主任。第 114 条规定：自治区主席、自治州州长、自治县县长由实行区域自治的民族的公民担任。第 121 条规定：民族自治地方的自治机关在执行职务的时候，依照本民族自治地方自治条例的规定，使用当地通用的一种或几种语言文字。第 122 条规定：国家从财政、物资、技术等方面帮助各少数民族加速发展经济建设和文化建设事业。国家帮助民族自治地方从当地民族中大量培养各级干部、各种专业人才和技术工人。

2. 党章对民族平等的规定

《中国共产党章程》总纲里规定：中国共产党维护和发展平等团结互助和谐的社会主义民族关系，积极培养、选拔少数民族干部，帮助少数民族和民族地区发展经济、文化和社会事业，实现各民族共同团结奋斗、共同繁荣发展。全面贯彻党的宗教工作基本方针，团结信教群众为经济社会发展作贡献。

3. 民族区域自治法对民族平等的规定

《中华人民共和国民族区域自治法》序言中规定："在维护民族团结的斗争中，要反对大民族主义，主要是大汉族主义，也要反对地方民族主义。"

4. 少数民族平等参与国家事务的管理

现在就全国人民代表大会的少数民族代表而言，统计的比例一直高于少数民族占全国人口的比例。

历届全国人民代表大会少数民族代表人数以及占总数的比例情况见表 4—1：

表 4—1　历届全国人民代表大会少数民族代表人数以及占总数的比例情况

全国人大会议	时间	少数民族代表	占总数的百分比（%）
第一届	1954	178	14.50
第二届	1959	179	14.60
第三届	1964	372	12.20
第四届	1975	270	9.40
第五届	1978	381	10.90
第六届	1983	403	13.60

续表

全国人大会议	时间	少数民族代表	占总数的百分比（%）
第七届	1988	445	14.90
第八届	1993	554	18.60
第九届	1998	428	14.37
第十届	2003	415	13.90
第十一届	2008	411	13.76
第十二届	2013	409	13.69

注：此表信息来源于国务院新闻办公室网站，其中1954年到2008年的情况是根据国家民族事务委员会白皮书《中国的民族政策与各民族共同繁荣发展》中的图表二，2013年的情况是根据新华社2013年3月1日的报道《每个少数民族都有本民族的人大代表》统计完成。

根据 2000 年第五次全国人口普查情况，55 个少数民族人口总数为 10449 万，占全国总人口的 8.41%。

5. 少数民族与共产党的关系

十八大中央委员和候补委员的少数民族代表情况：中央委员共计 205 名，其中少数民族代表有 10 名，占总数的比例是 4.88%，候补中央委员总计 171 名，少数民族代表 29 名，占总数的 16.96%。[①]

党的历届领导人高度重视民族工作，对民族工作有很多的经典论述。毛泽东：少数民族的发展是国家利益。《论十大关系》中提到少数民族和汉族的关系。邓小平：不把经济搞好，自治就是空的。江泽民：民族、宗教无小事。胡锦涛：把民族工作作为重大工作来抓。

6. 国务院层面

在国务院机构层面，少数民族代表副总理 1 名（回良玉，回族），国务委员 1 名（戴秉国，土家族）。国务院组成机构有国家民族事务委员会，简称"国家民委"，主管中国的民族事务。[②] 此外国务院办公厅还印发了《少数民族事业"十二五"规划》。

中国的民族区域自治地方包括自治区、自治州、自治县（旗）三

---

① 此数据来源于新华社公布的《中国共产党第十八届中央委员会候补委员》和《中国共产党十八届中央委员会委员》，少数民族的代表比例由作者统计计算得出。

② 此数据来源于中华人民共和国国务院官网。

级。截至 2008 年底，共有 5 个自治区、30 个自治州、120 个自治县（旗）。2000 年第五次人口普查表明：55 个少数民族中，有 44 个建立了自治地方，实行区域自治的少数民族人口占少数民族总人口的 71%。民族自治地方的面积占全国国土面积的 64%。此外，中国还建立了1100 多个民族乡，作为民族区域自治制度的补充。

白皮书是一国政府正式发布的文件或报告，从 1991 年到 2012 年，中国发表了 83 部白皮书，其中涉及民族事务的白皮书有 3 部，分别是1999 年的《中国的少数民族政策及其实践》、2005 年的《中国的民族区域自治》、2009 年的《中国的民族政策与各民族共同繁荣发展》。

（三）少数民族集体政治地位平等

马克思主义民族思想强调：各民族不论大小，都一律平等；每个民族都是人类物质财富和历史、文明的创造者，各民族应在完全平等的基础上团结起来，坚决反对任何形式的民族歧视和民族压迫。作为以马克思主义为指导思想的政党和政府，中国共产党和中国政府从诞生之日起，公开宣称自己是主张民族平等的政党和政府，并由此形成中华人民共和国宪法和法律文本和制度设计的一个重要的立足点和出发点。集体意义上的民族平等强调的是一国范围内不同民族之间的平等。具体而言，我国确定的有 55 个少数民族，这些民族之间平等地享有政治权利和人身自由，换言之，在《宪法》和《民族区域自治法》的文本表述中，成为政治平等权的主体并不是少数民族身份的个体，而是 55 个少数民族中的任何一个少数民族的集体。

（四）少数民族个体政治地位平等

我国 55 个少数民族中的任何一个民族，都是由该民族中的所有成员组成的，没有具体的少数民族公民个人，便不存在所谓的少数民族的集体，因此，强调少数民族集体的政治地位平等，便不能忽略少数民族公民个体的政治地位平等。在我国，少数民族个体政治地位平等指的是在我国法律制度框架下，公民在享有和追求政治权利的机会平等的基础上，法律应该赋予少数民族公民能够真正参政议政的权利和条件。不管是哪个民族，哪个个体，只有实现政治权利和自由的平等，才能谈得上所谓的政治地位平等。《宪法》第 33 条规定："中华人民共和国公民在法律面前一律平等。"对此，国内学界一般侧重于公民权利义务的平等，否认立法的平等。直接规定少数民族个体政治权利的法律文件并不多见，实践中往往通过用少数民族的干部政策选拔各级国家机关工作人员来加以体现。不过，少数民族个体政治平等权的范围远远广于积极参政的政治权利。

三　中国特色民族平等思想中的权利性保障

民主与法治是人类政治文明所追求的两个价值取向，也是现代政治发展的趋势所在，一个国家民主化与法制化程度的高低是政治文明进步的集中体现，现代民主政治是民主与法治的有机统一。胡锦涛总书记在党的十七大报告中指出："民主法治，就是社会主义民主得到充分发扬，依法治国基本方略得到切实落实，各方面积极因素得到广泛调动。"民主与法治相互依赖，相互促进，密不可分。我国是一个多民族的国家，要实现民族平等团结，不仅要依赖民主，还必须依赖法治强制性，将民主与法治结合起来，才能真正地实现社会主义国家民族的平等与团结。

2007 年党的十七大报告，明确提出全面落实依法治国基本方略，加快推进社会主义法治国家建设，并对推进社会主义法治建设做出了全面部署。胡锦涛总书记提出："我们所要建设的社会主义和谐社会，是民主法治、公平正义、诚信友爱、充满活力、安定有序、人与自然和谐相处的社会。"这不仅突出了民主法治是和谐社会的首要要素，还指明了民主法治建设在和谐社会构建中的重要地位和作用。胡锦涛总书记在诠释社会主义和谐社会的内容时把民主法治放在了首要位置，其内涵深刻，意义深远。我国是人民民主专政的社会主义国家，国家的一切权力属于人民，执政党只是接受民众的授权来实现对国家、社会的管理。经过半个多世纪的社会主义革命和建设，我国的社会主义民主政治得到了一定程度的发展，人民民主专政的社会主义政治制度也已经确立，但由于我国少数民族地区生产力落后，建设社会主义民主政治所需的经济、文化条件还很不充分。因而我国少数民族地区的民主制度仍不完善，民主化水平仍很低，基层干部官僚主义、特权主义思想泛滥，注重人治而不注重法治，严重脱离群众，人们参政议政的机会或渠道仍然很少。缺乏强有力政治制度的保障，无疑影响和制约了少数民族政治社会化的顺利进行。

少数民族是我们社会主义大家庭中的一员，保障少数民族的民主政治权利，是我们在构建社会主义和谐社会的进程中需要解决的一个问题。

（一）党的领导

我国的民主是中国共产党领导的人民民主。新中国成立以后，少数民族当家作主，也成为国家的主人，这一切是在中国共产党领导下经过艰苦卓绝的斗争实现的；中国的民主政治制度，是中国共产党领导广大人民创建的；民主法治建设的发展和完善是在中国共产党领导下进行的。我们党对民主和法治方面建设的经验教训进行了深刻总结，对中国的具体实践进行了深入研究。对少数民族的民主和法治建设的规律有了较为深刻的认识，党已具备了对少数民族同胞实行民主政治和法治的自觉意识和主观条件。党的领导从根本上保证了人民当家作主，人民当家作主是社会主义民主政治的本质要求，依法治国是党领导人民治理国家的基本方略。发展社会主义少数民族的民主，最根本的就是要坚持党的领导、人民当家作主和依法治国的有机结合和辩证统一。所以，我国的少数民族的民主和法治建设过程应在坚持和改善党的领导下继续推进。

2012 年 11 月 8 日，党的十八大召开，在总结中国特色社会主义事业建设成就的基础上，对新时期我国社会的各方面发展做出了新的战略部署。同时，提出了"全面加强党的建设的科学水平"的命题，报告指出："必须抓好八个方面的重要任务：坚定理想信念，坚守共产党人精神追求；坚持以人为本、执政为民，始终保持党同人民群众的血肉联系；积极发展党内民主，增强党的创造活力；深化干部人事制度改革，建设高素质执政骨干队伍；坚持党管人才原则，把各方面优秀人才集聚到党和国家事业中来；创新基层党建工作，夯实党执政的组织基础；坚定不移反对腐败，永葆共产党人清正廉洁的政治本色；严明党的纪律，自觉维护党的集中统一。"为加强和改善党的领导指明了新的方向。

（二）民族立法

完善的法律体系是构建社会主义和谐社会的必要条件。我国以宪法为核心的法律体系已经初步形成，在少数民族立法上，主要有《宪法》和《民族区域自治法》，要保障少数民族的法律地位，实现少数民族在政治地位上的平等，就要进一步推进立法。在我国的少数民族立法工作中，一是要树立"以人为本"的立法理念，体现少数民族的民主的要求和意志，制定和完善发展社会主义民主政治，保障少数民族公民权利、规范社会管理和维护社会安定的法律；二是在强调宪法至上的前提下，注重部门法的建设，使少数民族的社会经济政治文化生活的各个方面都为法律所覆盖，在社会中形成有法可依的有序状态。

（三）民族自治

政治制度是政治系统的中层结构，其对政治系统的运行起着规范作用，政治制度建设事关政治建设的成败。我国民族区域自治制度的实施范围主要集中于边疆地区，民族区域自治制度的不断建设与完善成为边疆政治制度建设的主要内容。党的十六大提出要着重加强制度建设，实现社会主义民主政治的制度化、规范化和程序化，自 1947 年我国建立第一个省级民族自治地方（内蒙古自治区）起，我国民族区域自治制度得到不断完善与发展。

《民族区域自治法》是实施宪法规定的民族区域自治制度的基本依据，规范了中央和民族自治地方的关系以及民族自治地方各民族之间的关系，其法律效力不只限于民族自治地方，全国各族人民和一切国家机关都必须遵守、执行这项法律。自《民族区域自治法》颁布以来，我国历次全国人民代表大会和全国党代会均强调要认真贯彻《民族区域自治法》，保障民族自治区域的自治权利和民族平等权利。党的十六届六中全会把坚持与完善民族区域自治制度列为与坚持与完善人民代表大会制度、中国共产党领导的多党合作和政治协商制度同等重要的位置。到目前为止，我国的民族区域自治已经实现了政策、制度、法律的三位一体。我国民族区域自治制度具备以下特点：第一，民族自治与区域自治相结合。我国民族区域自治制度是在少数民族聚居的地方，根据当地的民族关系、经济发展等条件，并参酌历史情况，以一个或者几个少数聚居区为基础建立自治机关，且自治机关的主要领导职务由实行自治的少数民族成员担任，管理本民族内部的一切事务。离开民族，民族区域自治无从谈起，离开区域，自治就成了空中楼阁。第二，我国民族自治地方的自治机关是一种特殊的地方机关。我国民族自治地方的自治机关是自治区、自治州、自治县的人民代表大会和人民政府，它们拥有一般地方机关不曾拥有的特殊自治权。我国实行单一制的国家形式决定了我国民族自治地方的自治机关不同于联邦制度下的"邦"，也不同于联邦制度下的"加盟共和国"，它们既没有分离权，也没有单独的宪法。第三，民族自治地方的自治权具有包容性。不仅聚居的民族能够享受自治权，杂居的民族也能够享受自治权，这也是民族平等与团结理念的重要体现与保障。我国 55 个少数民族中，实行区域自治的少数民族占少数民族总人口的 71%，民族自治地方的面积占全国国土面积的 64%。鉴于中国的一些少数民族聚居地域较小、人口较少并且分散，不宜建立自治地方，《宪法》规定通过设立民族乡的办法，使这些少数民族也能行使当家作主、管理本民族内部事务的权利，民族乡成为民族区域自治制度的补充。

"民族区域自治，作为党解决我国民族问题的一条基本经验不容置疑，作为我国的一项基本政治制度不容动摇，作为我国社会主义的一大政治优势不容削弱。"① "民族区域自治制度"是我国独创并区别于其他国家，用以解决民族问题的一种政治制度。"民族区域自治制度"这一政治制度，经过了 60 多年的实践和不断完善，成为解决多民族国家民族问题的光辉典范。

《民族区域自治法》的颁布与修改、民族自治地方的建立和民族自治地方自治机关的建立，在政治层面奠定了各民族平等发展的基础。"完善和发展民族区域自治制度，加强民族法制建设，是协调、发展民族关系的重要途径和手段，是调整民族关系的前提和基础。"② 民族区

---

① 许立坤：《胡锦涛对党的民族理论政策的新贡献》，《广西社会主义学院学报》2008年第 19 卷第 3 期。

② 金炳镐、青觉：《论民族关系理论体系》，《中南民族学院学报》2001 年第 6 期。

域自治在中华人民共和国成立之初，推进了国家政治整合的进程，在社会主义现代化建设中推动了各民族共同团结奋斗和共同繁荣发展的进程。实践证明，民族区域自治制度不仅符合中国统一的多民族国家形成和发展的基本国情，而且在半个多世纪以来的实践中体现了保障少数民族平等权利、维护国家统一、巩固民族团结、增强民族互助、保障社会和谐、实现各民族共同繁荣发展的真实作用。因此，邓小平同志指出："这是我们社会制度的优势，不能放弃。"① 1990 年 2 月 15 日，李鹏代表党中央、国务院在全国民委主任会议上宣布："中国建立民族自治地区的任务已基本完成，现在贯彻民族区域自治政策，主要是根据情况的发展变化使民族区域自治制度不断发展和完善。"② 目前，在中国的改革发展进入关键阶段的时期，必须不断完善民族区域自治制度，夯实这一制度基础，为构建社会主义和谐民族关系提供强有力的制度保障。加快制定和健全实施民族区域自治法的配套法规的步伐，为民族自治地方充分、高效地行使自治权提供依据和保障。2001 年，根据市场经济条件下进一步加快民族自治地方经济社会事业发展的需要，在充分尊重和体现民族自治地方各族人民意愿的基础上，中共中央全国人大常委会对《民族区域自治法》进行了修改，使这一法律得到了进一步完善。自治法确定了实行民族区域自治的重大方针，但法律条文的规定多是原则性、宣示性的条款。现在应该及时制定和出台民族区域自治法的实施条例，尤其是五大自治区的自治条例出台。自治条例是自治法的重要配套法规，是自治地方依据宪法和自治法制定，调整本地区内民族关系以及本地方与上级国家机关关系的综合性自治法规，对自治法的贯彻落实有着至关重要的意义。我国民族区域自治法的进一步完善，有待于自治条例、具体措施和办法的尽快出台。切实贯彻《民族区域自治法》，充分保证民族自治地方依法行使自治权，切实尊重和保障少数民族的合法权益是继续坚持和完善民族区域自治制度的基本途径。

第一，落实《中华人民共和国民族区域自治法》中关于国家加大民族自治地方扶持力度的各项法规，以促进民族自治地方经济社会的快

---

① 《邓小平文选》第 3 卷，人民出版社 1993 年版，第 246—257 页。

② 刘先照：《中国共产党主要领导人论民族问题》，民族出版社 1994 年版，第 232 页。

速发展。由于自治法规定的民族自治地方的自治权利的大部分条款都受制于上级国家机关，因此，对上级国家机关来说，在制定经济政策和经济发展计划的时候，应当尊重宪法和民族区域自治法赋予民族地区的自治权利，不能因强调国家政策的集中统一而忽视甚至损害自治权利。自治机关应围绕落实自治法、用好自治权以推动本区域经济社会发展为中心来开展工作。

第二，制定贯彻自治法的若干具体规定和法规实施细则，以确保民族自治地方实施自治权，保障少数民族和民族地区的各项权益。"制定自治条例和单行条例是民族区域自治地方自治机关的一项自治权。自治法规的效力等级高于一般地方性法规而具有法律性质，但其适用范围仅限于本民族区域自治地方。"[①] "民族区域自治地方应当平等且创造性地行使自治法规的拟制权，搞好自治法规的拟制是完善民族区域自治法律制度的基础。"[②] 自治机关应解放思想，以自治法为基本准则，主动并善于与上级机关部门沟通协商，加快本地方自治条例制定工作；在自治条例尚未制定出来之前，应充分利用实施细则形式，在不与宪法和自治法规定相违背的前提下，大胆扩展和细化自治权利，推动改革创新。胡锦涛强调，要"坚持和完善民族区域自治制度，切实贯彻民族区域自治法，充分保证民族自治地方依法行使自治权，切实尊重和保障少数民族的合法权益"[③]。

第三，要建立完善的监督机制，制定民族工作法律法规执行的监督检查办法，推进依法行政。把本级自我检查与上级机关检查、定期检查与经常性检查结合起来。经常检查自治机关行使自治权的情况，以保证宪法和法律规定的自治权利得到充分的行使。

第四，加强民族法制的宣传和教育，强化人们的民族法制意识。法制建设的加强必须确保法律的遵守，而法律的遵守则有赖于人们法律意识的强化。民族法律是我国社会主义法律体系中的一个重要组成部分，

---

① 王培英：《论自治条例和单行条例的法律地位问题》，《民族研究》2000年第6期。

② 刘惊海、施文正：《我国民族区域自治法律制度的完善》，《内蒙古社会科学》2000年第1期。

③ 胡锦涛：《在中央民族工作会议上的讲话》，2005年5月27日。

是国家意志的体现，特别是《民族区域自治法》是作为我国三大基本政治制度之一的民族区域自治制度的法律基础，在全国范围都应具有法律效力，所以，学习、宣传和遵守民族法律不仅仅是少数民族的事情，全国所有机关、团体和公民也都有贯彻和遵守的责任和义务。当然，少数民族是民族地区各项建设的主力军，其民族法律意识如何，更直接地影响到民族法律的实施，并从根本上影响到少数民族利益的实现。因此，应该加大民族法律的宣传力度，使所有的国家机关、社会团体以及公民，特别是少数民族干部群众不断提高民族法律意识，提高运用法律来管理和发展各项事业的意识和能力，从而为少数民族利益提供最为根本和有效的保障。对于民众法律意识的培养，主要是在对法的信仰、依赖、遵从和守法观念等方面进行针对性的培养和塑造，努力培育民族法律文化氛围。在加强民族法制宣传教育时，根据民族地区的实际和民族文化传统，以民族群众易于接受的方式，通过喜闻乐见的形式，使民族群众在潜移默化中接受法律知识，逐渐形成法治观念，提升人们对法律的认知水平，重点是加强法治理念、权利观念教育，增强人们的主人翁意识，逐步形成强烈的公民意识，使人们自觉地信赖法律、依靠法律、尊重法律和遵守法律。

（四）民主监督

改革开放以来，党和国家重视了少数民族人民对权力的监督建设，但由于种种原因，监督体系还存在诸多不足。完善监督体系的根本问题，在于要从以前少数民族习惯的"人治"和"神治"的圈子里走出来，真正从机制上解决问题。应顺应少数民族公民对选举民主的要求，不断建立、完善选举制度，扩大少数民族公民的选举权和被选举权，顺应少数民族对协商民主的要求。建立专家咨询和论证评估制度、社会听证和公证制度等，就一些重大决策广泛听取和吸纳专家和民众意见，以实现政府决策民主化。与此同时，将权力持有者的权力行为经常置于少数民族民主的监督之下。增加行政行为透明度，大力推行少数民族聚居地区的政务公开，完善责任追究机制，并真正赋予少数民族民主权利。

（五）民主参与

"政治参与是特定体制框架内普通公民或公民团体试图影响政府人事构成和政府政策制定的各种行为，即公民或者公民团体影响政府活动的行为，是沟通政治意愿、制约政府行为，从而实现公民政治权利的重要手段。"① 因此，从这个定义可以看出，公民的政治参与在一定程度上制约和监督着政府政治决策的制定和实施，它提供了公民和公民团体将自身利益诉求传递给政治系统的机会，并在此基础上施加影响，从而使政治决策反映更大多数人的利益。当前，随着我国社会经济的发展以及公民政治参与意识的觉醒，公民的政治参与热情有所提高，少数民族也真正拥有了当家作主的地位，民族区域自治制度的推行就是鲜明的体现，民众的政治参与对于民主政治的发展是有一定作用的。但是，公民利益诉求表达，特别是由于受到各种主客观因素的影响，少数民族的意志表达与当前我国政治参与的渠道之间还存在一定的鸿沟，即现有的政治体制尚不能容纳各民族民众的利益诉求。因此，必须进一步拓宽少数民族的政治参与渠道，提高他们的政治参与的力度和强度。

（六）民族素质

民主型法治需要有良好的参与主体，这个主体必须具有参与法律生活的积极主动的意识，必须能够具有良好的主体自我意识，必须意识到自身的权利追求对于法治社会构造的价值。而我国少数民族民众参与意识、参与能力依然不足，是我国少数民族民主法治建设的重要内容。应该在少数民族全民范围内开展深入持久的普法教育，将民主、科学和法制等社会先进文化的教育列入国民教育和继续教育的体系，从而在全体社会成员中形成一种法律具有至上性、权威性的法律信仰。使法治观念得到广大少数民族民众的普遍认可和支持，与此同时，应大力丰富和扩展民主法治形式。通过政府政策的支持以及新闻媒体的宣传，使少数民族民众通过各种合法途径影响公共决策与公共管理，表达民主要求。主

---

① 王邦佐、孙关宏、王沪宁、李惠康：《新政治学概论》（第二版），复旦大学出版社2009年版，第204页。

张民主权利，在这种参与中，少数民族民众可以充分感受民主法治的价值和意义。在实践中增强民主法治建设的参与意识及参与能力，进而有效地推进少数民族民主法治社会的构建。

四　中国特色民族政治平等的实现方式

少数民族在维护祖国统一，加强民族团结方面占有举足轻重的地位，关注少数民族的政治平等，直接关系到国家稳定和各民族的团结。在我国全面建成小康社会的新的历史时期，关注少数民族政治平等问题并加以研究，具有重大的理论价值和深远的现实意义。

（一）政治平等是中国特色民族平等思想的先决条件

民族平等，是中国民族政策的基石。实行民族平等是中国的宪法原则。《中华人民共和国宪法》规定："中华人民共和国各民族一律平等。"根据这一原则精神，《中华人民共和国民族区域自治法》等法律法规对民族平等进行了具体而明确的规定。在中国，各民族一律平等包括三层含义：一是各民族不论人口多少、历史长短、居住地域大小，经济发展程度如何，语言文字，宗教信仰和风俗习惯是否相同，政治地位一律平等；二是各民族不仅在政治上、法律上平等，而且在经济、文化、社会生活等所有领域平等；三是各民族公民在法律面前一律平等，享有相同的权利，承担相同的义务。

列宁指出："我们要求国内各民族绝对平等，并无条件地保护一切少数民族的权利。"[1] 1931 年 11 月，我们党明确提出："少数民族劳动者……和汉族的劳苦人民一律平等，享有法律上的一切权利义务。"[2] 1949 年 9 月，中国人民政治协商会议通过了具有临时宪法作用的《共同纲领》，规定："中华人民共和国境内各民族一律平等。"1952 年 2 月，中央人民政府颁布《关于保障一切散居的少数民族充分享有民族

---

① 《列宁全集》第 19 卷，人民出版社 1985 年版，第 100 页。
② 《民族问题文献汇编》，中共中央党校出版社 1991 年版，第 171 页。

平等权利的决定》。1954 年 9 月，新中国颁布了第一部宪法。第三条规定，"各民族一律平等，禁止对任何民族的歧视和压迫"，并对实现各民族在政治、经济、文化上的平等权利，作出了进一步的规定。宪法的这些规定，在后来历次修宪中都坚持了下来。实现真正的民族平等，就必须消除历史遗留的民族间事实上的不平等。1957 年 8 月，周恩来同志在青岛民族工作座谈会上指出："历史上遗留下来的经济、文化方面事实上的不平等今天还存在，历史上反动统治压迫的后果也还存在。"①所以，"我们要把历史上的痕迹消除掉，要把各民族在经济、文化方面事实上的不平等状况逐步消除掉"②。通过法律法规的规定，我们可以看出政治平等是民族平等的核心。

在我国，中国共产党领导全国各族人民经过长期的艰苦奋斗，推翻了压在中国人民头上的三座大山，消灭了剥削和剥削阶级，建立了社会主义制度，按照马克思主义基本理论进行中国特色社会主义现代化建设。因此，我国社会主义政治制度为实现民族平等提供了现实的可能性，我国各族人民在政治上、法律上享有完全平等的权利，极大地调动了各族人民建设社会主义的积极性和创造性，取得了社会主义现代化建设的一系列巨大成就，但实现民族平等仍然是一个艰巨的长期的历史过程。一方面，我国社会主义的民族关系是平等互助、团结合作、共同繁荣的新型民族关系，我国各民族的关系无论本质还是形式上都是平等的。另一方面，即主要是由于历史遗留原因而造成的各民族事实上的现实发展的不平衡问题或民族间事实上的不平等现象仍然存在。所以说只有社会主义社会才有可能实现真正的民族平等，并且实现民族平等是一个长期的历史过程。

（二）少数民族政治平等的实现方式

"平等的关切是政治社会至上的美德——没有这种美德的政府，只能是专制的政府；所以，当一国的财富分配像甚至非常繁荣的国家目前

---

① 《周恩来统一战线文选》，人民出版社 1984 年版，第 365 页。
② 同上书，第 367 页。

的财富状况那样极为不平等时，它的平等关切就是值得怀疑的。"① "平等被构想成主要的政治权利，它通过赞同来确定政府的正当性——像雷恩伯鲁夫主张的那种——而不是通过社会及经济结构方面的任何变革，来证明政府的正当性。"② 少数民族政治平等的实现要采取一定的实现方式，只有通过相应的实现途径才能最终变成现实，成为现实的政治平等。本书认为，少数民族政治平等的实现最基本的形式主要有以下五种：

1. 调整政治权力结构，理顺权力关系

在我国现行政治体制内，主要以民族区域自治体系存在的少数民族政治体系拥有一般的地方政治体系所没有的权力——自治权，从而使少数民族政治体系形成了特殊的政治权力关系。在我国全面建成小康社会的新的历史时期，进一步理顺这一权力关系，完善各项政治制度，是少数民族政治发展的重要方面。为了保障少数民族在政治上的平等权利，中国共产党将民族区域自治作为解决民族问题的基本政策，国家政治体系通过宪法和法律，赋予实行自治的少数民族在自治区域的范围内自主管理本民族的内部事务的权利，即自治权。自治权利的范围涉及政治、经济、社会、文化等各个领域，这一政治权力的获得、保障和有效行使是实现少数民族政治平等的根本保障，是通过少数民族建立自治地方，成立自治机关，才能得到行使的。

2. 有效提高少数民族地区政府能力

由于历史的、自然条件的以及现实因素的多重影响，少数民族地区经济、政治、文化等的发展水平都比内地低。如果少数民族地区想要缩小发展差距，实现真正的民族平等，想要与内地同步实现全面小康，那么，少数民族地区的发展不可能再去走一条自发发展的道路，而必须走跨越式发展的道路。当然，跨越式发展能否实现，除与国家政策的支持程度有关外，更重要的方面是取决于少数民族地区政府能力能否得到切实提升。国内外的实践经验证明，政府能力的强弱是一个国家或一个地

---

① ［美］罗纳德·德沃金：《至上的美德：平等的理论与实践》，冯克利译，江苏人民出版社 2007 年版，第 1 页。

② ［美］亚历克斯·卡利尼克斯：《平等》，徐朝友译，江苏人民出版社 2003 年版，第 26 页。

区实现跨越式发展的关键所在。可以说少数民族地区发展速度的快慢、发展质量的高低等都取决于政府能力的强弱。政府能力集中地体现在政府在推动社会现代化方面应有足够的权威和组织领导才能，有较强的依法行政的意识，具体包括规划发展能力、制度创新能力、资源配置能力、市场规制能力、提供公共物品的能力、组织协调能力、社会控制能力等方面。在当前，少数民族地区要想抓住西部大开发的良好机遇，实现跨越式发展，就必须首先开发和提升上述政府的各项能力。

3. 加快实现少数民族政治参与的发展

就一般意义而言，公民政治参与是公民以一定方式加入并影响现行政治过程的政治行为，是公民对现行政治过程的介入，是公民的一种利益表达。我国的少数民族政治参与是以少数民族为参与主体的政治参与行为，是我国公民政治参与的有机组成部分。在我国，既有少数民族成员个体的政治参与，也有少数民族成员集体的参与；既有主动的参与，也有动员型的参与。在我国全面建成小康社会的新的历史时期，少数民族政治参与的迅速增长，形成少数民族社会中发展最旺盛、形式最多样的少数民族政治参与。少数民族政治参与的发展是少数民族政治发展的一个重要内容。正如学者们所看到的那样："政治现代化包含着全社会各阶层广泛地参与政治。"① 政治发展的一个重要前提是大众参与政治，这是当代政治的基础。虽然现行政治体系中吸纳少数民族政治参与的渠道还不健全，少数民族政治参与自身也不成熟，限制了少数民族政治参与的作用的发挥，但是少数民族政治参与已经对少数民族政治体系和国家政治体系都产生了深刻的影响，要求政治体系进行相应的调整和变革。

4. 进一步培育少数民族地区公民社会的发育，培育参与型政治文化

公民社会或市民社会是指围绕共同的利益、目的和价值上的非强制性而形成的集体行为。它不属于政府的一部分，也不属于营利的私营经济的一部分，而是处于"公"与"私"之间的一个领域。公民社会的发育对于一个国家政治发展具有重要的作用，是参与型政治文化培育的土壤。在阿尔蒙德看来，"参与型政治文化是一种混合的政治文化，同

---

① ［美］塞缪尔·亨廷顿：《变革社会中的政治秩序》，华夏出版社 1988 年版，第 35 页。

时也是一种现代政治文化，是三种政治文化中民众参与强度最强的政治文化形式，是最适合民主制度的政治文化形式，有利于实现村民、臣民、参与者三种角色之间的平衡以及积极与消极之间的平衡"①。因此，必须进一步发展少数民族地区经济，深刻贯彻落实经济平等理念，为少数民族地区公民社会的发育和成熟奠定良好的经济基础，从而为参与型政治文化的培育提供良好的环境。同时，充分发挥实施政治社会化的机构在少数民族地区的作用，如家庭、学校、大众传媒、团体、政党的政治社会化作用，加大参与型政治文化的传播力度，使少数民族养成参与政治的习惯，并逐步确立民主政治决策所需要的政治价值观、情感、态度和行为。

5. 规范少数民族地区的政治决策程序，实现少数民族政治决策的法制化和规范化

政治决策程序的规范化和制度化是政治决策合理化、科学化目标实现的关键所在。因此，必须进一步提高行为主体政治决策过程中的规范化程度，当前，由于少数民族地区所存在的各种主客观因素，少数民族地区政治决策程序的规范化有待加强。因此，我们必须继续改革少数民族地区政治决策体制并建立健全各种为政治决策提供服务的研究机构与咨询机构，实现政治决策机构的合理配置。同时，进一步完善各种监督机制，促使少数民族地区政府不断提高行政管理水平和规范、约束少数民族地区政府机构及其工作人员的行政行为和职务行为，防止权力的滥用。这就需要充分发挥各种监督载体的作用，舆论监督实现的前提是保证新闻自由和出版自由，这两个自由不仅是人的基本权利的体现，也是维护少数民族地区社会稳定，实现该区政治决策透明化的重要因素。1789 年法国《人权宣言》明确宣布："自由传达思想和意见是人类最宝贵的权利之一，因此各个公民都有言论、著述和出版自由。"马克思也对此作出了高度的评价："没有出版自由，其他一切自由都是泡影。"②

---

① ［美］加布里埃尔·A. 阿尔蒙德、西德尼·维巴：《公民文化——五个国家的政治态度和民主制》，徐湘林等译，东方出版社 2008 年版，第 326 页。

② 《马克思恩格斯全集》第 1 卷，人民出版社 1956 年版，第 97 页。

五　中国特色民族政治平等：寓于民族之间的政治认同

政治认同指的是"人们在社会生活中产生的一种情感和意识上的归属感"①。生活在一定社会中的人们总是在一定的社会关系中确定自己的身份，依据一定的政治态度和政治目标把自己看作是某一政党的党员、某一阶级阶层的成员、某一政治过程的参与者或某一政治信念的追求者，并自觉地以其所属群体或组织的要求规范自己的政治行为，这就是所谓的政治认同。国内学者对少数民族政治认同的研究是以"民族国家"视角为切入点，认为政治认同与建立在政治认同基础上的政治共同体，必须把"民族"作为最基本的政治单元，以此来研究主体民族与非主体民族对现行政治体系的认同。周平在《民族政治学导论》一书中对少数民族政治认同的概念直接予以界定，他从民族政治文化的角度指出，少数民族政治认同是民族共同体成员对特定政治单位的归属感。民族成员对某个政治单位的认同不仅表现为对该政治单位的参与，也表现为对该政治单位的义务感、责任感、支持和效忠，并形成对该政治单位深深的情感依恋。

民族成员作为政治认同的主体，他们的政治实践是民族政治体系提供认同主体政治愿望、利益的需求、文化权利保护等政治信息的重要手段。因此，少数民族之间的政治认同，要通过民族政治体系的调整与完善；民族政治体系运作的公正与公平；民族成员政治实践的增强与扩展。

（一）民族政治体系的调整与完善

民族政治体系作为民族成员实现国家政治认同的重要客体，必须随着民族社会的发展对国家政治体系与民族区域政治体系加以调整与完善。比如，政治组织中存在的权力膨胀、职能泛化、因人设事问题，个体政治角色中的权力寻租、权力腐败、权力监督无力问题，政治规范中

---

① 《中国大百科全书·政治学》，中国大百科全书出版社 1992 年版，第 501 页。

存在的制度滞后、操作性不强、有法难依以及民族层面上不合时宜的民族政策、民族制度、民族工作等，这些问题都需要从民族政治体系内部要素中寻找根源。

（二）民族政治体系运作的公正与公平

民族政治体系中的国家政治体系和民族区域政治体系在实际政治生活的运作中，必须充分考虑政治利益、经济利益、文化利益在主体民族和非主体民族之间以及在个体民族之间进行合理的分配，即要在分配制度、分配政策、分配机制中体现社会公正，在分配权力、分配机会、分配关系中体现社会公平。通过民族政治体系的积极运作，实现利益分配与利益协调中达到利益公正与利益公平，真正保障民族成员的正当利益得以实现。

（三）民族成员政治实践的增强与拓展

民族成员政治实践的反馈作用、支持和拥护作用，如何在民族社会成员中成为现实，需要在两个方面下功夫：一是要增强政治参与、利益表达、政治沟通等政治行为；二是要不断扩展民族成员政治实践的渠道，在政治实践的形式、内容手段等方面积极为他们提供广阔的政治空间。只有增强与扩展民族成员的政治实践，才能促使在政策、制度、规定等方面形成更多的共识，才能提升民族成员对国家的政治认同。进一步深化政治体制改革，建立健全民主的组织形式，特别是要完善和发展我国的民族区域自治制度。我国社会主义民主的不断完善和发展，将为我国少数民族的平等地位、权利的实现和加强，以及我国各民族间团结协调的民族关系的加强和发展提供重要保证。加强民主政治建设，发展和完善民族区域自治制度，是当前促进民族平等和民族团结的重要任务。民族区域自治制度是我国的一项基本的民主政治制度。民族平等自治是社会主义民主的一种表现形式，民族自治权利是社会主义民主权利的一部分，民族区域自治又是我国民族平等团结的主要体现（表现形式）和主要标志。我国民族区域自治的实行状况，也是我国民主政治发展状况的一个标志，我国民族区域自治制度的完善，很大程度上决定了我国民族平等的实现和加强的程度。

　　党的十八大是在我国进入全面建成小康社会决定性阶段召开的一次重要大会，这次大会在回顾成就、总结经验的基础上，对我国新时期政治、经济、文化、社会等的发展做了新的战略部署和未来展望。胡锦涛同志在十八大报告中指出"坚持走中国特色社会主义政治发展道路和推进政治体制改革，政治体制改革是我国全面改革的重要组成部分。必须继续积极稳妥推进政治体制改革，发展更加广泛、更加充分、更加健全的人民民主。必须坚持党的领导、人民当家作主、依法治国有机统一，以保证人民当家作主为根本，以增强党和国家活力、调动人民积极性为目标，扩大社会主义民主，加快建设社会主义法治国家，发展社会主义政治文明"①。十八大关于政治体制改革的报告起到了承前启后的作用，在总结我国政治体制改革所取得的成就的基础上，对转型时期我国政治体制改革指明了新的方向，为政治体制改革新征程的开启提供了坚实的保障。因此，我们必须在十八大会议精神的指引下，进一步积极稳妥地推进政治体制改革，从而为民众政治平等，特别是少数民族政治平等的实现开启新的纪元。

六　小结

　　政治平等是中国特色民族平等思想的理论核心，是对民族身份和地位的认同，赋予各民族平等的政治地位，给予法治上的权利性保障，通过调整政治权力结构，实现少数民族政治参与的发展等方式，达成各民族之间的政治认同和国家认同。

---

　　①　胡锦涛：《坚定不移沿着中国特色社会主义道路前进，为全面建成小康社会而奋斗——在中国共产党第十八次全国代表大会上的报告》，2012 年 11 月 18 日。

第五章　中国特色民族平等思想中的经济平等

经济平等是一个关系范畴，不仅指经济资源和财富的公平分配，更为根本的是指组成社会的各经济主体（包括少数民族）在公正合理的基础上和经济制度的框架中进行各种经济活动所必需的自由权利，其根本逻辑在于人们能够在相应的制度范围内得到属于其自身的权利，同时能够承担相应的义务，最终实现权利和义务的对等，作为经济伦理的重要组成部分的平等从根本上要求所有的经济主体在经济活动中获得相应的权利、条件和报酬。经济平等是中国特色民族平等思想的重要前提，恩格斯曾指出："平等不应当仅是表面的，不仅在国家的领域中实行，它还应当是实际的，还应当在社会的经济的领域实行"①，"马克思主义者不能忽视那些产生建立民族国家趋向的强大的经济因素"②。列宁指出："地理环境的特性决定着生产力的发展，而生产力的发展又决定着经济关系以及在经济关系后面的所有其他社会关系的发展。"③

马克思恩格斯在分析资本主义社会的前提下阐述了自己的经济平等思想，主要包括以下几个方面：第一，经济平等产生于商品经济社会中，即产生于商品形式成为劳动产品的一般形式，从而人们彼此作为商品所有者的关系成为占统治地位的社会关系。"它默认不同等的个人天赋，因而也就默认不同的工作能力是天然特权。"④ 作为现代经济平等的本质内涵的机会均等，只有在商品经济条件下才开始萌芽。第二，经

---

①　《马克思恩格斯选集》第 3 卷，人民出版社 1995 年版，第 146 页。

②　《列宁论民族问题》上册，民族出版社 1987 年版，第 315 页。

③　《列宁全集》第 38 卷，人民出版社 1959 年版，第 459 页。

④　《马克思恩格斯选集》第 3 卷，人民出版社 1995 年版，第 12 页。

济平等体现自主原则，反对任何超经济强制。马克思对资本主义剥削解释的独特之处在于，工人和雇主之间的自由交换的外表，被生产力的不平等分配抵消了；因此，工人被迫向资本家出售自己的劳动力，结果受到剥削。[①] "从交换行为本身出发，个人，每个人，都自身反映为排他的并占支配地位的（具有决定作用的）交换主体，因而这就确定了个人的完全自由：自愿的交易；任何一方都不使用暴力；把自己当作手段，或者说当作提供服务的人。"[②] 第三，经济平等具有相对性。绝对的经济平等是不存在的，平等和不平等具有相对性，"在国和国、省和省，甚至地方和地方之间总会有生活条件方面的某种不平等存在，这种不平等可以减少到最低限度，但是永远不可能完全消除"[③]。"权利永远不能超出社会的经济结构以及由经济结构所制约的社会的文化发展。"[④] 同时，马克思和恩格斯针对多民族国家的实际情况，分析了民族经济平等的基本内容，主要体现在以下五个方面。

一　民族发展与共同富裕

帮助少数民族发展经济和文化，促进各民族共同发展繁荣，是中国共产党在解决民族问题上的根本立场，是党和国家民族工作的根本目标，也是民族平等、民族团结、民族区域自治等政策的最终归宿。胡锦涛在党的十七大报告中所提出的目标："巩固和发展平等、团结、互助的社会主义民族关系，促进各民族共同繁荣进步。"[⑤] 各民族共同繁荣还是某些民族依靠剥削其他民族而求得生存和发展，是马克思主义同资产阶级在对待民族问题上的分水岭和试金石。

---

① ［美］亚历克斯·卡利尼克斯：《平等》，徐朝友译，江苏人民出版社 2003 年版，第 26 页。

② 《马克思恩格斯全集》第 46 卷（上），人民出版社 1979 年版，第 196 页。

③ 恩格斯：《给奥·倍倍尔的信》（1875 年 3 月 18—28 日），《马克思恩格斯选集》第 3 卷，人民出版社 1995 年版，第 325 页。

④ 《中共中央党校教材　十一届三中全会以来党和国家重要文献选编（下册）》，中共中央党校教务部 2003 年版，第 197 页。

⑤ 江泽民：《中国共产党第十五次全国代表大会政治报告》，人民出版社 2000 年版。

（一）民族发展与共同富裕的思想基础和理论来源

中国特色社会主义民族理论关于各民族共同繁荣发展的纲领，是中国特色民族理论与中国社会主义革命和建设进程中的现实民族国情相结合的创新，是中国特色社会主义民族理论对马克思主义民族纲领的发展和贡献。

马克思主义经典作家，虽然没有直接提出社会主义多民族国家实现各民族共同繁荣的理论，但他们的相关理论却为之提供了坚实的思想基础和理论来源。

马克思恩格斯把各民族生产力和与之相联系的世界交往的普遍发展看成是共产主义实现的前提。他们认为："生产力的这种发展（随着这种发展，人们的世界历史性的而不是狭隘地域性的存在已经是经验的存在了）之所以是绝对必需的实际前提，还因为如果没有这种发展，那就只会有贫穷的普遍化；而在极端贫困的情况下，就必须重新开始争取必需品的斗争，也就是说，全部陈腐的东西又要死灰复燃。其次，这种发展之所以是必需的前提，还因为：只有随着生产力的这种普遍发展，人们之间的普遍交往才能建立起来；由于普遍的交往，一方面，可以发现在一切民族中同时都存在着'没有财产的'群众这一事实（普遍竞争），而其中每一民族同其他民族的变革都有依存关系；最后，狭隘地域性的个人为世界历史性的、真正普遍的个人所代替。不这样，（1）共产主义就只能作为某种地域性的东西而存在；（2）交往的力量本身就不可能发展成为一种普遍的，因而是不堪忍受的力量：它们会依然处于家庭的、笼罩着迷信气氛的'境地'；（3）交往的任何扩大都会消灭地域性的共产主义。"① 他们相信："各个个人的全面的依存关系、他们的这种自发形成的世界历史性的共同活动的形式，由于共产主义革命而转化为对那些异己力量的控制和自觉的驾驭。"② 马克思恩格斯的这些论述中已经包含了通过共产主义革命来促进和实现各民族普遍发展的思想。

---

① 《马克思恩格斯选集》第 1 卷，人民出版社 1995 年版，第 84—85 页。

② 同上书，第 87 页。

列宁在领导苏俄进行革命和建设时，也强调："我们的经验使我们坚信，只有对各个民族的利益极其关心，才能消除冲突的根源，才能消除互不信任，才能消除对某种阴谋的顾虑，才能建立语言不同的人们，特别是工人、农民的互相信任，没有这种信任，无论各族人民之间的和平关系，或是现代文明中的一切珍贵事物的比较顺利的发展，都是绝对不可能的。"① 他教导各族人民："不应当专为本民族着想，而应当把一切民族的利益、一切民族的普遍自由和平等置于本民族之上。"② 而在社会主义革命胜利后，各民族的共同利益和最大利益，无疑是各民族在社会主义建设进程中能够实现普遍发展和共同繁荣。为此，斯大林指出：社会主义的胜利，为"从民族压迫下解放出来的各民族的复兴和繁荣造成有利的环境"，社会主义时期"将是以前被压迫的民族和民族语言发展和繁荣的阶段"③。

中国共产党把马克思主义民族理论与中国社会主义革命和建设进程中民族问题的国情结合起来，高度重视帮助少数民族实现发展和繁荣，创造性地提出了各民族共同繁荣发展这个马克思主义的民族纲领，并且始终将之作为党和国家解决民族问题的根本原则。新中国成立初期，毛泽东就对少数民族代表说："帮助各少数民族，让各少数民族得到发展和进步，是整个国家的利益。"④ 在此基础上，各民族共同繁荣的思想，也被周恩来在 1957 年《关于我国民族政策的几个问题》的讲话中比较明确地提了出来。他说："我们对各民族既要平等，又要使大家繁荣。各民族繁荣是我们社会主义在民族政策上的根本立场。"⑤ 他把各民族繁荣提到事关民族政策的根本立场的高度，同时又阐明了民族繁荣与民族平等的辩证关系，从而奠定了党和国家促进各民族实现发展繁荣的各项政策的基础。周恩来指出："历史上汉族长期处于优势地位，汉族统治阶级要么把少数民族同化，要么就把少数民族挤到边疆和生产条件差

① 《列宁全集》第 33 卷，人民出版社 1985 年版，第 34 页。
② 《列宁全集》第 22 卷，人民出版社 1990 年版，第 341 页。
③ 中国社会科学院民族研究所编：《斯大林论民族问题》，民族出版社 1990 年版，第 402—404 页。
④ 《中国共产党主要领导人论民族问题》，民族出版社 1994 年版，第 102 页。
⑤ 同上书，第 179 页。

的地区。处于劣势的少数民族得不到发展，因而落后了。""汉族人口多，所居住地区的地理气候条件好，经济文化也比较先进，处于有利的地位，这样汉族就逐步地得到了较快的发展。""人们常说，少数民族习惯于游牧、渔猎。事实上，他们不得不那样生活，这也是历史造成的。汉族越发展，就越把许多少数民族挤到边疆，汉族统治者在政治上压迫他们，在经济上剥削他们。由于人口众多的汉族早就占据了有利于农业发展的地区，致使他们住的地方中有不少是高寒山区和沙漠地带，给他们的发展造成了很大困难。"① 早在 20 世纪 50 年代初，邓小平在《关于西南少数民族问题》的讲话中就指出："实行民族区域自治，不把经济搞好，那个自治就是空的。少数民族是想在区域自治里面得到些好处，一系列的经济问题不解决，就会出乱子。"②

各民族共同繁荣论断的正式提出，是 1982 年 9 月党的十二大政治报告。报告指出："民族团结、民族平等和各民族的共同繁荣，对于我们这个多民族的国家来说，是一个关系到国家命运的重大问题。"③ 同年 12 月通过的《中华人民共和国宪法》的序言中明确规定："国家尽一切努力，促进全国各民族的共同繁荣。"④ 此后，在党和国家的重要文件中多次反复使用"各民族共同繁荣"的提法并逐步规范化。

新时期，党的第三代中央领导集体高度重视各民族共同繁荣的民族纲领，总结历史经验并且结合时代特征，对各民族共同繁荣的纲领进行了发展和完善。他们多次强调各民族共同繁荣是党的民族政策的根本立场、根本原则，是社会主义优越性的具体体现。1999 年，江泽民在中央民族工作会议上明确要求："全党同志必须把加强民族团结、促进各民族共同发展和共同繁荣，作为整个社会主义初级阶段民族工作的行动纲领。"⑤

---

① 周恩来：《民族区域自治有利于民族团结和共同进步》，转引自任一农、杨牧之、宋镇龄主编《民族宗教知识手册》，中共中央党校出版社 1994 年版，第 23、24、27 页。

② 《邓小平文选》第 1 卷，人民出版社 1994 年版，第 167 页。

③ 《十二大以来重要文献选编》（上），人民出版社 1986 年版，第 35—36 页。

④ 同上书，第 218 页。

⑤ 《民族工作文献选编》，中央文献出版社 2003 年版，第 211 页。

（二）民族发展与共同富裕的实现路径

首先，社会主义社会是政治前提。社会主义制度消除了民族间和民族内部的民族压迫和阶级压迫，为实现各民族共同繁荣扫除了政治障碍及其阶级根源。民族区域自治和其他的国家民主政治制度的实施，使各民族人民具有充分行使管理自身事务和国家事务的权利，这使他们能够充分地按照自己的意愿来发展和繁荣自己。这是社会主义民主在解决民族问题上的具体体现。在此基础上形成的平等、团结、互助的社会主义社会的新型民族关系，为各民族共同繁荣提供了良好的外部环境。此外，党和国家制定的正确的民族政策和法规也是实现各民族共同繁荣的坚实保障。

其次，社会主义本质要求是根本路径。社会主义的本质是解放生产力，发展生产力，消灭剥削，消除两极分化，最终达到共同富裕。"少数民族在政治上、经济上、国防上，都对整个国家、整个中华民族有很大的帮助。"① 共同富裕的范围必然地包括了全国各族人民，而富裕的内涵还可以延伸到经济文化等社会生活的方方面面。可以讲，各民族共同富裕是各民族共同繁荣的物质基础、社会保障和主要标志。因此，实现社会主义本质与促进各民族共同繁荣在价值取向和基本内容上是完全一致的。

最后，社会主义现代化建设是现实路径。民族问题是社会总问题的一部分。所以，从全局角度讲，实现各民族共同繁荣也必然是我国社会主义现代化建设的有机组成部分，同时，各民族共同繁荣也只有在我国社会主义现代化建设的进程中才能逐步实现。

"一个民族的经济生活决定一个民族的发展前途、方向和与其他民族的关系。"② 为了在市场经济条件下实行真正的民族平等，必须坚持和完善党的民族政策。我们不仅要坚持党和政府制定民族政策的基本原则，坚持这些行之有效的民族政策，还要根据新形势的特点，制定与市

---

① 齐新潮：《略论毛泽东对马克思主义民族理论的历史贡献》，《贵州民族研究》（双月刊）2005 年第 3 期。

② 杨荆楚：《社会主义市场经济与民族关系的几个问题》，载中国民族理论学会编《社会主义市场经济与民族问题》，中央民族大学出版社 1997 年版，第 12 页。

场经济相适应的民族政策。我国有社会主义的制度优势，能够在各民族的实际平等方面比资本主义做得更好一些。我们有 13 亿各族人民自强不息的奋力拼搏，在提高效率、促进经济社会发展方面也会创造出更大的业绩。

二 中国特色民族平等思想中的经济地位平等

经济地位平等是指行为主体，即从事经济活动的个人和由许多个人所组成的集体在社会经济活动中处于同等的地位，也就是机会均等，机会均等意味着行为主体在获得就业机会、投资机会、受教育机会、参与民主管理的机会、合作机会等方面具有同等的地位和权利。生产关系是人们在改造自然和生产物质资料的过程中所结成的社会关系，它决定了民族间经济地位的平等。正如，在《德意志意识形态》（1845—1846年）中，马克思恩格斯提出了许多民族和民族问题的理论观点：提出"三个过渡"的理论，即"野蛮向文明过渡、部落制度向国家过渡、地方局限性向民族过渡"的理论；揭示了民族产生与生产力发展的关系；指出了经济基础对民族关系的决定性影响，民族关系对民族内部结构的影响，即"各民族之间的相互关系取决于每一个民族的生产力、分工和内部交往的发展程度……一个民族本身的整个内部结构都取决于它的生产以及内部和外部的交往的发展程度"。①

在实行土地公有制的氏族公社或农村公社中，人自身的生存能力很薄弱，人与人之间需要联合起来共同劳动，依靠集体的力量才能联合抵御恶劣的自然环境，离开了氏族群体，个体将无法生存。所以，氏族成员之间劳动所得的生活资料和生产资料都归原始共同体成员所有，劳动者既是生产资料、生活资料的创造者，也是生活资料、生产资料的占有者，劳动产品的分配也是完全平等的。这时，生产资料和劳动者是直接结合的，因而劳动者之间的经济交往是平等的，每个民族在经济活动中都处在平等的地位。

---

① 《马克思恩格斯文集》第 1 卷，人民出版社 2009 年版，第 520 页。

在以私有制为基础的前资本主义时期，古代民族之间的经济交往比较狭小，民族间的经济交往只限于相邻的民族之间争夺财富和争夺生存空间，大规模的民族间经济斗争、经济奴役还没有产生。因而，民族间的经济地位总体上是平等的。正如马克思所说："每一个主体都是交换者，也就是说，每一个主体和另一个主体发生的社会关系就是后者和前者发生的社会关系。因此，作为交换的主体，他们的关系是平等的关系。"① 恩格斯也从价值规律的角度阐述了经济主体的平等性，即"所有的人的劳动……的平等和等同效用，不自觉地但最强烈地表现在……价值规律中"。② 在 1875 年通过的《德国社会主义工人党纲领》（即《哥达纲领》）集中反映了德国工人运动的领导人对社会主义平等的理解。该文第一条写道："全部劳动产品属于社会，即在普遍履行劳动义务的条件下，按照平等的权利属于社会的一切成员，按照每个人的合理需要属于每个人……劳动的解放要求把劳动资料变成社会的公共财产，在用于公益目的的条件下对总劳动实行集体调节，公平分配劳动所得。"

在资本主义时期，民族间大规模的战争和奴役不断爆发，殖民地民族逐渐沦为资产阶级民族的经济压迫对象，但受压迫民族、资产阶级内部的每一个民族在经济地位方面，仍然是平等的。因为马克思在批判所谓信仰基督教的德意志人优越于其他民族的错误观点时就指出："古往今来每个民族都在某些方面优越于其他民族……任何一个民族都永远不会优越于其他民族。"③ 各民族在世界上有规模大小之分、有经济先进落后之别、有贡献大小之异，但各民族的劳动人民是人类物质文明和精神文明的创造者，民族之间应有的差异不应该成为民族间经济地位不平等的依据。因而，斯大林进一步指出："每一个民族，不论其大小，都有它自己的本质上的特点，都有只属于该民族而为其他民族所没有的特殊性。这些特点便是每个民族对世界文化共同宝库的贡献，补充了它，丰富了它。在这个意义上，一切民族，不论大小，都处于同等的地位，每个民族都是和其他任何民族同样重要的。"④

---

① 《马克思恩格斯全集》第 46 卷（上册），人民出版社 1979 年版，第 193 页。
② 《马克思恩格斯选集》第 3 卷，人民出版社 1995 年版，第 145 页。
③ 《马克思恩格斯论民族问题》，民族出版社 1987 年版，第 46 页。
④ 斯大林：《马克思主义与民族殖民地问题》，人民出版社 1961 年版，第 238 页。

三　生产关系范畴中的生产资料所有制关系

在资本主义社会时期，资产阶级也大兴"民族平等"的口号，倡导民族间的平等，但他们却在民族平等的幌子下，大行民族不平等的举动。资产阶级所提出的权利平等仅仅局限于法权关系方面的政治平等，从根本上来说不可能摆脱生产资料所有制的束缚和局限性，在形式平等的幌子下掩盖着事实上的不平等。因为"劳动者在经济上受到劳动资料即生活源泉的垄断者的支配，是一切形式的奴役即一切社会贫困、精神屈辱和政治依附的基础"①，同时，马克思还指出无产阶级的权利平等不仅包括政治权利方面的平等，还包括社会经济权利方面的平等。故而列宁对资产阶级民族平等批评道："按资产阶级民主的本性来说，关于一般平等问题，其中包括民族平等问题的抽象的或形式的提法，是资产阶级民主所特有的。资产阶级民主在一般个人平等的名义下，宣布有产者和无产者间、剥削者和被剥削者间的形式上的或法律上的平等，以此来大大欺骗被压迫阶级。"② 归根结底，资产阶级一方面大打民族平等的口号，另一方面又推行民族压迫，根源就在于私有制及其建立在此基础上的阶级对立。

私有制是民族间不平等的起源，由于社会生产力的发展，社会分工开始发展起来，最初的分工只限于性别，随着生产力的不断发展，自然分工（根据天赋、需要、偶然性等）开始在民族间、民族内部流行起来。分工导致了物质活动和精神活动、劳动和享受、生产和消费的分离，使从事不同劳动的人在劳动和产品分配、在数量和质量上的不平等，从而导致了私有制的产生。所以，有观点认为："劳动分工是私有制产生的社会前提，剩余产品的增加是私有制产生的物质前提，劳动个体化的趋势是决定性因素，交换的发展促进了私有制的普遍化。"③ 在

① Douglas Rae, *Equalities*, New York: Harvard University Press, 1981, p. 42.
② 《列宁论民族问题》，民族出版社 1987 年版，第 815 页。
③ 恩格斯：《家庭、私有制和国家的起源》（节选），《光明日报》2011 年 7 月 26 日第 10 版。

此，分工和私有制成为同义语，私有制在客观方面表现为社会财富分配
的不平等，在主观方面，它又表现为，社会劳动的非人形式的异化劳动
的凝结。私有制导致了劳动的异化，分工、异化劳动、私有制的动态发
展使社会分裂成阶级。因而，在阶级社会的民族共同体内部，民族内部
也被分裂为两个对立的阶级，占统治地位的民族对其他弱小民族进行压
迫，占统治地位民族中的剥削阶级又对其他民族进行剥削。在阶级社会
中，在生产资料私人占有情况下，民族间交往的性质方面对抗超过了融
洽，统治阶级为了维护自身的统治和经济利益，不惜建立起政治统治压
迫被统治阶级，甚至在国家内部推行民族歧视、民族不平等政策。为了
扩大经济利益，对外他们侵犯他国、扩张领土、扩张势力范围、推行大
国沙文主义。在资本主义私有制条件下，无产阶级和一些弱小民族的基
本权利和非基本权利都受到了剥削。所以，马克思、恩格斯指出："现
存的所有制关系是造成一些民族剥削另一些民族的原因。"① 这里所谓
"现存的所有制关系"就是指资本主义社会中资本家对生产资料的私人
占有制。正是这种所有制关系，造成了发达国家和民族剥削落后国家和
民族，造成了民族间的不平等和不团结，使民族不平等问题愈演愈烈，
民族对抗也不断加深。同时，马克思和恩格斯在《论波兰》（1874 年
11 月 29 日）中指出"无产阶级对资产阶级的胜利，就是一切被压迫民
族获得解放的信号"②，把被压迫民族的解放运动和无产阶级革命联系
起来了。

　　不仅如此，马克思恩格斯进一步揭示了阶级压迫和剥削与民族压迫
和剥削的关系；揭露了阶级压迫和剥削是民族压迫和剥削的社会根源，
在阶级社会里，民族问题实质上是阶级问题，民族斗争实质上是阶级斗
争；揭示了民族不平等的制度根源和民族剥削压迫的阶级实质。要彻底
解决民族问题、彻底消灭阶级，就必须消灭以生产资料私有制为基础的
阶级剥削制度，"无产阶级对资产阶级的胜利也就是克服了一切民族问
题和工业中的冲突，这些冲突在目前正是引起民族互相敌视的原因"③。
这样，人对人的剥削就能消灭，民族对民族的压迫就会消失，民族内部

---

① 《马克思恩格斯论民族问题》上册，民族出版社 1987 年版，第 116 页。
② 《马克思恩格斯选集》第 1 卷，人民出版社 1995 年版，第 287—288 页。
③ 同上书，第 287 页。

的阶级对立、民族之间的对抗也就会消失，民族间才能真正实现平等团结、共同繁荣。正如，在《共产党宣言》中，马克思、恩格斯响亮地提出："人对人的剥削一消灭，民族对民族的剥削就会随之消灭。"①"民族内部的阶级对立一消灭，民族之间的敌对关系就会随之消灭。"②"人类要到达平等阶段，必须先经历三种可能的不平等：第一，家庭等级制度；第二，国家等级制度；第三，所有制等级制度。人类渴望摆脱这种奴隶制的三层等级制度，以实现自由。这是我们所生活的这个时代的特点。我们如今处于两个世界之间，处于一个正在终止的奴隶制的不平等世界和另一个正在诞生的平等世界之间。"③以生产资料公有制为经济基础的社会主义中国，更能诠释所要经历的这三种可能的不平等阶段。18世纪法国资产阶级民主主义者卢梭的想法也确证了这一点，他确信现代社会主要建立在所有制基础上，而现实的不平等主要是由于占统治地位的不合理的所有制造成的。

四　平等劳动和平等酬劳

马克思主义者认为，劳动平等同劳动成果的平等分配相联系，劳动平等是劳动者权利的保证和体现，而这种劳动权利的平等最终也必须通过劳动成果的按劳分配来体现。故而，劳动平等是平等酬劳的重要前提，平等酬劳是劳动平等的必然结果。如果社会产品按资分配、按权分配，那么劳动在社会生活中就失去了主导地位，那么平等劳动和平等酬劳也将无从谈起。因而，平等劳动和平等酬劳是中国特色民族平等思想的重要体现。

（一）平等劳动

劳动是人的本质属性，是人最基本的实践活动，是人区别于动物的特殊本质。资本主义私有制条件下，由于民族压迫和阶级剥削的存在，

---

① 《马克思恩格斯选集》第1卷，人民出版社1995年版，第270页。

② 同上。

③ ［法］皮埃尔·勒鲁：《论平等》，王允道译，商务印书馆1988年版，第255页。

劳动者的劳动成为社会不平等的标志，劳动者在劳动活动中"不是肯定自己，而是否定自己，不是感到幸福，而是感到不幸，不是自由地发挥自己的体力和智力，而是使自己的肉体受折磨、精神遭摧残"①。所以，劳动成了"奴役人的手段"和低下、卑贱的活动。

马克思主义者结合各民族工人在资本主义私有制条件下受到的不平等待遇，就民族间劳动平等问题明确指出，"马克思主义所了解的平等，并不是个人需要和日常生活方面的平等，而是阶级的消灭。这就是说：（甲）在推翻和剥夺资本家以后，一切劳动者都平等地摆脱剥削而得到解放；（乙）在生产资料转归全社会公有以后，对于大家都平等地废除生产资料私有制；（丙）大家都有按各人能力劳动的平等义务，一切劳动者都有按劳分配的平等权利（社会主义社会）；（丁）大家都有按各人能力劳动的平等义务，一切劳动者都有按需分配的平等权利（共产主义社会）"②。至此，劳动活动中剔除了民族压迫、阶级剥削的内容，平等与劳动之间的关系开始确立，"平等就在于以同一的尺度——劳动——来计量"③，平等得到了充分的实现。劳动成为社会平等的标志，它彰显了各类劳动活动之间的相互平等，体现了劳动者之间的相互平等，同时也要求每个劳动者都以自己的劳动，作为获取社会权利的根据，享有劳动权利的同时也要负起劳动责任，因而，平等劳动彻底实现了劳动面前的彼此平等。

（二）平等酬劳

劳动不仅是人改造自然的活动，也是人通过自己的劳动创造劳动成果、生产劳动产品的过程，劳动的平等，必然涉及劳动平等分配，亦即包括了平等酬劳的合理要求。因而斯大林指出，在废除私有制后，人类建立起了共产主义社会的初级阶段——社会主义社会，在这个社会中"（丙）大家都有按各人能力劳动的平等义务，一切劳动者都有按劳分配的平等权利（社会主义社会）"④。因而，在这个社会中，劳动不再

---

① 《马克思恩格斯全集》第42卷，人民出版社1979年版，第93页。
② 《斯大林全集》第13卷，人民出版社1956年版，第314页。
③ 《马克思恩格斯选集》第3卷，人民出版社1995年版，第11页。
④ 《斯大林全集》第13卷，人民出版社1956年版，第314页。

是人的负担，人不再是劳动的奴隶，劳动成为人自觉自愿的活动，也成为获取社会权利的依据。一个人只有劳动得越多，对社会贡献越大，就能获得相应的劳动报酬，由等量劳动来换取等量的劳动产品，所以，劳动成为民族平等、社会和谐的重要杠杆，体现出了公平、正义的分配制度。但是，各民族的劳动力在数量和质量上有本质区别，生产工具有先进落后之分，生产力有强弱之别，以同一尺度衡量不同的劳动者，必然出现民族间事实上的经济不平等，因而按劳分配的酬劳制度既是公平的也是不公平的。

时代只有发展至共产主义社会，"在共产主义的高级阶段上，在迫使人们奴隶般地服从分工的情形已经消灭，从而脑力劳动和体力劳动的对立也随之消灭之后；在随着个人的全面发展生产力也增长起来，而集体财富的一切源泉都充分涌流之后——只有到那个时候，才能完全超出资产阶级法权的狭隘眼界，社会才能在自己的旗帜上写上：按需分配"①。这时，有限的按劳分配让位于无限的按需分配，一切劳动者按照自己的能力各尽所能，履行平等的劳动义务，按需获取劳动酬劳，这才是真正的、完全的平等酬劳。

五　中国特色民族经济平等：寓于民族之间的公平正义

"各民族之间的相互关系取决于每一个民族的生产力、分工和内部交往的发展程度，这个原理是公认的。然而不仅一个民族与其他民族的关系，而且一个民族本身的整个内部结构都取于它的生产以及内部和外部交往发展的程度。"②

在资本主义私有制条件下，资产阶级开拓了世界市场，"由于一切生产工具的迅速改进，由于交通的极其便利，把一切民族甚至最野蛮的民族都卷到文明中来了"③。过去各民族自给自足、闭关自守的状态，被各民族之间的相互交往所代替。但由于资本主义生产方式的不公平和

---

① 《马克思恩格斯文集》第 3 卷，人民出版社 2009 年版，第 435 页。
② 《马克思恩格斯论民族问题》上册，民族出版社 1987 年版，第 77 页。
③ 同上书，第 128 页。

非正义，受压迫民族受到了不平等的经济压迫，社会上占大多数的贫困人民为了养活少数的富人，牺牲了自己的劳动，不得不从事强制的异化劳动，使自己的劳动活动成为了一种异化劳动，劳动者和劳动活动、劳动产品、人的本质以及与他人之间的关系都发生了异化。"工人生产的财富越多，他的产品的力量和数量越大，他就越贫穷。工人创造的商品越多，他就越变成廉价的商品，物的世界的增值同人的世界的贬值成正比。劳动不仅生产商品，它还生产作为商品的劳动自身和工人。而且是按它一般生产商品的比例生产的。"① 各民族的无产阶级创造了社会的绝大部分财富，可他们只能获得最基本、最低的工资收入，来维持基本的生存，在资本家看来"最低的和惟一必要的工资额就是工人在劳动期间的生活费用，再加上使工人能够养家糊口并使工人种族不致死绝的费用"②。而资产阶级则借助于对各民族的压迫、剥削积累了大量的社会财富，他们高居于工人之上，对工人发号施令，成为了闲散的神仙。因而在资本主义社会各民族之间、各民族内部不同阶级之间的经济不平等达到了无以复加的地步。

因而，倡导民族间经济的平等，是社会主义社会的必然要求。首先，民族间经济的平等，肯定了各民族在财富积累、经济贡献等方面的平等作用，它在承认各民族在人文素质、发展能力、价值创造方面的差异性的同时，主张大民族与小民族、先进民族与落后民族之间在经济发展中的平等地位，增强了弱小民族的信心，有利于民族间的团结和共同进步。其次，民族间经济地位的平等体现了民族间的公平正义。由于历史的原因，弱小民族遭到了先进民族的殖民压迫，使殖民地民族受到了非正义的经济剥削，严重影响了殖民地民族的发展，民族间的经济平等，则彰显了生产活动、消费活动、分配活动在民族间的公平发展。在《资本论》一段很著名的文字里，马克思审视了劳动力市场上资本家同工人签订的合同。这一交易发生在"商品流通（或商品交换）的领域内"："劳动力的买卖是在流通领域或商品交换领域的范围内进行。这个领域，实际是天赋人权的真正乐园……自由！因为一种商品例如劳动

---

① 马克思：《1844 年经济学哲学手稿》，人民出版社 2000 年版，第 51 页。
② 同上书，第 7 页。

力的买者和卖者，都只由他们的自由意志决定。他们是以自由人，权利平等的人的资格定结契约的……平等！因为他们彼此都只以商品所有者的资格发生关系，以等价物交换等价物。所有权！因为他们各人都只处分自己所有的东西……因为双方都只顾自己的利益。是他们联系起来并且发生关系的惟一力量，是他们的私人利益，他们的特殊利益，是他们的权利。并且，正好因为每一个人都只照顾自己，每一个人都不顾别人，所以一切人都由事物的预定调和，或在万能的神的保佑下，只做那种相互有益，共同有用或全体有利的事情。"① 正如列宁所指出的："平等思想本身就是商品生产关系的反映。"②

当前，民族经济平等权作为一种权利已经得到认可和确立。民族经济平等权是民族平等权、经济平等权的重要方面。具体来说，民族经济平等权是指依据法律规定，国家内部少数民族与多数民族之间、少数民族之间在经济生活领域所享有同样的权利。首先，民族经济平等权是一个法律概念，是一项法定权利，是依据法律规定享有的权利，而不是应然权利或道德权利；其次，从权利主体方面来说，民族经济平等权不仅是指少数民族所享有的集体经济平等权利，还包括少数民族个人所享有的经济平等权利，这里的平等，不仅指机会或形式上的平等，而且包括实质上或结果的平等。其中，经济机会平等指的是，"一方面每个经济主体都享有同等机会进入各种经济领域，凭借其自身能力按共同认可的规则进行竞争，从而获得其相应的经济资源或利益；另一方面，不管人们居住在什么地区，也不管其社会地位如何，他们都有享受社会经济发展成果的平等机会，特别是接受教育培训机会、就业机会，平等地获得实现其经济目标的现实手段"③。同时，现代宪法也开始吸收实质平等的内容，努力实行国家对平等的积极保障和消极保障相结合。

经济权利是宪法赋予社会各族的基本权利之一，属于一种积极的财产权利。因此，我们应该促进各族民众之间机会均等，更加注重少数民族经济权利方面机会均等的实现。"一是阻碍某些人发展的任何人为障

---

① 转引自［美］亚历克斯·卡利尼克斯《平等》，徐朝友译，江苏人民出版社 2003 年版，第 26 页。

② 《列宁选集》第 4 卷，人民出版社 1995 年版，第 271 页。

③ 靳海山：《经济平等的三重维度》，《伦理学研究》2005 年第 1 期。

碍，都应当被清除；二是个人所拥有的特权，都应该被取消；三是国家为改变人们之状况而采取的措施，应当同等的适用于所有人。"① 经济权利的实现不仅有赖于各族人民的主观争取，更需要社会客观条件所提供的各种基础和保障。一方面，各族人民作为经济权利的主体，不仅有权利要求排除对这种权利的非法侵害；另一方面，还有权要求国家和社会提供享有经济权利所需要的机会和条件。各族民众享有平等的经济权利也是机会均等的必然要求，罗尔斯在《正义论》中指出："在社会的所有部分，对于所有具有相同动机和禀赋的人来说，都应该有大致平等的教育和成就前景，那些具有同样能力和志向的人来说，不应当受到他们的社会出身的影响。"② 因此，在权利面前，国家一方面要满足各族人民合理的经济权利要求，另一方面，更应该通过发展社会经济和完善社会经济制度为各族民众经济权利平等的实现创造条件。从而最终促进各民族之间的平等，为构建和完善社会主义新型关系奠定坚实的基础。

在我国，自新中国成立以来，党和国家的历代领导人都非常重视各民族经济平等权的实现。以毛泽东同志为核心的党的第一代中央领导集体领导我国建立了社会主义公有制，消灭了剥削制度，确立了人民群众的主人翁地位，为全面实现社会主义平等打下了坚实的基础。毛泽东追求的社会主义经济平等，实际上是一种以财产占有与分配公平为主要内容的平等。具体说来，毛泽东同志的经济平等思想主要包括：第一，实现经济平等，最重要的是建立生产资料公有制，实现个人占有和利用生产资料上的平等。民主革命时期，党提出了"打土豪、分田地"的口号，领导农民进行土地改革，消灭封建剥削关系，实现农村人口占有土地资源的平等。土地改革不久，毛泽东又提出"趁热打铁"，领导农民走合作化道路，防止农民小私有个体经济自由发展，在"农村中向两极分化的现象，一天一天地严重起来"。第二，实现经济平等，关键要解决好分配平等问题。分配平等是毛泽东经济平等思想的重要组成部分，他在《关于纠正党内的错误思想》中提出："红军人员的物质分配，应该做到大体上的平均，例如官兵薪饷平等，因为这是现时斗争环

---

① 《列宁全集》第 55 卷，人民出版社 1990 年版，第 111 页。
② ［英］哈耶克：《自由秩序原理》，生活·读书·新知三联书店 1997 年版，第 69 页。

境所需要的。"① 在社会主义制度建立后，毛泽东更加重视分配领域的平等问题。美国学者施拉姆指出："很大程度上，毛主席关心的是革命以后的中国，资产阶级生活态度诸如贪爱金钱、享乐和特权等等是否会复活的问题。他认为，物质报酬上的不平等会助长这种偏向，因而在限制还是不限制的问题上，他反对'资产阶级法权'的运动。"② 第三，实现经济平等，既要反对过分悬殊，又要反对绝对平均主义。毛泽东指出："红军中的绝对平均主义，有一个时期发展得很厉害。例如：发给伤兵费用，反对分伤轻伤重，要求平均发给。官长骑马，不认为是工作需要，而认为是不平等制度。分物品要求极端平均，不愿意有特别情形的部分多分去一点。背米不问大人小孩体强体弱，要平均背。住房子要分得一样平，司令部住了一间大点的房子也要骂起来。派勤务要派得一样平，稍微多做一点就不肯。甚至在一副担架两个伤兵的情况，宁愿大家抬不成，不愿把一个人抬了去。这些都证明红军官兵中的绝对平均主义还很严重。"③ 他认为"绝对平均主义的来源，和政治上的极端民主化一样，是手工业和小农经济的产物，不过一则见之于政治生活方面，一则见之于物质生活方面罢了"④。

"假如自由的价值在于自由的生活是更有价值的生活，那么平等原则本身就要求政府关注自由，因为它要求政府关心被统治者的生活。"⑤ "它主张对人的平等关切意味着尊重经济权利，这种权利惠及那些既有技能又有运气的人，但不利于两者都有的人。"⑥

新时期，随着我国社会主义建设的不断深入和发展。党和国家领导人更加注重各族民众经济平等的实现，同时，随着中国"入世"的到来，充分运用国际视野，不断开拓实现经济平等的新局面，从而致力于全球平等、和谐经济秩序的构建。"新中国的成立，标志着中华民族实

---

① 莫里斯·迈斯纳：《毛泽东与马克思主义、乌托邦主义》，中央文献出版社1991年版，第456页。

② 同上。

③ 《毛泽东选集》第1卷，人民出版社1991年版，第90—91页。

④ 同上书，第91页。

⑤ [美]罗纳德·德沃金：《至上的美德：平等的理论与实践》，冯克利译，江苏人民出版社2007年版，第129页。

⑥ 同上书，第138页。

现了空前的大团结。各民族之间建立了平等、团结、互助的新型关系。各民族人民依法享有各项权利和自由。在少数民族聚居的地方实行了区域自治。民族地区的经济社会获得不断发展。"① "在社会主义制度下，我国实现了各民族政治上的平等，各民族共同繁荣发展具备了根本政治条件，各族人民的根本利益是一致的。随着我国经济、政治、文化和社会的发展，各民族相互学习、相互影响、相互帮助，共同因素会不断增多，但民族特点和民族差异、各民族在经济文化发展上的差距将长期存在。对此，我们要有充分的认识。"②

六　小结

经济平等是中国特色民族平等思想的理论基础，是民族发展和共同富裕的前提条件。赋予各民族平等的经济地位，给予平等劳动和平等酬劳，调整民族发展中生产关系不适应生产力发展的方面和环节，实现各民族共同富裕，达到各民族之间的公平正义。

---

① 《江泽民文选》第2卷，人民出版社2006年版，第61页。
② 胡锦涛：《在中央民族工作会议暨国务院第四次全国民族团结进步表彰大会上的讲话》，人民出版社2005年版，第3页。

第六章　中国特色民族平等
思想中的社会平等

　　社会平等是中国特色民族平等理论的重要原则，中国特色民族平等理论主张具体的、历史的平等，反对空想、不切实际的平等。"生产力决定生产关系，进而决定其他社会关系的基本面貌"是马克思主义唯物史观的一个基本观点。在马克思恩格斯看来，空想社会主义者充斥着浪漫文学色彩的平等理想中有着一个巨大的缺陷：乌托邦主义的平等观或撇开社会生产力的发展，假设一种非现实的自然状态，把生产发达和物产丰富作为一个已经充分满足的设定条件，来叙述他们充满神奇虚幻的、童话般的平等世界；或是以现有的生产力发展水平为参照，虚构出一种比客观生产力水平高得多的物质生活条件，作为其平等梦想的物质基础，因而他们的平等观只能是没有任何现实性的"海市蜃楼"和子虚乌有的"空中楼阁"。① 在我国，社会平等主要具体表现在社会地位平等、机会平等以及结果平等。近年来，随着国内学术界对平等和机会平等问题研究的逐步深入，随着我国社会主义市场经济体制的逐步建立健全，随着全面建成小康社会和构建社会主义和谐社会战略的部署实施，如何把握和对待新形势下的民族平等问题，日益显现出重要的实践和学理价值。

---

① 周仲秋：《马克思恩格斯平等思想研究》，《政治学研究》2004年第1期。

一　民族差异与利益诉求

（一）尊重差异、包容多样

民族差异是民族发展中的一条客观规律，在实现各民族共同繁荣发展的主题下，各民族间的共同因素在不断增多，但民族差异将长期存在着。首先，民族实体的长期存在是历史事实。"民族是人类历史发展到一定阶段的必然产物，是人类社会一定历史阶段中的一种普遍现象，是一个历史范畴。"① 在历史的发展长河中，各民族在历史渊源、生产方式、语言、文化、风俗习惯以及心理认同等方面具有各自鲜明的特点。其次，民族的发展具有不平衡性。民族作为在一定历史发展阶段形成的稳定的共同体，在其发展过程中，平衡是相对的，不平衡是绝对的。各民族由于发展起点不同以及地理、文化等方面的不同，各民族的发展过程、速度不尽相同，这也会导致民族特点和民族差异的产生。再次，这是由社会现实条件决定的。一个民族的生存与发展，总要受到一定经济基础之上的诸种社会关系的影响和制约。社会条件与民族的发展相互作用，社会环境不断发展变化，这也必然造成民族的差异。最后，民族政策对民族差异产生直接而重要的影响。民族分离的政策会使民族特点和民族差异长期存在，看起来保持了民族的多样性，但显而易见会阻滞民族的发展，而民族同化政策则会人为地强制性地加速民族差异的消失。社会主义制度下选择的是既有利于各民族共同繁荣发展，又不人为地消除民族差异的政策。

基于上述民族差异的客观性、不平衡性、现实性和社会性，看待民族差异的一个重要观念是尊重差异、包容多样。"尊重差异、包容多样"的立足点是民族平等，各民族无论规模大小、社会发展程度如何、文化差异多大，都具有平等地位。这是中国特色民族理论基本原理的基石，也是科学处理和解决民族问题的前提。"尊重差异"不是承认民族界限固定不变，也不是扩大民族差异。当今世界，各民族的共同因素正

---

① 吴仕民：《中国民族理论新编》，中央民族大学出版社 2006 年版。

在增多，但同时又鲜明地保持本民族的特点。胡锦涛在中央民族工作会议上的讲话中指出："对各民族在历史发展中形成的传统、语言、文化、风俗习惯、心理认同等方面的差异，我们要充分尊重和理解，不能忽视它们的存在，也不能用强制的方式加以改变。对各民族在发展水平上的差距，我们要积极创造条件，努力缩小和消除。"① 这就是"尊重差异、包容多样"观念的集中体现。民族的统一性与多样性是辩证统一的，承认民族的统一性，并不意味着否定民族的多样性。

(二) 少数民族利益表达

我国是一个多民族国家，少数民族是最基本的利益群体之一，在追求社会平等上，有其利益表达的诉求。这里，是指多民族国家内部不同民族之间，特别是少数民族在与国家或主体民族的交往中表现出来的利益，如民族地区和少数民族的经济利益、政治利益等。正如马克思认为，"利益是讲求实际的"②，"'思想'一旦离开'利益'，就一定会使自己出丑"③。

民族利益诉求是在多民族国家由于民族之间发展的差异，各民族通过一定的社会关系表现出来的需要，这种需要对民族的生存与发展表现为正向价值，即好处或潜在的好处。我国有 56 个民族，除汉族之外，其余 55 个民族为少数民族。在社会主义制度下，我国实现了各民族政治上的平等，各民族共同繁荣发展具备了根本政治条件，各族人民的根本利益是一致的。但由于民族特点和民族差异，各民族在经济文化发展上的差距将长期存在，民族的个体利益和特殊利益需求也将长期存在。目前，汉族当然也有民族利益问题，但总体而言，民族利益诉求主要表现为少数民族加快发展与提高生活质量的需要，以及我国经济社会发展条件在满足这种发展要求时所表现出的矛盾状态。现阶段，我国民族利益的特殊性在于，少数民族作为多元利益主体的一方，具有弱势性特点：一是资源占有和发展条件的弱势性。这主要表现在少数民族大多地

---

① 胡锦涛：《在中央民族工作会议暨国务院第四次全国民族团结进步表彰大会上的讲话》，《人民日报》2005 年 5 月 28 日。

② 《马克思恩格斯全集》第 1 卷，人民出版社 1956 年版，第 149 页。

③ 《马克思恩格斯全集》第 2 卷，人民出版社 1957 年版，第 103 页。

处西部边疆地区，自然地理条件恶劣，远离国家政治经济中心和沿海发达地区，交通不便，基础设施落后，工业化程度低，与中东部的发展差距大。这一特点，使少数民族的发展要求更加强烈。二是自我发展能力的弱势性。由于自然的和历史的原因，民族地区的经济较为落后，发展基础薄弱；少数民族的生活水平相对较低，教育科技发展滞后，开放创新意识还不够强。这种弱势性使少数民族在社会转型和现代化过程中，处于异常脆弱的境地，也使少数民族对利益问题特别敏感。因为在社会转型和现代化过程中，市场竞争加剧，主体民族和非民族地区发展明显加快，而少数民族由于其主体的弱势性使之进一步拉大与前者的发展差距。当前，民族利益集中体现为实现民族平等和加快民族发展。

需要提及的是，民族利益并非在任何条件和任何情境下都具有正当性。在主体需要与社会资源难以满足需要的矛盾状态条件下，民族利益也可能演变成一种狭隘的利益。所谓狭隘的利益，就是不顾客观条件，不顾国家的整体利益和社会的共同利益，不顾其他民族的正当利益，片面强调本民族的利益，将民族利益无限放大，走向极端。在权威和秩序的政治架构之内，由于人类理性的作用，民族利益在多数情况下，能够被界定在合理的范围之内。但是，发展差距产生的失落与现实利益的诱惑的确太大，在利益的驱动下或非理性、非程序性力量的推动下，民族利益的确存在被不恰当放大的可能。

二　中国特色民族平等思想中的社会地位平等

社会地位通常指社会成员基于社会属性的差别而在社会关系中的相对位置及其围绕这一位置所形成的权利和义务关系。恩格斯在《反杜林论》中概括说：现代的平等是指"一切人，或至少是一个国家的一切公民，或一个社会的一切成员，都应当有平等的政治地位和社会地位"①。党的十六届三中全会提出，要"坚持以人为本，树立全面、协调、可持续的发展观，促进经济社会和人的全面发展"。这是我们党社

———————

① 《马克思恩格斯选集》第3卷，人民出版社1995年版，第632—633页。

会主义现代化建设指导思想的新发展，也是科学社会主义和中国特色社会主义理论的新发展。我国各方面的社会主义事业，都需要用以人为本的科学发展观来重新审视和总结，发扬成绩，改正缺点，继续前进。我国民族问题和民族工作也需要这样做。以人为本的民族平等就是要求我们不管各民族人口多少，也不管历史长短，经济社会发展程度高低，风俗习惯异同，都是多民族国家中平等的一员，在社会生活的所有方面，都依法享有相同的权利，履行相同的义务。

五千多年的华夏文明是 56 个民族共同创造的文明，每个民族都创造了属于自己民族的物质财富和精神财富，他们的文明都成为中华文明不可分割的重要组成部分。各民族都有自己生存发展的能力，都有自己的优点和特点，都是人类历史的创造者，都为人类社会的发展做出了本民族自己的贡献，都为中国革命、中国社会主义现代化建设和改革开放做出了突出的贡献。进入新时期，我们在处理民族问题和民族工作中贯彻以人为本的科学发展观，在坚持以人为本的理念下，坚持各民族不论人口多少、经济社会发展程度高低、风俗习惯异同，都在社会生活的一切方面，同等地依法享有相同的权利，履行相同的义务，具有同等的社会地位。汉族和少数民族一律平等，少数民族和少数民族也一律平等，不允许任何民族享有法律以外的特权，在社会生活中对少数民族的权利在一些方面实行特殊保护，特别是在发展方面给予特殊帮助，这一点在事实上也构成了我国的民族平等原则。

三　机会平等和结果平等

民族平等的实现不是一蹴而就的，而是一个逐渐实现的动态过程。民族平等实现的动态过程，主要表现为各民族的机会平等和结果平等两方面。

（一）机会平等

机会，是指社会成员生存与发展的可能性空间和余地。对于每一位社会成员而言，机会是一种资源。所谓机会平等，是指社会成员在解决如何拥有一种资源的机会问题时应遵循这样的原则，即平等的应当予以平等的对待，不平等的应当予以不平等的对待。机会平等是社会公正的一项重要理念和准则，是社会平等的核心。美国自由经济学派的大师弗里德曼在其《自由选择》一书中说："机会均等不能完全按字面来理解。它的真正含义的最好表达也许是法国大革命时的一句话：'前程为人人开放'。任何专制障碍都无法阻止人们达到与其才能相称的而且其品质引导他们去谋求的地位。出身、民族、肤色、信仰或任何其他无关的特性都不能决定对一个人开放的机会，只有他们才能决定他所得到的机会。"①

由于人们生来在生理、智力、性别、民族、居住地区、财产、受教育条件等方面天然存在的差别，故事实上每个人所面临的机会是完全不同的，事实上是根本不可能平等的（我们很难想象一个盲人、一个印第安人或定居在阿拉斯加遥远北方的人有成功竞选美国总统或成为亿万富翁的机会，同其他人相比他们成功的概率太低）。笔者认为，这一缺陷需要制度加以弥补。每个民族都应有获得生存和发展的基本权利的机会，政府应努力为各民族提供平等的发展机会。在机会面前，都是平等的，这个权利每个民族都要平等地拥有，不能赋予任何民族以特权。强调机会平等对发展的激励作用，为各个民族提供平等的发展才德、作出贡献、竞争职务和地位以及权利和财富等非基本权利的机会，造就一个具有公正的竞争规则和充满活力的社会秩序。为此，克劳斯兰为不断提高社会平等提出了三条论点。其中两条是工具性的，即"更大的平等……会增长社会的满意情绪"，"极度的社会不平等……会造成极大的浪费，有损于社会效益"。第三条的原则性比较强，因为它"依据于怎样看待特权与报酬的'公正'分配"②。

（1）我国实行的社会主义市场经济，市场经济鼓励竞争，强调政策、机会、条件方面。公平的核心是生存、竞争和发展的机会人人平等，而不是基于财富或其他特权的平等。江泽民指出"在发展社会主义市场经济的条件下加快开发西部地区，要有新的思路。要适应建立社

---

① 米尔顿·弗里德曼等：《自由选择——个人声明》，商务印书馆1982年版。

② ［美］亚历克斯·卡利尼克斯：《平等》，徐朝友译，江苏人民出版社2003年版，第26页。

会主义市场经济体制的要求和新的对外开放环境，充分考虑国内外市场
需求的新变化，按客观经济规律办事"①。这是江泽民激励西部民族地
区要在西部大开发中有所作为，行动上有所突破，首先要在思想上有突
破，要有改革意识、市场意识、金融意识、科技意识和信息意识，还要
研究制定与市场经济规律相适应、适合少数民族和民族地区特点的新政
策，并努力去实践和开拓。西部少数民族也要丢掉等、靠、要的依赖思
想，更新观念，创造条件，既勇于竞争，又善于竞争，力争在竞争中全
面发展自己。

（2）"直接创造一些有助于机会平等实施所需的平等条件。"② 由于
历史和现实等各方面原因，各民族的经济和社会发展水平不一，文化复
杂多样，各民族对于机会的认识和把握能力不同，如果不顾现实情况一
味地强调绝对的机会平等，就等于让各民族在不平等的基础上"公平"
竞争，结果可想而知。因此，国家为少数民族创造更多更好的发展机会
与条件，保障各民族合法权利与利益。1952 年 10 月，毛泽东在接见西
藏致敬团时强调："共产党实行民族平等，不要压迫、剥削你们，而是
要帮助你们，帮助你们发展人口，发展经济和文化。"③ 在 2005 年中央
民族工作会议上，温家宝强调："解决民族地区的困难和问题，缩小民
族地区与其他地区的差距，归根到底要靠发展经济。一是加强道路、通
讯、通电等基础设施建设。各级政府都要给予支持，中央财政性建设资
金和政策性银行贷款，要增加这方面的比重。二是发挥民族地区特有优
势，加快发展农牧业、农牧产品加工业、旅游业等特色经济和优势产
业，科学规划、合理开发矿产资源。国家重要资源开发项目要向民族地
区倾斜。三是加快体制机制创新，进一步扩大开放。沿边民族地区要利
用地缘优势，发展边境贸易，办好边境经济合作区。四是处理好经济发
展与生态环境保护的关系，搞好生态建设和环境保护。国家要建立生态
环境保护和建设补偿机制。五是加大民族地区扶贫开发力度，特别要加
大对特困民族地区、边疆民族地区的支持力度。"④ 这又体现了党在照

---

① 参见《人民日报》1999 年 6 月 19 日。
② 吴忠民：《论机会平等》，《江海学刊》2001 年第 1 期。
③ 《毛泽东文集》第 6 卷，人民出版社 1999 年版，第 211 页。
④ 温家宝：《在中央民族工作会议上的讲话》，新华社 2005 年 5 月 28 日电。

顾机会平等的同时又考虑到基础不平等的现实情况。

在文化领域，我们强调世界是多样的，文化是多样的，应该给予每个民族发展本民族文化的平等机会。在教育和就业等方面，政府和社会对各民族应一视同仁、机会均等，不歧视和打击任何一个民族。

总之，机会平等的首要是经济平等。我国实行的是社会主义制度，生产资料公有制占主导地位，剥削阶级和剥削制度已被消灭，但各民族间的自然差异依然存在，机会平等原则还会导致各民族经济社会等方面的差距，但这种差距是在社会主义制度控制下的适当差距。社会主义制度与机会平等的结合有助于激发各民族的活力与积极性，确保各民族的共同发展与进步。

（二）结果平等

在我国社会主义制度下，各民族间的结果平等并不是无条件的平均概念，更不是极端的结果平等，而是指各民族在各方面条件都相当的情况下应该实现大体相同的结果，是"机会平等下的择优录取"，是在机会充分平等下的结果平等。正如恩格斯所说，平等应当不仅是表面的，不仅在国家的领域中实行，它还应当是实际的，还应当在社会的、经济的领域中实行。

马克思和恩格斯指出："任何一种平等的状况和性质都是由一定的社会生产方式所决定的；任何一种平等要求都是从社会生产方式的内在矛盾中产生的；任何一种平等与不平等的矛盾对抗都不过是社会生产方式内在矛盾冲突的一种表现形式而已，因此，平等的发展在本质上表现为社会生产方式的进步。"[①] 坚持社会主义原则，立足真正的民族平等，实现各民族共同富裕和共同繁荣是民族间的结果平等的先决条件。为少数民族服务，尽快使少数民族接近或赶上汉族的发展水平，实现各民族共同富裕、繁荣是中国共产党民族平等思想的核心内容，也是我们党解决民族问题的一项基本政策，是社会主义民族政策的根本原则。毛泽东在论及西藏问题时强调，"让各少数民族得到发展和进步"[②]。周恩来指

---

① 周仲秋：《马克思恩格斯平等思想研究》，《政治学研究》2004年第1期。
② 《毛泽东文集》第5卷，人民出版社1996年版，第312页。

出"我们社会主义的民族政策，就是要使所有的民族得到发展得到繁荣"①。邓小平也指出中央对西藏的政策是真正立足于民族平等。1999年江泽民重申要"进一步认识和把握社会主义初级阶段民族问题的规律，深入研究民族工作面临的新形势……全党同志必须把加强民族团结、促进各民族共同发展和共同繁荣，作为整个社会主义初级阶段民族工作的行动纲领"②。2001 年 3 月 5 日，朱镕基在关于国民经济和社会发展第十个五年计划纲要的报告中也着重指出：结合西部大开发，加大支持力度，加快少数民族和民族地区经济与社会全面发展，促进各民族共同繁荣和进步。各民族共同繁荣包括四个方面的含义，一是"各个民族的经济、政治、科技、教育、文化、卫生等事业高度发展"，二是"各个民族的优秀文化传统得到充分发扬"，三是"各个民族的身体素质、政治素质、道德素质、文化素质等达到现代文明的标准"，四是"各个民族之间的发展差距逐步缩小，实现全国性的协调发展"③。

这里的"共同富裕"不是平均主义，包括两方面含义：

第一，在微观上，强调公平竞争，多劳多得，肯定按劳分配，重视效率和公平，鼓励勤奋努力、勇于竞争、积极参与社会主义经济建设。

列宁指出："向纯社会主义形式和纯社会主义分配直接过渡，是我们力所不及的。"④ 建立社会主义市场经济体制是一场广泛而深刻的革命，它将推动包括经济、政治、文化在内的整个社会生活的变革，引起人们精神道德、价值观念、生活方式的重大转变。西部民族地区要在继续进行西部大开发中有所作为，行动上有所突破，首先要在思想上有突破，要有改革意识、市场意识、金融意识、科技意识和信息意识，要研究制定与市场经济规律相适应、适合少数民族和民族地区特点的新政策，并努力去实践和开拓。西部少数民族也要丢掉等、靠、要的依赖思想，更新观念创造条件，既勇于竞争，又善于竞争，力争在竞争中全面发展自己。这在创造结果平等中是非常重要的，因为独立自主是一切的

---

① 《周恩来选集》下卷，人民出版社 1984 年版，第 263 页。
② 江泽民：《在中央民族工作会议及国务院第三次全国民族团结进步表彰大会上的讲话》，1999 年 9 月 29 日。
③ 龚学增：《民族宗教基本问题读本》，四川人民出版社 1999 年版，第 105 页。
④ 《列宁全集》第 43 卷，人民出版社 1987 年版，第 278 页。

基础。

第二，在宏观上，首先通过有效途径和方法提高少数民族竞争的起点。增加国家投资，改善西部通信、交通、城市公共服务、农业水利等基础设施，开发自然资源，治理自然环境，改善西部投资环境，以国家投资带动更大规模的社会投资、国内外投资和东部较发达地区的投资。大力发展西部地区的教育，把普及教育和人才教育结合起来，既要培养西部地区自己的人才，又要整体提高少数民族干部群众的文化素质，使他们树立市场经济观念，熟悉市场经济规律，增强参与竞争的能力。其次，加大财政转移支付力度，在国民收入再分配中使西部民族地区获得更多的收益。这是对竞争结果进行调整和控制的一个有效手段。在市场经济的竞争中，较为发达的地区和民族，在国民收入的初次分配中必然会获得较多的非基本经济权利，实质上是较多地占有了共同的社会资源。因而，国家应当发挥调控职能，通过分配手段，把一定限度的可调控的权利让渡到较为落后地区，使落后地区获得补偿，以缩小地区间、民族间的差距，达到结果的趋于平等。毛泽东早在 1945 年《论联合政府》中就提出："必须帮助各少数民族的广大人民群众，包括一切联系群众的领袖人物在内，争取他们在政治上、经济上、文化上的解放和发展。"[1] 新中国成立后，毛泽东在 1956 年《论十大关系》中指出："我们要诚心诚意地积极帮助少数民族发展经济建设和文化建设。"[2] 由于民族地区财源基础薄弱，人均财政收入水平低。财力对财政收入的增长弹性较差，加之民族地区主要分布在西部边远地带，自然条件较为艰苦，人口稀少，财政支出成本较高。如果按一般省市转移支付的计算方法，难以体现中央对民族地区的倾斜政策。由中央财政从收入增量中拿出一部分资金，逐步调整地区利益分配格局，重点缓解地方财政运行中的突出矛盾，体现对民族地区的适度倾斜，弥补民族地区的人均财力与全国人均水平差距，并根据中央财政当年财力情况确定一个政策性转移支付的较大系数。

因此，民族平等是机会平等和结果平等的有机统一，二者相互包

---

① 《毛泽东选集》第 3 卷，人民出版社 1991 年版，第 1084 页。
② 《中国共产党主要领导人论民族问题》，民族出版社 1994 年版，第 121 页。

含，相互促进。只有充分的机会平等，才能实现最好的结果平等。只有事实上的结果平等，才能真正确保各民族的机会平等。

四 终极社会平等：人的解放和 自由全面的发展

马克思恩格斯在《共产党宣言》中提出了无产阶级必然是国际主义者的思想。强调："在无产者不同的民族斗争中，共产党人强调和坚持整个无产阶级共同的不分民族的利益。"① 《共产党宣言》提出了"工人没有祖国"这一口号，强调了工人阶级的国际主义思想和彻底的革命精神，号召各国各民族中的工人阶级联合起来，反对共同的敌人消灭资产阶级国家机器，并根据无产阶级国际主义的思想提出了"全世界无产者联合起来！"后来，列宁又发展了马克思恩格斯的这一思想，提出了"全世界无产者和被压迫民族联合起来！"的新口号。这实际上指出人类社会的终极社会即共产主义社会。共产主义取代资本主义，是人类历史发展的必然规律。恩格斯说过："要么是真正的奴隶制。即赤裸裸的专制制度，要么是真正的自由和平等，即共产主义。这二者在法国革命以后都出现过；前者以拿破仑为代表，后者以巴贝夫为代表。"② 共产主义彻底消灭了私有制以及同私有制相联系的一切不平等的社会关系，实现了生产力和科学技术的高度发展，达到了社会产品的极大丰富，经济上实行各尽所能、按需分配，全体人民的思想觉悟和道德素质极大地提高。马克思把共产主义社会划分为第一阶段和第二阶段，列宁把这两个阶段分别称为社会主义社会和共产主义社会。社会主义是共产主义的低级阶段，也是实现共产主义的必由之路。高级阶段是建立在低级阶段的基础之上的，没有低级阶段的发展，也不会有高级阶段的到来。

为了实现共产主义，必须坚定不移地走社会主义道路。在社会主义历史时期，民族和国家仍然存在，社会主义建设是在各个民族国家的范

---

① 《马克思恩格斯选集》第 1 卷，人民出版社 1995 年版，第 285 页。
② 《马克思恩格斯全集》第 3 卷，人民出版社 2002 年版，第 476 页。

围内分别进行的。在我国，各个民族根据自己的民族特点和我国的国情，坚持党的领导，走中国特色的社会主义建设道路。在未来的共产主义社会，社会生产力高度发展，产品极大地丰富，彻底废除私有制，实行普遍的生产资料公有制。"平等权利的扩大和平等发展水平的提高，最终取决于生产力发展水平的提高。"① 恩格斯指出："废除私有制甚至是工业发展引起的改造整个社会制度的最简明扼要的概括。"② 共产主义社会的生产资料由全体人民共同占有和使用。所有人的消费品按照"各尽所能，按需分配"的分配方式，使得所有人，不分民族国家，在最终的分配上实现真正的平等。在共产主义社会，随着阶级的消灭和国家的消亡，人类作为一个统一的社会而存在和发展，各民族和国家的历史成为统一的世界历史，社会实现了高度的和谐。

五　中国特色民族社会平等：寓于民族之间的价值目标

（一）寓于民族之间的民主目标

政治价值目标是指对特殊公共权力的价值追求，社会主义政治价值目标的核心是民主。社会主义民主把公益、自由、平等、法治、人民主权等作为价值追求。社会主义中国的政治价值目标是建设中国特色的社会主义的民主政治，实现党的领导、依法治国、人民当家作主的有机统一。人民民主是社会主义政治文明建设的目标任务及衡量标准，是与社会主义发展相伴的生生不息的历史进程。少数民族地区民主政治建设是一个在中国共产党领导下不懈努力和逐步推进的历史过程。

在坚持社会主义制度的前提下，实现少数民族之间的政治目标不能离开中国国情，不能离开经济发展、文化发展和社会发展，空谈人民民主。我们既要发挥好民族地区民主政治建设为经济、文化、社会的全面发展提供制度支持与政治保障的作用，同时也要发挥经济、文化、社会建设对少数民族地区民主的影响作用。我国少数民族聚居的特点是以汉

---

① 《马克思恩格斯全集》第 10 卷，人民出版社 1998 年版，第 304 页。
② 《马克思恩格斯选集》第 1 卷，人民出版社 1995 年版，第 237 页。

族为主体的大杂居小聚居，民族区域自治制度是我国一项基本的民主政治制度，邓小平强调"要使各少数民族聚居的地方真正实行民族区域自治"①。胡锦涛进一步强调："坚持和完善民族区域自治制度，切实贯彻民族区域自治法，充分保证民族自治地方依法行使自治权，切实尊重和保障少数民族的合法权益。"② 我国以《民族区域自治法》的法律方式保障各少数民族当家作主，依法行使自主管理本民族内部事务和社会事务的权利。社会主义市场经济飞速发展的今天，要求国家对民族区域自治制度、《民族区域自治法》进一步创新和完善。随着改革开放的不断深化，少数民族地区拥有自治权后发生了巨大变迁，造福各族群众，也是民族区域自治制度的优越性体现。

（二）寓于民族之间的共同发展目标

中华人民共和国成立，也就标志着中国共产党人带领全国各族人民探索实现社会主义经济价值目标的正式开启。由于我国几个少数民族自治区位于边疆偏远地区，自然条件恶劣，生产力发展缓慢。在新中国成立之初，尽管在世界上已经有了苏联社会主义国家的存在，但在中国，社会主义建设仍然是一项前无古人的伟大事业，为在中国建设好社会主义，首要的就是要解决提高各族人民群众的生活水平问题，为此就必须发展社会生产力，增加社会物质财富，带着这一个历史性的任务，中国人的探索经历了艰难曲折的过程，形成了中国特色的社会主义经济价值目标，即以达到共同富裕为核心的经济价值目标。新中国成立60多年来，以毛泽东同志为核心的党的第一代中央领导集体，从理论和实践上对社会主义经济价值目标的艰难探索；以邓小平同志为核心的党的第二代中央领导集体，确立了以经济建设为中心的价值目标，以建立社会主义市场经济体制来解放生产力和发展生产力，对社会主义经济价值目标的重塑；以江泽民同志为核心的党的第三代中央领导集体，以"三个代表"重要思想把社会主义经济目标提到了一个新的高度；党的十六大以来，以胡锦涛同志为核心的新的领导集体以科学发展观为指导思想

---

① 邓小平：《党和国家领导制度的改革》，《邓小平文选》第2卷，人民出版社1994年版，第339页。

② 胡锦涛：《在中央民族工作会议上的讲话》，《人民日报》2005年5月27日。

对社会主义经济价值目标的全面推动，真正把以实现好、维护好、发展好各族人民的根本利益作为党和国家一切工作的出发点和落脚点，切实做到发展的目的为了各族人民，发展的动力依靠各族人民，发展的成果由各族人民共享。

（三）寓于民族之间的中国特色社会主义文化目标

文化是民族的重要特征，是民族生命力、凝聚力和创造力的重要源泉。少数民族文化是中华民族文化的重要组成部分，注重经济建设的同时也要注重文化建设。"对于自然生态环境脆弱、民族文化传统非常独特、少数民族分布集中的民族地区来说，如果只是一味地单纯注重经济发展，在全面建设小康社会进程中忽视对自然环境，特别是对民族文化生态环境的保护，我们不仅将丧失中华民族的宝贵遗产，而且还将丧失中国最具竞争力的发展空间和发展领域，更为严重的是其发展的结果将导致民族多样性的退化甚至丧失。"① 中国自秦汉以来就是统一的多民族国家，在长期的历史发展和民族文化相互影响、相互交融中，我国各族人民共同缔造了中华民族文化。少数民族文化为中华民族文化的形成和发展作出了巨大贡献，中华民族文化又是中国特色社会主义文化的重要组成部分。马克思恩格斯在《神圣家族》中，指出"古往今来每个民族都在某些方面优越于其他民族。……任何一个民族都永远不会优越于其他民族"②。中国共产党从成立之日起，就"既是中华优秀传统文化的忠实传承者和弘扬者，又是中国先进文化的积极倡导者和发展者"。新中国成立初期，我国少数民族的文化建设相比汉文化建设更显滞后。在党和国家的大力扶持和帮助下，少数民族文化快速地发展，极大地丰富了中华民族的文化。改革开放以来，我国少数民族文化大发展、大繁荣，是中国特色社会主义文化不可分割的一部分。

另外，还应该尊重民族风俗习惯。"所谓民族风俗习惯是一个民族在长期的历史发展过程中所形成的生活方式，和民族的心理、文化、思

---

① 温军、胡鞍钢：《民族地区全面建设小康社会的战略构想及政策建议》，《民族研究》2003 年第 3 期。

② 中国社会科学院民族研究所编：《马克思恩格斯论民族问题》（上），民族出版社1987 年版，第 14 页。

想感情有密切的联系。"① 对待一个民族风俗习惯的态度也就是对这个民族的态度。因此，要正确处理民族关系使各民族和谐相处，就必须尊重少数民族风俗习惯、尊重少数民族人民、尊重民族平等和尊重民族感情。

总而言之，"在建设中国特色社会主义的全过程中，我们始终要充分认识做好民族工作的重要性和紧迫性，进一步增强做好民族工作的责任感和使命感，更加自觉、更加主动地处理好汉族和少数民族、少数民族和少数民族以及各民族内部成员之间的关系，不断巩固和发展社会主义民族关系，促进各民族共同团结奋斗、共同繁荣发展"②。

我们只有从民族平等的基本原则和基本原理出发，努力处理好机会平等和结果平等的关系，把民族工作放在首要位置，诚心实意地帮助民族地区，那么就会实现胡锦涛在党的十七大报告中所提出的目标："巩固和发展平等、团结、互助的社会主义民族关系，促进各民族共同繁荣进步。"③

六　小结

社会平等是中国特色民族平等思想的价值诉求，是对民族差异和利益诉求的表达，赋予各民族平等的社会地位，给予各民族之间同等的机会和平等的结果，在尊重差异、包容多样的基础上，体现民族平等的社会性，实现人的解放和自由全面的发展。

---

① 王钊翼：《民族平等论》，博士学位论文，中央民族大学，2006 年，第 139 页。
② 胡锦涛：《在中央民族工作会议上的讲话》，《人民日报》2005 年 5 月 27 日。
③ 胡锦涛：《中国共产党第十七次全国代表大会政治报告》，人民出版社 2007 年版。

第七章 中国特色民族平等 思想中的文化平等

"文化是民族的血脉，是人民的精神家园。"[1] 同时，文化也是维系一个民族的精神纽带。正是由于共同文化的存在，一个人们共同体才有可能凝聚成为有别于其他族群而独具特质的民族。可以说，一个民族之所以成为民族，其根本就在于它造就和传承了自己特有的民族文化体系。反之，民族的形成也标志着一个文化体的"最后成熟"。因此，民族与文化的关系是密不可分的。文化总具有民族性特征，并通过民族这一载体存在和发展；民族又依托文化这一坚实的根基而愈益牢固和紧密，"文化成为民族身份的象征和精神烙印"[2]。

然而，从马克思主义的唯物史观来看，民族与文化都是历史的产物，它们都是在人类社会历史发展进程中形成的。由于历史背景和自然环境等的原因，各民族在经济社会发展水平上都必然地存在着差异，而在这种差异化基础上存在和发展的各民族文化也同样呈现出其形式、内容、风格及文化品质等方面的差异性。文化差异一方面体现了民族文化的民族性与多样化特征；另一方面，它也极易成为民族冲突与矛盾的依据。所有民族问题都是根源于对民族差异，尤其是对民族文化差异的极端认识与缺乏包容。因此，民族文化的差异性决定了人们追求"文化平等"的基本诉求。实现文化平等正是马克思主义处理民族问题所遵循的基本原则，也是中国特色民族政策的目标。因此，文化平等理念是中国特色民族平等思想的核心内容，也是当前构建社会主义和谐文化的

---

[1] 胡锦涛：《坚定不移沿着中国特色社会主义道路前进，为全面建成小康社会而奋斗——在中国共产党第十八次全国代表大会上的报告》，2012 年 11 月 18 日。

[2] 童萍：《文化民族性问题研究》，人民出版社 2011 年版，第 40 页。

思想基础。

一 尊重文化差异基础上的文化地位平等

差异是普遍存在的。任何事物之间都存在着差异，差异同运动一样是物质存在的形式，是物质世界的基本规律。[①] 在系统论意义上，所谓差异是指事物或事物内部各要素之间的差别。作为世界文化大系统中的一个组成部分，各种民族文化之间都存在着差异，甚至每个民族文化体系内部的各要素之间也都是差异化的存在。因此可以说，文化差异是世界民族文化的基本存在形式。在了解文化差异形成的根源以及由此实现文化地位平等的可能之前，我们有必要先对文化及文化差异的内涵加以理解。

（一）文化与文化差异

学界对"文化"概念的界定由来已久，但至今仍无定论。虽然每一种文化都有其外在的表现形式，但文化的内隐结构非常的宽泛与复杂，这导致了每个学者都可以从不同的维度对其作出自己的理解与界定，使"文化"成为一个定义庞杂而歧义丛生的社会科学概念。

在我国古代，"文化"一词本指"以文教化"，与武力征服相对应，即所谓的"文治武功"。在《易经·贲卦》中的"刚柔交错，天文也；文明以止，人文也。观天文以察时变，观人文以化成天下"一句，历来被视为中国古代对"文化"的原始提法，主要强调以人文去教化、感染、熏陶天下万物。此后西汉刘向《说苑·指武》中"圣人之治天下也，先文德而后武力。凡武之兴，为不服也，文化不改，然后加诛"一语中更为明晰地表达了"文治教化"之意。中国传统文化追求以"文德""化成天下"，体现出了一种强调人的教化与自我塑造的文化观。

---

① 易小明、刘庆海：《论差异》，《吉首大学学报》（社会科学版）1993 年第 6 期。

至于文化学意义上的"文化"概念，一般认为肇始于英国人类学家泰勒在《原始文化》一书中对文化所作的界定，即"所谓文化，或文明，就其广泛的民族学意义上来说，乃是包括知识、信仰、艺术、道德、法律、风俗以及作为社会成员的人所掌握和接受的任何其他的才能和习惯的复合体"①。此后一些社会学家及文化人类学家对其作了补充和修正。

当前国内学界中大多数学者都认为文化有广义和狭义之分，并主要沿用了《辞海》中对"文化"所下的定义，即"文化从广义来说，指人类历史实践过程中所创造的物质财富和精神财富的总和。从狭义来说，指社会的意识形态，以及与之相对应的制度和组织机构"②。

就马克思主义的文化观而言，马克思、恩格斯本人对"文化"概念的使用是持谨慎态度的。如学者黄力之所言："通过对马克思主义经典文本的考察，我发现一个现象，即马克思、恩格斯较少使用'文化'概念，只有列宁和毛泽东才大量地使用之。"③ 同时，有学者通过梳理马克思恩格斯经典文本中对文化的论述，认为他们是在以下几个意义上使用"文化"概念的：其一，文化基本相当于文明的概念；其二，在知识水平与教育程度的内涵上使用；其三，在比知识水平和教育程度更为宽泛的非物质性的精神文化意义上使用。④ 实际上，我们在马克思、恩格斯有限使用"文化"概念的前提下，又可以从马克思主义系统的文化思想及相关论述中发现：首先，他们区分了经济生活、政治生活与精神生活，认为一定的文化是在一定的条件下对社会政治、经济生活的反映，从而确立了文化研究的唯物主义思想基础。并认为文化主要属于观念形态的上层建筑，如毛泽东同志就曾明确指出："一定的文化是一定社会的政治经济的反映，又给予伟大影响和作用于一定社会的政治和经济；而经济是基础，政治则是经济的集中表现。这是我们对于文化和

---

① ［英］爱德华·泰勒：《原始文化》，连树声译，上海文艺出版社1992年版，第1页。
② 《辞海》，上海辞书出版社1989年版。
③ 黄力之：《历史实践与当代问题——马克思主义文化理论研究》，上海人民出版社2004年版。
④ 胡海波：《马克思恩格斯文化观研究》，博士学位论文，东北师范大学，2010年。

政治、经济的关系及政治和经济的关系的基本观点。"① 其次，主张文化属于人类对自然界以及社会认识的知识。我国众多马克思主义者在很大程度上就是从科学文化与政治文化的意义上使用"文化"概念的。最后，文化与人类的自由相联系。如恩格斯在《反杜林论》一文中就有一个著名的论断，即"文化上的每一个进步，都是迈向自由的一步"②，认为人类文化的发展与人支配自然的能力及获得自由的程度是密切相关的。

基于以上对"文化"概念的简单梳理及对马克思主义文化观的认识，我们可以认定的是：首先，文化的主体是人，是人类在社会生产生活实践中"创造性的对象化活动"及其产物。文化的存在和发展，和人类社会的存在与发展是紧密相关的。可以说，是一种"人化"的现象或称之为人的一种存在方式。其次，文化是由人们的社会活动所创造的，是一种具有普遍性的社会存在物。它体现在普遍的或一般的社会生活方式、风俗习惯、思维模式以及社会的一切物质产品和精神产品当中。最后，文化集中体现的是人类在特定历史条件下的劳动与智慧的发展水平与成就。"作为一定时代或一定地域中生活的群体的文化，是一个复杂的系统。它包括一定社会群体的物质文化、行为文化、精神文化等多层面的辩证统一，也包括一个社会群体中各种族群思维方式与行为方式等多维度的辩证统一。"③ 因此，文化就其体系而言，是一个集差异化各要素于一体的多元整合体，即各层面的文化因素之间是有机联系的，处于相互影响和相互制约的状态之中。有什么样的精神文化，就有什么样的行为文化与物质文化与之相对应；同样地，有什么样的物质文化和行为文化，相应地也必然内含着什么样的精神文化。

"在此意义上，所谓的文化差异就是指不同的社会历史群体所拥有的各自历史文化之间的差异，是各自历史文化的特殊体。不同的社会历史群体拥有不同形式和内容的文化，而不同的文化又反过来塑造和凝聚着不同的社会历史群体，二者相互作用、相互依存。"④

① 《毛泽东选集》第 2 卷，人民出版社 1991 年版，第 663—664 页。
② 《马克思恩格斯选集》第 3 卷，人民出版社 1995 年版，第 456 页。
③ 杨镜江：《文化学引论》，北京师范大学出版社 1992 年版，第 86—88 页。
④ 易小明：《文化差异与社会和谐》，湖南师范大学出版社 2008 年版，第 55 页。

（二）民族文化差异形成的根源

不同民族的文化在自身特殊环境的规约下生成发展，通过不断的传承、选择、创造，形成了独具特质的文化个性，这种文化个性归结而言是环境差异、民族性格差异、历史发展过程差异等综合作用的结果。因此，民族文化差异的形成有着自然环境与社会历史因素，以及深刻的民族心理根源。

其一，是文化差异形成的民族自然地理环境因素。文化是人类为了适应和改造自己的生存环境而进行的社会实践的产物，因而人类文化的创造必然地要受到所处自然地理环境的制约。任何民族要生存和发展，首先必须要获取一定的生产生活资料，而自然地理环境就是人类赖以生存和获取资料的基础。这就使得各个民族既定的自然地理环境条件的优劣造就了各自不同的生产方式和社会分工。正如马克思指出："不同的公社在各自的自然环境中，找到不同的生产资料和不同的生活资料。因此，它们的生产方式、生活方式和产品，也就各不相同。"① 这也表明了每个民族在其发展相当长的一段时期中，其经济类型的确立、发展及生产实践的进行都要受制于自然地理环境，从而塑造了不同的民族性格以及风格迥异的民族文化类型。如长期逐水草而居的游牧民族不可能形成稳定的农耕文化，而居住在平坝地区的农耕民族也不可能形成游牧文化的类型。这两种文化类型只能因受自然环境的制约而朝着不同的方向生成和发展。

其二，是文化差异形成的社会历史因素。虽然自然地理环境对民族文化差异的形成有着重要影响，但并非如地理环境决定论者所言的根本因素。因为"马克思主义认为，对民族文化生产和发展具有决定作用的还是该文化所属的社会生产方式和社会的经济基础，不能片面夸大地理环境的决定作用"②。实际上，作为文化创造主体的人们，都是生活在一定的社会形态之中，因而不可能越出既定社会形态所许可的范围来创造文化。因此，社会形态是一个民族文化的重要基础。社会形态是指

---

① 《马克思恩格斯文集》第4卷，人民出版社2009年版，第407页。
② 童萍：《文化民族性问题研究》，人民出版社2011年版，第65页。

一定历史发展阶段上以一定的生产关系为基础的社会，是经济基础和上层建筑的历史统一。其中，不同的社会经济结构对一个民族文化的形成与发展起着决定性的作用。而不同民族在特定历史时期社会发展水平的不平衡，也导致了不同民族文化体系的差异化发展。可见，社会历史因素是民族文化差异形成的重要根源。

其三，是文化差异形成的民族心理根源。文化差异的根本性因素实质上在于民族文化的心理层面。因为文化的心理层面是文化的核心、文化的灵魂，一种文化之所以区别于另一种文化，其关键在于不同文化在心理层面上的差异。正如我国学者安宇所言：“东西方一些国家在物质、制度许多方面可以相似或者相同。但是，价值观念、思维方式、审美情趣、道德情操、民族性格绝不会完全相同，否则就没有文化的区别了。日本同西方一些资本主义国家。在物质、制度方面是相似或相同的，但文化心理则不同，所以日本文化就能明显区别于西方文化。从这个意义上讲，文化区别的最根本标志在于文化的心理层次方面的区别。”① 在长期的发展与演变历程中，每个民族都形成了带有自己民族特色的心理模式，它们通过遗传、环境及文化、教育等因素的作用而被固化于民族群体中，使每个民族都以自己特有的心理方式或心理模式作用于外部世界。因此，每个民族都在特定的自然地理环境和社会历史背景中，形成该民族独特的民族心理，即不同于其他民族的民族精神、民族意识、民族信仰、民族认知、民族情感、民族气质以及民族性格等等。一种民族文化一旦形成，囊括上述内容的文化心理就会成为稳定性的因素，积淀于一个民族的精神与行为之中，成为这一民族强大的凝聚力量。即使生活的时空有所改变，文化的物质层面也有所变化，但文化心理依然同源，在文化的总体上显现出民族性与特色性。因此，民族心理是民族文化的一部分，同时又对民族文化的产生与发展以及文化的民族性与特色性的保持发挥着重要的作用。可以说，“民族文化是民族心理的外化，而民族心理是民族文化的内化，二者是相互转换的”②。不同的民族所处的社会文化环境不同，它们各自形成的心理模式也就不

① 安宇：《冲撞与融合——中国近代文化史论》，学林出版社 2001 年版，第 12 页。
② 张世富：《民族心理学》，山东教育出版社 1996 年版，第 73 页。

同，而这就是一个民族显现其文化的民族性与特质性的根本所在。从这个意义上讲，不同民族的文化心理与认知结构的不同，是民族文化差异形成的根源，只有承认和尊重这种差异，才有可能实现民族交往之间的文化平等。

(三) 民族文化差异与文化平等

基于上述对民族文化差异形成根源的认识，我们不难发现民族文化的差异是普遍的，或者说，差异化是民族文化存在和发展的一种形式。对此我们应有正确的认识，因为文化差异不仅仅是造成民族问题的客观根据，它还是实现文化调适的内在依据，也是实现族际文化地位平等的内在基础。

首先，文化差异的存在是实现民族文化平等的基础。"从现代系统论的角度来讲，一个系统的存在就是基于差异物之间的协同。系统物质世界就是一个差异的整合体，差异作为系统内诸要素、层次、功能在结构和时空中的差别，它是系统存在、整体优化、协同发展的内在自组织机制。"[1] 可以说，没有差异也就无所谓平等与和谐。同样地，民族文化作为一个多要素、多层次、多维度的复杂整合体，差异就是其存在与发展的基础。其一，文化差异是保证世界文化的民族性与多样性的基础。如果民族文化的差异性被消除或消解而寻求同一，那么世界文化将失去应有的生机和活力。其二，不同民族文化之间差异化存在，是实现多元文化平等交往与互动的基础。文化差异使民族之间和谐相处，并最终摆脱当前"事实上的不平等"有了可能。因此，不同民族文化体系的差异化存在本身就是实现族际文化地位平等的基础。

其次，文化平等是尊重差异基础上的平等，而不是对文化差异的消解。在市场经济及全球化迅猛发展的今天，民族之间的交往活动也越发频繁，差异性文化是现实，对于民族文化差异的处理方式显得尤为重要。因为伴随着文化交往的增多，差异性文化的交互极易引起文化冲突与民族矛盾。如亨廷顿就认为："文化的差异不仅是客观的，而且是基本的；由于交往的普遍性，差异性文化体系交往日益增多，将导致文化

---

① 易小明：《文化差异与社会和谐》，湖南师范大学出版社 2008 年版，第 2 页。

冲突更为剧烈。"① 当然，文化冲突不是必然的，文化冲突的发生是由于人们对文化差异的极端认识与缺乏文化包容而引起的。和平与发展仍然是当代社会的主题，只要民族之间在交往过程中不是以文化殖民主义和文化霸权主义的态度去消解差异，而是以尊重彼此间的文化差异为前提，去寻求民族之间的良性互动，那么民族之间的和谐相处与平等交往才是最终结果。在此意义上，民族文化平等是民族之间在尊重文化差异基础上交往地位的平等。不论社会历史发展水平的高低，各民族文化之间的交往地位都是平等的。正如斯大林所言："每一个民族，不论其大小，都有只属于该民族而为其他民族所没有的特殊性。这些特点便是每个民族对世界文化的贡献，补充了它，丰富了它。在这个意义上，一切民族，不论大小，都处于同等的地位，每个民族都是和其他任何民族同等重要的。"②

二　文化的多样性和统一性

文化具有多样性与统一性的双重特征，二者的关系可以理解为文化特殊性和文化普遍性的关系。文化特殊性主要指文化的多元性与多样性，是对文化的民族性这一特征的表征；而文化普遍性则指存在于各种异质文化之中的同质性，即指文化的共同性，是对文化的统一性和普遍性特征的确认。每一种民族文化既包含有相对于其他文化所不同的特殊成分，又包含着全人类所共有的绝对性内容。可以说，每一种文化既是特殊的，又是普遍的。文化的特殊性当中包含着普遍性，而文化的普遍性又通过文化的特殊性得以多元、多样的表现。

当然，我们对文化的普遍性与特殊性应该正确认识，如果片面地夸大或极端地认识，则容易导致文化普遍主义和文化相对主义（或称为文化特殊主义）。这两种对立的文化观是学界在文化领域长期论争的焦

---

① ［美］萨缪尔·亨廷顿：《文明的冲突与世界秩序的重建》，周琪等译，新华出版社2002年版，第230页。

② 转引自罗树杰等《马克思主义民族观导论》，民族出版社1997年版，第194页。

点理论，了解文化的多样性和统一性，也必须对这两种不同的文化理论做出回应。

（一）文化普遍主义

文化普遍主义是西方近代工业文明的一种意识形态，它以近代以来形成的科学理性为理论根基，以自然科学演绎或归纳的方法为主要方法，认为科学理性是衡量一切文化的根本标准，"一切都必须在理性的法庭面前为自己的存在作辩护或者放弃存在的权利。思维着的知性成了衡量一切的唯一尺度"[1]，于是追求普遍性和确定性成为文化普遍主义的理论追求。因此，文化普遍主义主张世界上存在一种可以用来判断任何文化的普遍价值，并认为"包括文化在内的世界上的万事万物，都具有客观、固定不变和普遍的本质，人们认识这些本质所得到的结果，就是具有客观性和普遍有效性的真理。而一旦人们掌握了这样的真理，他们就不仅可以从这种普遍有效的基本前提出发，借助于严格的科学推理程序，推导出具有终极必然性和普遍有效性的、作为进一步的绝对真理而存在的结论，而且可以形成相应的、同样具有普遍有效性的实践标准和价值尺度，从而形成'放之四海而皆准'的，由理论观点、实践标准和价值尺度等方面共同构成的意识形态文化系统"[2]。文化普遍主义的这种思维模式在19世纪下半叶的文化人类学家那里得到了经验性的论证，并发展成为文化进化论，其代表人物主要有斯宾塞、摩尔根、泰勒等人。在文化进化论者看来，所有民族的文化形态都朝着一个共同的目标进化，但由于种种原因，它们的进化速度却快慢不一，从而导致现存的各种文化形态实际上处在整个进化链的不同阶段。这就是各文化形态存在差异的深层原因，而这也是所谓人类文化发展的普遍模式。

（二）文化相对主义

文化相对主义作为一种文化理解、文化态度和文化主张，越来越受到学界的关注。它是在批判与回应文化普遍主义和文化进化论的过程中

---

① 《马克思恩格斯全集》第23卷，人民出版社1972年版，第355页。
② 霍桂恒：《论文化发展的辩证运动——超越文化普遍主义和文化特殊主义》，《江苏行政学院学报》2003年第1期。

形成的理论思潮，是一种以强调文化的特殊性与相对性为核心的理论主张。在文化人类学领域，最早倡导文化相对主义的是美国有文化人类学之父美誉的弗朗兹·博厄斯。他在《原始人的心智》、《原始艺术》及《人类学与现代生活》等系列著作中，"主张衡量文化没有普遍绝对的评判标准，因为任何一个文化都有其存在价值和独特之处，每一个民族都有自己的尊严和价值观，各种文化没有优劣高低之分，一切评判标准都是相对的"①。此后，美国文化人类学家梅尔维尔·赫斯科维茨对文化相对主义进行了理论上的系统阐述，主要观点为："承认每个民族文化的独创性与价值，反对文化中心主义；强调文化的差异性，并认为每一种文化都是一个不可重复的独立自在体系；每个民族都具有表现于特殊价值的体系中的特殊文化传统，它与其他民族的文化传统和价值标准是无法比较的；绝对的价值标准是不存在的，一切文化价值都是相对的，各民族文化在价值上是相等的，不存在落后与进步的差别。"② 此外，从文化哲学的角度来看，以本尼迪克特的文化模式论、罗蒂等人的文化不可通约论、亨廷顿的文化冲突论等为典型代表的文化相对主义也十分强调文化的相对性和特殊性，突出民族文化的地位和作用，彰显不同文化形态的价值。

(三) 两种文化观的理论缺陷

通过对文化普遍主义和文化相对主义二元文化观的理论流变及基本主张的理解，我们发现单纯的文化普遍主义或相对主义在理论建构上都是有缺陷的。

首先，文化普遍主义主张寻求一种适用于所有民族文化类型的同一的价值标准，即追求文化的同质性。但是文化的统一性并不等于文化的同质性。所谓文化的同质性，是指以某种文化为标准，其他文化都向这一标准看齐，以这个标准来衡量其他文化是先进还是落后。而文化的统一性是指所有文化都相互平等，在文化平等的基础上各民族之间形成一种共识，从而形成反映人类共同利益、需要的人类公共遵循的文化价值

---

① 钟谟智：《当代文化哲学研究》，重庆出版社 2010 年版，第 199 页。
② 同上书，第 200 页。

观。可见，"文化的统一性在本质上依然是对文化多样性的肯定，而且真正的统一性是一个文化共处、共享和共同发展的过程，它只会补充而不会损害文化的多样性"①。这与文化普遍主义的绝对性主张是有质的差异的，且文化普遍主义的极端化则势必导致文化中心主义与文化沙文主义等远离文化平等理念的文化态度和主张。

其次，文化相对主义则主张每种文化都有自身的价值，反对以一种民族文化作为评判标准，来评价其他民族文化的存在价值。它主张文化的多样性、平等主义以及对异己文化的宽容态度，承认各民族文化的独特价值，同时反对将自己的文化视为最高文化的民族中心主义。这在当代对于反抗西方文化中心主义和文化帝国主义的话语霸权是有积极意义的。但文化相对主义的理论却有着过分夸大文化的相对性和特殊性甚至把它绝对化的旨趣，进而否定了文化价值的绝对性，从而陷入了对文化绝对性、普遍性与文化相对性、特殊性的关系这一文化哲学重要问题的理解困境。

可见，这两种文化观在其理论建构上都存在着缺陷和误区。对此，学界部分学者认为我们在文化认同与建构上，必须超越传统的文化普遍主义和文化相对主义，而"坚持时代性进步与民族性光大相统一的路径"②。

三　民族文化要素

所谓民族文化，是指一个民族在长期的社会发展过程中共同创造和传承，并赖以生存的一切文明成果的总和。它是在一个民族内部由多种要素按照一定的方式和结构组成的有机文化体，也是由各个不同层面按照一定的秩序形成的特定文化系统。然而，由于文化概念本身在内涵与外延上的不确定性，导致人们对民族文化构成要素的认识和理解也不尽相同。归结起来主要有二元说、三元说、四元说乃至多要素说等等

① 童萍：《文化民族性问题研究》，人民出版社2011年版，第106页。
② 冯建飞、李俊：《超越文化相对主义与文化普遍主义》，《中国地质大学学报》（社会科学版）2001年第2期。

观点。

（一）文化要素的多元论说

文化的二元要素说，通常指文化是由物质文化和精神文化两大部分构成的观点。此观点自 20 世纪 50 年代以来为国内学界所普遍接受。这里所说的物质文化，是指人类创造的物质财富及其创造方式，它包括劳动工具和人类为满足衣、食、住、行等需要而创造出来的一切物质产品。精神文化主要指人类通过脑力劳动创造出来的一切成果，包括思维、语言、知识以及哲学、科学、宗教、伦理道德、法律、制度、风俗习惯等内容。此外，文化要素的二分法除物质文化和精神文化的区分外，还有"显文化"与"隐文化"、"表层文化"与"深层文化"、"硬文化"与"软文化"等多标准、多维度的区分。

三元要素说则通常把文化区分为"物质文化、制度文化、精神文化"或"实物文化、行为文化、观念文化"等三个层面。前者认为在文化的构成要素上，物质文化属于表层，精神文化属于深层，在它们之间还应区分出一个属于中层的制度文化，包括社会的经济、政治、法律体制及其运作方式，也包括婚姻、宗教等各种制度。后者则认为实物文化、行为文化与观念文化当是文化的三个基本层面。

四元要素说有"精神文化、行为文化、制度文化、物质文化"和"智能文化、物质文化、规范文化、精神文化"等四个层面的区分。此外，还有文化"多要素论"，"如认为构成文化的要素主要包括精神文化、语言符号、规范体系、社会关系和社会组织以及物质产品等"，[①]有的甚至多达十几种。

综观学界对文化要素的多元论说，我们不难发现各种区分方法实质上都并未超越物质文化与精神文化的基本框架，只是对这二元结构的发挥和提升。实际上，物质文化和精神文化二元论有着马克思主义唯物史观的理论基础。马克思、恩格斯在《德意志意识形态》中指出："我们仅仅知道唯一的一门科学，即历史科学。历史科学可以从两个方面来考

---

① 徐万邦、祁庆富：《中国少数民族文化通论》，中央民族大学出版社 1996 年版，第11—12 页。

察，可以把它划分为自然史和人类史。但这两个方面是密切相连的；只要人存在，自然史和人类史就彼此相互制约。"① 其中，"自然史，即所谓自然科学"②，它是人类在认识、改造、适应和控制自然界过程中所取得的成果，它表现为自然科学、技术、知识以及由此创造出来的工具、房屋、服饰、食物、器皿等物质文化。它是人类生产的基础，为人类生活提供了最基本的条件。而人类史即社会科学，它是人类在物质文化创造过程中，认识、改造、适应和控制社会环境所取得的成果，它表现为社会组织、制度、政治、法律、风俗、习惯、伦理、道德、语言、教育，以及宗教信仰、审美意识、文学、艺术等精神文化。它是人类生存的样式和自我完善的方式。"所谓自然史与人类史的密切联系与相互制约，在这里也就表现为物质文化与精神文化的密切联系与相互制约。"③

（二）民族文化的基本要素

基于此前对文化概念及文化作为"人类创造性的对象化实践活动"本质的理解，民族文化的构成要素在物质文化和精神文化二元结构的基础上，可以进一步区分为生产性文化、生活性文化、观念性文化、规范性文化及交流性文化等基本层面及其内部多元复杂的文化要素。

其一，为生产性文化要素。物质生产活动是各民族得以生存、繁衍和发展的必要保证，而各民族所选择的生产对象、生产工具、生产方式和生产组织等成为民族文化中重要的生产性文化要素。每个民族在不同的生产环境下所选择的生产性文化要素的差异也造就了不同的生产性文化类型。如我国南方和西南地区的少数民族一直发展着农业，从而创造了丰富的农耕文化。其文化体系从自然条件看，有山地农业文化和平地河谷农业文化；从生产技术及生产工具的选择看，有刀耕火种农业、锄耕农业及犁耕农业，这三种文化类型也是农业文化发展的三个基本阶段。至今大部分民族都已先后进入了犁耕农业阶段乃至现代农业，值得注意的是一些少数民族如独龙、怒、傈僳、拉祜、布朗、景颇、佤、基

---

① 《马克思恩格斯文集》第 1 卷，人民出版社 2009 年版，第 211 页。
② 同上。
③ 林耀华：《民族学通论》，中央民族大学出版社 1997 年版，第 389 页。

诺、黎、瑶等，在新中国成立前还保留有较多的刀耕火种农业。而我国北方和西北居于大草原和高原地区的少数民族如蒙古、哈萨克、柯尔克孜、裕固、塔吉克、藏等民族则以畜牧业为主，其生产性文化主要形成畜牧文化。其中大部分民族以定点游牧为主，牧场有春夏秋冬之分，根据季节转移牧场，因而也叫游牧文化。在东北大小兴安岭上的鄂伦春族和鄂温克族，新中国成立前是以游猎为生的游猎民族，其生产文化也相应地形成了游猎文化。而沿江、沿海而居的民族如赫哲族、京族、黎族等则创造了相应的渔业文化。

其二，为生活性文化要素。该层面的文化主要包括了与人类生活所必需的衣、食、住、行等内容相对应的各民族的服饰文化、饮食文化、居室建筑文化及交通运输文化等。其中，服饰文化是各民族之间显现民族特色的重要文化要素。各民族不仅有各自独具特色的服饰文化，而且同一民族内部各支系的服饰也不尽相同。如苗族因支系繁多，其民族服饰就有一百多种。此外，各民族的服饰文化也深受其自然环境及生产生活方式的影响，如鄂伦春、鄂温克等游猎民族的服饰多以兽皮为主，而蒙古等游牧民族的服饰则多以牛、羊等牲畜的皮毛制成。饮食文化方面，各民族的生产性文化决定了其饮食习惯的主要特征。如南方和西南地区少数民族多为农耕民族，其生产性文化主要以农耕文化、稻作文化为主，因此多以米饭为主食，尤喜糯食，兼食玉米、麦面、高粱、土豆等，个别地区以玉米或土豆为主食。而北方以畜牧业为主的民族则多以牛肉、羊肉及奶油、奶酪、奶茶等肉食和奶食为主。在居室建筑文化上，各民族的居住地受自然地理环境的影响尤为突出，如北方大多数少数民族多以冬暖夏凉、易于撤迁的篷帐式居所为主，其中比较具有民族特色的是蒙古族、达斡尔族、鄂温克族居住的"蒙古包"，哈萨克族的"毡房"及藏族"帐篷"等。南方民族则多为干栏式建筑，其中森林资源较为丰富的西南地区各民族，如彝、纳西、傈僳、怒、独龙等民族的房屋则多为"壁桁建筑"。① 至于交通运输文化，则随着现代交通的发展，民族地区的交通文化特色成分明显减弱。当然，在边远民族地区由于自然地理环境的制约，仍然有马匹、牛等牲畜作为代步与运输工具，

---

① 林耀华：《民族学通论》，中央民族大学出版社 1997 年版，第 413 页。

而在道路桥梁方面，怒、独龙、傈僳、彝等民族还曾使用过溜索桥。

其三，为观念性文化要素。观念性文化是民族文化的内隐层面，它突出地表现在一个民族意识形态的各方面当中，包括哲学、宗教、伦理、文学艺术等。其中，"哲学是民族文化的核心，是对民族精神的自觉认识和理论表达"[①]。它集中体现了一个民族在思维模式、价值取舍与情感倾向等多维度上的思想主张。每个民族都拥有自己的哲学思想，只是有些文化形态发展较为成熟的民族能够自觉认识并将它系统化、理论化地表达出来，而有的民族则尚未做到这一点，因此散见于这些民族的神话、传说、民间文学及口承文化当中。此外，宗教文化是民族文化的重要组成部分，它体现了一个民族处理人与人、人与自然、人与社会以及人与神等各种关系上的深度的精神关怀。在我国各民族当中，拥有丰富而灿烂的宗教信仰文化。除了部分民族信仰佛教、伊斯兰教、基督教及道教等世界性的人为宗教之外，我国大多数少数民族还信仰着本民族的原生性宗教，如彝族的毕摩教、纳西族的东巴教、普米族的韩规教等等。这些原生性宗教都遗留着十分明显的自然崇拜、鬼神崇拜、图腾崇拜和祖先崇拜等原始宗教的特征。我国各少数民族还有大量的民族民间文学艺术文化，它们也是民族文化的重要内容，是民族社会生活的重要反映。这些民间文学艺术文化集中体现在各民族的创世史诗、神话、古歌、民谣与民间故事当中。如彝族的《梅葛》、《阿细的先基》、《勒俄特依》，纳西族的《创世纪》、《黑白之战》及《鲁般鲁饶》，拉祜族的《牡帕密帕》，阿昌族的《遮帕麻和遮咪麻》等创世史诗都以创世过程为线索，把古老的神话、传说、生产、生活、婚丧习俗等熔于一炉，用诗体语言将其表述出来。各类史诗篇幅宏大且内容丰富，堪称各民族的"古代大百科全书"。

其四，为规范性文化要素。一个民族的规范性文化"就是体现着一个民族在某一时期的社会准则、道德律令、民族情感和价值取向的精神性文化；它是由民族文化的隐性层面中的思维系统、情感系统和价值系统这三大方面综合体现出来的群体行为指向，以及调控和驱动的力

---

① 伍雄武：《哲学、民族精神、民族文化——少数民族哲学的一种研究模式》，载王天玺主编《西部发展的理论与实践》，云南教育出版社2005年版。

量；它最突出的表现在一定群体的社会行为上，为一定体系内的人们提供可供选择的行为模式，决定着人们的生活态度和行为选择"①。它包括各民族内部基本的社会经济政治制度、约定俗成的民族习惯法及民族传统禁忌等内容，而这些文化要素往往对一个民族社会的有序运行和发展起着十分重要的作用。就经济政治制度而言，我国各少数民族在新中国成立前处于各个不同的社会发展阶段，因此存在着不同的社会形态与各具特色的社会制度。比较典型的有瑶族的瑶老制和石碑制，景颇族的山官制，独龙族的家庭公社制，黎族的合亩制，苗族的鼓社制、议榔制和侗族的"款"组织等等。其中，川滇地区的彝族在 1956 年民主改革之前还处在奴隶制社会及彝族的家支制度当中。此外，在我国各民族当中有着各种各样的习惯法，并且习惯法在当今我国大部分少数民族的社会生活中仍然对人们的行为产生着重要的规范作用。每个民族对习惯法的称谓不尽相同，如有款约、榔规、料令、阿佤哩等。其内容几乎涉及民族社会生活的每个重要领域，如生产、交易、人生礼仪、财产继承、债务偿还、处理纠纷及惩治罪犯等等。就其社会功能来看，民族习惯法对维护民族地区正常的人际交往和社会秩序，防止或惩治破坏社会安宁等不良行为，帮助民族民间自我教育、自我管理，自觉遵守和维护良好社会公德等方面发挥着重要的作用。在此意义上，它已成为了民族群众生产和生活正常进行的重要保障。与民族习惯法一样，民族禁忌也是规范性文化的一种重要形态，几乎涉及了各民族生活和行为的方方面面。从类别上看，主要有图腾禁忌、宗教禁忌、节祭禁忌、语言禁忌、色彩禁忌、数字禁忌以及生产禁忌、饮食禁忌、交往禁忌、生育禁忌、婚姻禁忌、丧葬禁忌等等，几乎每一种重要的行为活动都有一套相应的禁忌规则。禁忌本身就是一种复杂的民族文化现象，它将各种繁多且形式各异的禁忌规定深深地根植于民族传统文化之中，一方面巩固了传统文化的权威和地位，另一方面也随着民族社会及其文化的变迁而不断嬗变。

其五，为交流性文化要素。随着经济社会的发展以及全球化、信息化步伐的不断加快，民族之间的交往与交流成为了民族社会发展的必然。正如有学者指出："交流，是民族文化得以延续的保证；交流，是

---

① 黄光成：《云南民族文化纵横探》，科学出版社 2007 年版，第 79 页。

民族文化发展的动力；交流，是民族文化繁荣的基础。"① 其中，语言文字是民族文化中最为重要的交流性文化形态，而民族节日庆典也较为集中地展现了交流性文化的特点。当然，在边远地区众多少数民族的交流性文化中至今还保留着某些特定的交流体系。如景颇族就善于运用树叶、树枝等实物去标示另外的事物，以交流思想、传达情感和吐露心声。在景颇语中"思念"与"树根"两词中有一个音相同，因此人们常把树根作为传达思念之意的交流符号。而在部分民族当中则以鸣枪、鸣炮作为传达某种信息的标志。如纳西族将连续鸣炮三声作为村寨内有人亡故的信号，而迎亲队伍回到村寨附近时也会鸣炮示意，让家人做好相应的准备。这些约定俗成的传达信息的方法是一个民族内部交流的特殊表达方式。对于语言文字而言，它是连接民族文化的纽带。马克思指出："语言和意识具有同样长久的历史；语言是一种实践，即为别人存在并仅仅因此也为我自己存在的、现实的意识。语言也和意识一样，只是由于需要，由于和他人交往的迫切需要而产生的。"② 因此，语言及记录语言的文字符号系统在各民族的交流性文化中占据着举足轻重的地位。在我国 55 个少数民族中，至今有 53 个民族还在相当范围内使用着本民族的语言（满、回二族过去也有自己的语言，现在已基本通用汉语）。其中二十多个民族拥有自己的文字，后来国家也曾为十几个民族创制了文字。文字是记录民族文化的重要工具和传承媒介，它不仅为各民族的社会交际与文化交流提供了条件，同时也形成并保存了丰富的少数民族古籍文献。如纳西族有东巴象形文字书写的东巴经书数千卷，彝族也有彝文书写的数量众多的毕摩经书，藏族的藏文文献更是卷帙浩繁，仅藏文经卷就有 6 万多部。此外，在各民族的节日庆典中也充分展示着交流性文化的特点。严格地说，交流性文化并不能涵盖节日文化的全部内容，因为二者都同属于民族文化的亚文化，但二者在文化交流这一功能上确有很多一致的地方。首先，各民族的传统节日大多源于沟通人神而设立的民族宗教节日，最终往往成为族人聚集交流以增强民族凝聚力的群体活动。如纳西族的"木补"、"噶本"、"三朵节"及独龙族

---

① 黄光成：《云南民族文化纵横探》，科学出版社 2007 年版，第 109 页。
② 《马克思恩格斯全集》第 3 卷，人民出版社 1960 年版，第 34 页。

的"卡雀哇"节等传统文化形态保留较多的民族节日就是很好的例证。其次，一个民族的节日往往随着文化的扩散而演化为多个民族的节日。如火把节最初是以彝族为主的几个少数民族的节日，后来已成为彝、白、纳西、傈僳、拉祜、普米等民族共同的节日。泼水节也不仅仅是傣族人的节日，与傣族文化背景相近的德昂、布朗等民族同样过泼水节。最后，某一民族的节日来临时，往往也成为众多民族相互交流与互通的聚会。如藏族的赛马会、蒙古族的那达慕、苗族的芦笙节、傣族的泼水节、白族的三月街等，至今已经成为诸多民族共同欢庆的盛会。在此意义上，节日文化导向民族的交流性文化，对族内及族际的交往与沟通发挥着十分重要的作用。

四　中国特色民族文化平等：寓于
民族之间的文化承认

文化平等是指各民族在文化交往与"对话"过程中，文化价值、理念与传播、表达、评价等交互机会、权利、地位等诸方面的平等。其中，最为主要的是基于尊重文化差异的文化地位平等，它是真正实现文化平等的基础和保证。如前所述，文化差异的存在是普遍的，它也是民族文化生成与发展的一种形式。因此，文化地位平等的实现就在于各民族之间对异质文化的一种宽容与认同，它在心理层面上是民族自尊意识对承认和尊重民族文化的一种诉求。在此意义上，文化平等的本质就在于它是寓于民族之间的一种文化承认。

（一）文化平等在民族心理上是民族自尊意识对承认和尊重民族文化的强烈诉求

民族意识是民族心理的核心内容，是人们对自己归属于某个特定民族的认同心理。它就是某一民族个体对本民族文化特质的觉察和对自身民族文化价值存在的认知。在此意义上，民族意识本身就是民族个体对本民族与其他民族之间文化差异的认知和体验。如我国学者孙玉兰就认为："民族意识是民族成员对本民族在与他民族的交往中的自主性、独立性、整体性等诸方面及个体的民族归属性认知的结果，民族意识是认知结果或心理经验在一定条件下的部分再现。这种认知结果指导着各个民族成员的认知活动和行为方式。如对本民族团体成员表现出接纳、理解、维护、信任的行为。对他民族团体或成员，一般则表现出礼貌、热情，但与本民族成员相比，又缺乏理解和维护的心态。因此，民族意识是指某民族成员对本民族与他民族差异的认知结果和体验。"① 当然，民族意识不一定如该学者所言的表现为对他民族及其文化的缺乏理解，但是它必定与人们对民族文化差异的体验与感知密切相关。其中，民族自尊在民族意识中居于核心地位，正因为民族自尊心理的存在，使得一个民族在文化差异面前从民族意识层面上对人们承认和尊重本民族文化、实现文化交往的平等显现出强烈的诉求。

作为民族意识重要内容的民族自尊，最为明显的标志是不受其他民族的欺辱与控制的心态和心理。从宏观方面来看，民族自尊促使一个民族希望在世界范围内的各民族之间实现相互友爱、平等交往；在微观方面来看，民族自尊就是要求在一个多民族国家中，各民族相互协助、平等友爱、共同进步、共同繁荣发展。此外，民族自尊在很大程度上是通过民族个体的心理与行为表现出来的。因此，民族自尊对民族个体与其他民族成员之间的形象、威望、平等、独立人格以及对他的承认、接纳、情感等个体自尊的诸方面产生着重要的影响。"作为一个民族共同体的成员总是为自己民族的繁荣富强而欢欣，为自己民族的颓废衰败而沮丧。"② 可见，不论是从民族群体或是民族个体而言，在不同民族之间的文化差异面前，在民族意识及其自尊心理上对民族交往中的文化平等充满了极为强烈的诉求。

（二）文化平等在民族交往上是寓于民族之间的一种文化宽容与承认

正如马克思所言："资产阶级由于开拓了世界市场，使一切国家的生产和消费都成为世界性的了……物质的生产是如此，精神的生产也是如此。各民族的精神产品成了公共的财产。民族的片面性和局限性日益

---

① 孙玉兰：《民族心理学》，知识出版社 1990 年版，第 30 页。
② 李静：《民族心理学研究》，民族出版社 2005 年版，第 128 页。

成为不可能，于是由许多种民族和地方的文学形成了一种世界的文学。"① 可以说，随着经济全球化的发展，各民族在广泛交往中不断求同存异，在很大程度上也促进了民族之间的文化宽容与文化认同。"所谓文化宽容，就是对其他民族的异质文化不是采取一种敌视与反对的态度，而是采取一种友好、宽容的态度；而所谓文化认同，是指在不同民族之间的文化交流中，通过平等对话的方式来匡正偏见，从而达成有效的文化共识，在形成方式上，它是自下而上构成的共识重叠，而不是自上而下对某种强势文化所认定文化价值的确认和推广。"② 民族之间的文化宽容和认同实际上就是在文化态度上承认、尊重并宽容的对待异民族的文化；在文化性格上建立一种相互平等的心理基础；在文化取舍上取长补短，主动吸纳外来文化中有利于自身发展的文化要素，对不同民族的文化价值持承认与宽容的评价准则，而不是对抗与冲突；在文化整合上，不断将超越民族社会的普遍文化价值纳入自身的文化传统当中，并实现其本土化与民族化。可见，文化宽容与认同是民族之间实现文化承认与地位平等的前提和基础。

在宽容与认同的文化态度和心理基础上，各民族文化在交往过程中存在一种被彼此承认的诉求。从承认理论上看，所谓"承认"是"指个体与个体之间、个体与共同体之间、不同的共同体之间在平等基础上的相互认可、认同和确认；在全球化多元文化主义发展的背景下，该概念也突出了各种形式的个体和共同体在平等对待这一基础上的自我认可和肯定"③。因此，文化承认就是一种在多民族之间权利关系与地位状态平等共处的基础上，对文化差异与单一民族文化价值的认同。它在本质上既要承认民族文化的差异，也要承认这种差异的平等；而一种异质文化的存在既要获得民族社会在制度上的承认，还要获得民族个体心理上的接纳。在此意义上，只要存在基于宽容和认同的文化承认，那么各民族在文化交往中是能够实现机会、权利与地位诸要素的平等与民族关系的和谐的。

---

① 《马克思恩格斯文集》第 2 卷，人民出版社 2009 年版，第 35 页。
② 易小明：《文化差异与社会和谐》，湖南师范大学出版社 2008 年版，第 135—136 页。
③ 周穗明：《N. 弗雷泽和 A. 霍耐特关于承认理论的争论——对西方近十余年来西方批判理论第三代的一场政治哲学论战的评析》，《世界哲学》2009 年第 2 期。

五　小结

马克思主义文化思想认为，文化是一个民族在特定的社会历史时期内所创造的物质财富和精神财富的总和。一个民族共同体的形成在于他们造就了一定的群体性文化，因此文化总具有民族性特征，而一个民族的根本标志也在于其独具特色的文化系统。且随着民族社会的发展，文化已经超越了地域和社会单位的范围，对民族的发展及其特质的保持产生着决定性的作用。正如当代著名民族学家杨建新先生所指出的："随着民族的发展，尤其是在民族的发展和繁荣阶段，民族文化、民族意识开始起较大的作用。而在第三阶段，即趋同和融合阶段。其基础不再是地域和社会，而主要是文化。一定程度上说，在这个阶段，民族共同体是一种超越地域范围、超社会单位的共同体，文化在维系民族发展中起主要甚至是决定性的作用。"[①]

在此意义上，文化是一个民族的灵魂。由于不同民族文化的产生和发展有其自然地理环境、社会历史背景以及民族心理根源上的差异，尤其是民族心理与认知结构以及宗教信仰的不同，成为民族文化差异的根本标志。正因为上述根源的存在，民族之间的交往在现实社会中总是存在着一定的不平等和冲突。因此，文化平等成为一个在民族自尊意识上对承认和尊重本民族文化的一种强烈诉求，也是提高一个民族的民族自觉与民族归属感、民族凝聚力的根本要求。而不同民族文化在地位上真正平等，实质在于民族之间对彼此差异性文化的宽容、认同与承认和尊重。可以说，文化地位的平等是民族交际平等的核心内容。只有实现了不同民族在不同文化环境中的相互尊重、友好平等，才能真正实现民族经济、政治及社会地位的平等。因此，我们说文化平等就是中国特色民族平等思想的理论灵魂。

---

① 杨建新：《关于民族发展和民族关系中的几个问题》，《西北民族研究》2002 年第 1 期。

第八章　中国特色民族平等思想的实践思考

一　中国特色民族平等思想中的民族和谐

民族关系是多民族国家现存社会关系的重要组成部分，民族关系具有不同的存在形式和状态，和谐民族关系，即民族间的矛盾处于非对抗的缓和状态，各民族间团结统一、互帮互助、共同发展。和谐民族关系是多民族国家不断追求的民族关系状态。社会主义和谐民族关系是在社会主义制度基础上建立起来的和谐社会关系的重要内容和具体体现，是各民族间在经济、政治、文化和社会生活各个领域的平等、团结、互助、共同繁荣的良好状态。

和谐民族关系成为民族间共同追求的理想状态在于其自身所具有的特点：一方面是和谐民族关系具有民族关系应有的普遍特点，另一方面是具有区别于民族关系的其他状态。具体表现为：其一，历史性，即和谐民族关系是一个历史范畴，总会经历产生、发展、消亡的历史过程。"民族也和任何历史现象一样，是受变化规律支配的，它有自己的历史，有自己的始末。"[1] 马克思主义认为，任何事物都存在于矛盾运动中，民族是历史发展的产物，在历史中产生也将在历史中发展，最后消亡。很显然，和谐民族关系也会随着民族的消亡而历史性地消亡。其

---

[1]　中国社会科学院民族研究所编：《斯大林论民族问题》，民族出版社 1990 年版，第 29 页。

二，理想性，即和谐民族关系是一种理想状态，是人类对民族社会的理想追求。民族和谐，是人们在认识民族矛盾的基础上产生的对民族关系理想状态的追求，但是绝对的和谐民族关系是不存在的，因为自然和历史造成的事实上的民族间的政治、经济、文化和社会发展的不平衡就决定了民族间的和谐是一种理想状态。同时，民族间的和谐作为一种存在状态也难以精确地丈量。因此，和谐民族关系就成为民族关系发展中不断追求的理想。其三，层次性，即和谐民族关系存在一定的和谐程度划分。和谐民族关系是一种理想状态，但不等于说民族和谐是一种无法达成的空想、幻想，和谐民族关系不是一个笼统的状态概念，而是可进行层次划分的系统状态。和谐民族关系存在低级、中级、高级等层次划分，战争、封锁停止后的非对抗状态是和谐民族关系的最低层次，民族间开始逐步实现政治、法律等方面的平等，并且从表面逐步深入实质的平等，再到民族间的互利互信，团结互助，相亲相爱，共同繁荣，则是和谐民族关系进入中级层次并不断向高级发展，最终和谐民族关系走向共产主义，走向民族的消亡，人的自由全面发展代替民族和谐。

（一）中国特色民族和谐思想

1. 马克思主义民族和谐思想

（1）民族关系状况取决于生产力水平。"各民族相互关系取决于一个民族的生产力、分工和内部交往的发展程度。这个原理是公认的。"①生产力的发展促进分工、内部交往，促进民族间的交往与联系，进而形成民族关系。随着生产力的发展，世界市场的出现和不断扩展，大陆与大陆之间、国家与国家之间、民族与民族之间的封闭隔绝状态被打破，世界成为一个相互联系的整体。世界各民族以及各个国家内的各个民族不再是生活在只有自我的伊甸园里，而是有了相互间的交往，形成相应的民族关系。"过去那种地方的和民族的自给自足和闭关自守状态，被各民族的各方面的互相依赖所代替了。"② 生产力的发展存在差异性，即存在不同的层次和水平，这就决定了不同民族文化水平存在高低之

---

① 《马克思恩格斯文集》第 1 卷，人民出版社 2009 年版，第 520 页。
② 《江泽民文选》第 2 卷，人民出版社 2006 年版，第 199 页。

别。文化的流动性决定了民族交往中的先进文明对落后文明的渗透和浸染，进而可能出现民族同化倾向。正如马克思所说的，"野蛮的征服者总是被那些他们所征服的民族的较高文明所征服，这是一条永恒的历史规律"①。

（2）各民族平等及以法律保障民族平等。马克思主义认为民族之间不分大小、强弱，不存在优劣之分、高低之别，民族之间在事实上是平等的，并且应通过法律来保障民族之间的这种平等关系。首先，应始终坚持民族之间的平等关系。正如马克思和恩格斯所言，"古往今来每个民族都在某些方面优越于其他民族。如果批判的预言正确无误，那么任何一个民族都永远不会优越于其他民族"②，表明的就是这个道理。列宁也指出，"谁不承认和不坚持民族平等和语言平等，不同各种民族压迫或不平等作斗争，谁就不是马克思主义者，甚至不是民主主义者"③。其次，要运用法律来保障民族间的平等关系。这一观点是列宁在继承发展马克思、恩格斯的民族平等思想基础上提出的。列宁提出要"无条件地保护一切少数民族的权利"④，在《俄国社会民主工党纲领草案》中提出："俄国社会主义民主工党的最近的政治任务是推翻沙皇专制制度，建立以民主宪法为基础的共和国，民主宪法应保证：……种族一律平等；承认国内各民族的自决权。"⑤ 提出以法律保障、促进民族关系的平等。

（3）在民族团结基础上建立单一制的共和国。马克思、恩格斯看到了民族间的不断交往、融合以及存在的矛盾，确定民族之间交往的最基本准则：民族平等，同时也看到了民族团结是建立统一国家的条件。在欧洲大革命开始的时候，马克思、恩格斯就提出："全德国宣布为统一的、不可分割的共和国。"⑥ 之后又提出建立"统一而不可分割的德意志共和国"⑦ 的主张，并指出"……要坚决使这个共和国的一切权力

---

① 《马克思恩格斯论民族问题》，民族出版社 1987 年版，第 77 页。
② 同上书，第 46—47 页。
③ 《列宁全集》第 24 卷，人民出版社 1959 年版，第 11 页。
④ 《列宁全集》第 23 卷，人民出版社 1958 年版，第 215 页。
⑤ 《列宁论民族问题》，民族出版社 1987 年版，第 6 页。
⑥ 《马克思恩格斯文集》第 4 卷，民族出版社 2009 年版，第 238 页。
⑦ 同上书，第 7 页。

集中于国家政权掌握之下"。马克思主义主张建立单一制的民主共和国。列宁在已有的思想基础上进一步研究，发现了民族交往中的问题，即民族"同化的问题，即丧失民族特征，变成另一个民族的问题"①，并且就问题的解决提出了两种历史趋向，"第一个趋向是民族生活和民族运动的觉醒，反对一切民族压迫的斗争，民族国家的建立。第二个趋向是民族之间各种联系的发展和日益频繁，民族壁垒的破坏，资本、一般经济生活、政治、科学等等国际统一的形成"②。列宁也分析了这两种趋向出现的时期，一个是在资本主义发展初期，另一个在资本主义成熟时期，也就是社会主义诞生时期。列宁曾指出："只要是由各个不同的民族组成统一的国家，马克思主义者决不主张实行一切联邦制，也不主张实行一切分权制。中央集权制的大国是从中世纪的分散状态走向将来全世界社会主义的统一的一个巨大的历史进步。"③ 正是在民族团结起来反抗资本主义的基础上，建立单一制共和国的过程，也就是社会主义的诞生。

（4）创造性地提出了解决民族问题的措施。马克思主义在正确认识民族状况、客观认清民族问题的前提下创造性地提出了解决民族问题的措施：民族区域自治与民主集中制相结合。在民族团结基础上建立的社会主义共和国必须以民主集中制维护整个国家的团结统一，那么民族团结来自于充分尊重民族的自主权利，这就诞生了马克思主义的民族区域自治思想。早在1888年，恩格斯在论述资本主义时代的欧洲民族时说：每个民族都必须"在自己的家里当家作主"④。列宁在1913年所作《民族问题提纲》中要求："所有国内居民生活习惯和民族成分不同的区域都应该享有广泛的自主和自治。"⑤ 主张把民族区域自治作为统一的多民族的民主国家在处理民族关系中的普遍原则。斯大林也赞同民族区域自治是"正确解决民族问题的唯一办法"⑥。此外，列宁还将民族

① 《列宁全集》第20卷，人民出版社1958年版，第9页。
② 同上书，第9—10页。
③ 同上书，第29页。
④ 《马克思恩格斯文集》第10卷，人民出版社2009年版，第480页。
⑤ 《列宁全集》第19卷，人民出版社1959年版，第239页。
⑥ 《斯大林全集》第3卷，人民出版社1955年版，第196页。

区域自治与民主集中制结合起来。在《关于民族政策问题》中，列宁指出，"我们社会民主党人是各种民族主义的敌人，是民主集中制的拥护者。我们反对分立主义，我们深信，在其他条件相等的情况下，大国比小国更能顺利地解决发展经济的任务，解决无产阶级同资产阶级斗争的任务"①。同时在《关于民族问题的批评建议》中提出"民主集中制不仅不排斥地方自治和具有特殊的经济和生活条件、特殊的民族成分等等的区域自治，相反地，它必须既要求地方自治，也要求区域自治"②。

2. 中国化马克思主义民族和谐思想

（1）毛泽东的和谐民族关系思想。毛泽东关于民族和谐的思想是在新民主主义革命和社会主义革命、建设中逐步形成的，是毛泽东思想的重要组成部分。首先，民族团结是民族和谐的基本保证。民主革命时期，毛泽东充分认识到民族团结的巨大作用，指出："只有经过共产党的团结，才能达到全阶级和全民族的团结，只有经过全阶级和全民族的团结。才能战胜敌人，完成民族和民主革命的任务。"③ 新中国成立后，毛泽东就民族团结的作用强调："我国六亿人民正在工人阶级和共产党的领导下，团结一致地进行着伟大的社会主义建设，国家的统一，人民的团结，国内各民族的团结，这是我们的事业取得胜利的基本保证。"④其次，就保障民族团结，实现民族和谐发展提出相应措施。一是大力提拔和培养民族干部。毛泽东在《对西北少数民族工作的指示》中指出"要彻底解决民族问题，完全孤立反动派，没有大批少数民族出身的共产主义干部是不可能的"⑤。充分说明民族干部在维护民族团结、实现民族和谐中的作用。二是继承马克思关于民族平等思想，坚持民族无论大小一律平等。毛泽东指出："汉族和少数民族的关系一定要搞好。这个问题的关键是克服大汉族主义。在存有地方民族主义的少数民族中间，则应当同时克服地方民族主义。"⑥总之，毛泽东在中国革命和社会

---

① 《列宁全集》第 20 卷，人民出版社 1958 年版，第 217 页。

② 同上书，第 29—30 页。

③ 《毛泽东选集》第 1 卷，人民出版社 1991 年版，第 278 页。

④ 《毛泽东文集》第 7 卷，人民出版社 1999 年版，第 204 页。

⑤ 毛泽东：《对西北少数民族工作的指示》（1949 年 12 月），转引自《人民日报》1973 年 3 月 15 日。

⑥ 《毛泽东文集》第 6 卷，人民出版社 1999 年版，第 227 页。

主义社会建设中，依据马克思主义民族理论，立足中华民族现实，提出了解决和处理民族问题的基本原则，即民族团结、民族平等，这奠定了和谐民族关系的文化基础，为构建和谐民族关系提供了理论基础。

（2）邓小平的和谐民族关系思想。邓小平有关和谐民族关系的思想是马克思主义民族理论在新时期中国的继承和发展，是在解决中国社会主义革命和建设过程中民族问题的实践中坚持并发展了马克思主义、毛泽东思想民族理论所形成的成果。其一，消除大民族主义，维护民族平等与团结。邓小平认为由于种种原因，"在中国历史上，少数民族与汉族之间的隔阂是很深的"①，实现民族平等必须反对大民族主义思想，同时反对狭隘的民族主义思想，必须全面、历史地看待我国的民族关系，消除民族之间的隔阂才能实现民族平等与团结。邓小平提出："我们不能首先要求少数民族取消狭隘民族主义，而是老老实实的取消大汉民族主义"，"只要抛弃大汉民族主义，就能换取少数民族抛弃狭隘的民族主义"②。其二，以民族发展促进民族问题的解决。发展是解决中国社会一切问题的基本措施，是民族的要求、人民的要求和时代的要求。邓小平主张，解决民族问题必须从少数民族的实际出发，"我们对少数民族地区确定了一个原则，就是对汉族地区实行的各方面政策，包括经济政策，不能照搬到少数民族地区去，要区分哪些能用，哪些修改了才能用，哪些不能用"③。坚持以经济建设为中心，发展民族地区经济，才能真正促进民族问题的解决。坚决贯彻民族区域自治制度，加强少数民族地区管理。邓小平指出："解决民族问题，中国采取的不是民族共和国联邦的制度，而是民族区域自治的制度，我们认为这个制度比较好，适合中国的情况。"④

（3）江泽民的和谐民族关系思想。党的十三届四中全会以来，以江泽民为核心的党的第三代领导集体在错综复杂的国际国内形势下，针对我国民族问题，就领导我国民族工作提出了一系列解决民族问题、实现民族和谐的思想理论。其一，在"三个代表"重要思想基础上提出

① 《邓小平文选》第3卷，人民出版社1993年版，第162页。
② 同上书，第163页。
③ 同上书，第16页。
④ 同上书，第257页。

"三个离不开"。以江泽民为核心的党的第三代中央领导集体提出了
"三个代表"重要思想，为我国社会主义平等、团结、互助的民族关系
建设提供了新的理论指导，在此基础上江泽民提出了"三个离不开"，
即"汉族离不开少数民族，少数民族离不开汉族，少数民族之间也相
互离不开"①。这是对我国社会主义民族关系发展规律的新的深刻总结
和概括。其二，加强教育是增强民族交流能力，促进民族和谐的重要工
作。面对风云变幻的国际形势，以江泽民为代表的党中央高度重视民族
工作，在继承邓小平民族思想的基础上创造性地提出：要改变少数民族
地区的落后面貌，必须先提高少数民族的教育水平。建立一支高素质的
民族干部队伍是实现民族和谐的关键。江泽民在视察宁夏时指出："为
执行好民族政策，做好民族工作，必须努力培养少数民族干部。我们应
从解决民族问题，推进现代化事业，振兴中华民族的战略高度来看待这
个问题。少数民族的干部队伍起着不可代替的作用。拥有一支数量大、
素质好的少数民族干部队伍，我们党的大政方针就能更好地得到贯彻执
行，我国各民族就能更好地发展、进步，新型的民族关系就会更好地发
展。我们也就有足够的力量来应对民族问题上可能产生的任何风波。"
要使民族问题得到有效解决，民族工作开展取得明显成效，促进民族地
区和谐发展与繁荣，江泽民认识到，不但需要正确的民族理论，更为重
要的是需要建立一支德才兼备的高素质民族干部队伍。

（4）胡锦涛的民族和谐发展观。以胡锦涛为代表的新一代领导集
体更加注重和谐民族关系建设，对和谐民族关系做了更为深刻、更为全
面的把握和论述。通过概括"和谐社会"内容全面丰富了和谐民族关
系的内涵。党的十六届四中全会提出"和谐社会"概念，胡锦涛进一
步指明了，我们要建设的和谐社会应该是民主法治、公平正义、诚信友
爱、充满活力、安定有序、人与自然和谐相处的社会。2007 年的全国
十届人大五次会议期间，胡锦涛在听取广西代表团审议时指出："民族
工作始终是关系党和国家工作全局的一项重大工作，民族和谐始终是社
会和谐的重要组成部分。"和谐民族关系是和谐社会的不可或缺的部

---

① 国家民族事务委员会政策研究室编：《中国共产党主要领导人论民族问题》，民族出
版社 1994 年版，第 238 页。

分，和谐社会关系的论述实际上也就包含了和谐民族关系的内容，并且较之以前的论述更为全面、具体。党的十六届六中全会通过的《关于构建社会主义和谐社会若干重大问题的决定》中明确写道："巩固和发展平等、团结、互助、和谐的社会主义民族关系，使各族人民和睦相处、和衷共济、和谐发展。"在中央民族工作会议暨国务院第四次全国民族团结进步表彰大会的讲话中，胡锦涛指出："民族关系是多民族国家中至关重要的社会关系。正确处理民族问题，使各族人民和睦相处、和衷共济、和谐发展，对我们建设社会主义物质文明、政治文明、精神文明与和谐社会，具有十分重大的意义。"① 通过和谐社会构建促进民族关系的和谐发展，反过来，以实现民族关系和谐来发展社会和谐，二者相互影响、相互促进。

（二）平等团结互助和谐的社会主义民族关系

作为马克思主义的政党，中国共产党在十八次全国代表大会报告中明确民族发展政策，"巩固和发展平等团结互助和谐的社会主义民族关系，促进各民族和睦相处、和衷共济、和谐发展"②。充分体现了中国特色的民族平等思想，为构建和谐民族关系提出了要求，指明了方向。"平等、团结、互助、和谐"是社会主义民族关系的本质，民族平等思想是建立平等民族关系的指导，民族平等是实现民族和谐的前提，和谐民族关系是民族平等的充分体现，也是民族平等思想的实践表现。这也是目前学者的普遍共识和所持的主要观点，彭谦将民族和谐解释为各族间互相尊重、平等友爱、融洽和谐的民族关系。③ 苗银柱则将民族和谐看成是社会主义民族关系在民族平等、团结和互助基础上的进一步发展。④ 而吴光芸则更直接指出民族和谐的实质：第一，民族平等，此为民族和谐的前提；第二，民族团结，此为民族和谐的纽带；第三，民族

① 胡锦涛：《在中央民族工作会议暨国务院第四次全国民族团结进步表彰大会上的讲话》，《人民日报》2005 年 5 月 28 日。

② 胡锦涛：《坚定不移沿着中国特色社会主义道路前进，为全面建成小康社会而奋斗——在中国共产党第十八次全国代表大会上的报告》，人民出版社 2012 年版，第 30 页。

③ 彭谦：《和谐社会构建中民族关系面临的挑战》，《大连民族学院学报》2006 年第 2 期。

④ 苗银柱：《构建和谐的民族关系》，《人民日报》2009 年 6 月 16 日第 8 版。

互助基础上的发展，此为民族和谐的核心。通过这三方面最终带来各民族的和睦共处。①

参考上述学者的主要观点，结合党的十八大精神，平等、团结、互助、和谐是四位一体的。民族平等是民族和谐，民族团结是民族和谐，民族互助是民族和谐，各民族之间的关系，终究的理想状态是实现和谐，即党的十八大提出的"促进各民族和睦相处、和衷共济、和谐发展"②。民族平等，是指各民族之间在社会生活各个领域和相互交往中处于同等地位，享有同样的权利，民族平等是从一般平等原则发展来的，是平等原则在民族关系方面的推广和引申。中国特色民族理论认为，民族平等是民族团结、互助、和谐的前提和基础。宪法、党章、民族区域自治法把民族平等原则载入其中并贯彻实施，为实现民族和谐作出制度保障和法律保障。民族团结的基础和首要条件是民族平等，代表性的观点认为民族团结是一个历史范畴，它是民族与民族之间在互动中认同的整合关系。这包含了三层意思，第一，民族团结是一个历史范畴；第二，民族团结是民族与民族在互动中的认同；第三，民族团结的实质是民族与民族之间的整合关系。③ 也有观点认为民族团结是各民族间和各民族内部在共同利益基础上结成的平等互助、友好合作的关系，它是马克思主义处理民族问题的一项基本原则，它以消灭民族压迫和民族歧视、实现民族平等为前提。④ 民族互助是指不同民族在社会生活和交往联系中的互相协作、互相帮助。民族互助是民族平等、团结的必然结果，是促进民族团结、民族平等的重要途径，是民族和谐的必要条件。民族和谐是指不同民族在社会生活和交往联系中，和睦相处、和合关系、和衷共济、和谐发展。民族和谐是民族平等、团结、互助的综合反映，是促进民族平等、团结、互助的重要因素。

社会主义社会的民族关系基本上是各民族劳动人民之间的关系。这

① 吴光芸：《培育社会资本，促进民族和谐》，《贵州民族研究》2007 年第 1 期。
② 胡锦涛：《坚定不移沿着中国特色社会主义道路前进，为全面建成小康社会而奋斗——在中国共产党第十八次全国代表大会上的报告》，2012 年 11 月 18 日。
③ 罗树、徐杰舜：《民族理论和民族政策教程》，民族出版社 2005 年版，第144 页。
④ 陈永龄：《民族词典》，上海辞书出版社 1987 年版，第 348 页。

种社会主义社会民族关系的基本性质决定了社会主义民族关系是以平等、团结、互助、和谐为基本特征的。社会主义社会民族关系主要表现为政治平等团结关系、经济互助合作关系、文化共存繁荣关系、社会和睦协调关系。社会主义社会民族关系的基本内容包括以下方面：

1. 实现各民族的完全平等，巩固各民族的团结友爱关系

中国共产党对社会主义民族关系基本内容（基本特征）的认识有一个深化过程。1949 年 9 月 29 日，《中国人民政治协商会议共同纲领》第六章第 50 条规定："中华人民共和国境内各民族一律平等，实行团结互助，反对帝国主义和各民族内部的人民公敌，使中华人民共和国成为各民族友爱合作的大家庭。"① 1950 年 10 月 1 日，周恩来总理在宴请各民族代表大会上的讲话中指出：建立了中华人民共和国，"这样中国各民族之间的关系便有了根本的改变，从过去压迫和被压迫的关系改变为平等、互助的关系"② 。1951 年 12 月 12 日，毛泽东在《给西北各族人民抗美援朝代表会议的复电》中指出："从中华人民共和国成立的那一天起，中国各民族就开始团结成为友爱合作的大家庭。"③ 从此以后，中华人民共和国是各民族平等团结友爱合作的大家庭的提法，平等团结友爱合作的民族关系的提法随之出现，并广泛使用了一个时期。1952 年 2 月 22 日批准的《中华人民共和国民族区域自治实施纲要》第 35 条规定："上级人民政府应教育并帮助各民族人民建立民族间平等、友爱、团结、互助的观点，克服各种大民族主义和狭隘民族主义的倾向。"④ 1953 年 2 月 11 日，邓小平在中央人民政府委员会上《关于〈中华人民共和国人民代表大会选举法〉草案的说明》中指出："使中华人民共和国成为我各民族人民友好合作的大家庭。""我们的选举法应该把这种民族友爱团结的关系反映出来，并使之巩固。"⑤ 1954 年9 月 15 日，刘少奇在《关于中华人民共和国宪法草案的报告》中指出："宪法草案的序言和许多条文规定了国内各民族间平等友爱互助的关

① 《民族政策文件汇编》第一编，人民出版社 1958 年版，第 1 页。
② 同上书，第 4 页。
③ 《毛泽东文集》第 6 卷，人民出版社 1999 年版，第 211 页。
④ 《民族政策文件汇编》第一编，人民出版社 1958 年版，第 71 页。
⑤ 《民族政策文件汇编》第二编，人民出版社 1958 年版，第 11 页。

系，保障了各少数民族的自治权利。""中华人民共和国成立以来，已经废除了民族压迫制度，建立了国内各民族平等友爱互助的新关系……"① 1954 年 9 月 22 日通过的《中华人民共和国宪法》序言规定："我国各民族已经团结成为一个自由平等的民族大家庭。在发扬各民族间的友爱互助、反对帝国主义、反对各民族内部的人民公敌、反对大民族主义和地方民族主义的基础上，我国的民族团结将继续加强。"② 1956 年，我国大部分地区完成了生产资料所有制的社会主义改造。1956 年 9 月，中共八大通过的《中国共产党章程》提出："实现各民族的完全平等，巩固各民族的团结友爱关系。"

2. 坚持平等、互助、团结、合作，以促进各民族的共同繁荣

1982 年 9 月，中国共产党第十二次代表大会部分修改通过的新的《中国共产党章程》规定："中国共产党维护和发展国内各民族平等、团结、互助关系。"党的十二大政治报告也指出："进一步发展国内各民族之间平等、团结、互助的社会主义民族关系，是我国社会主义民主建设的一项重要内容。"1982 年 12 月 4 日，由第五届全国人民代表大会第五次会议通过的《中华人民共和国宪法》明确规定："中华人民共和国是全国各族人民共同缔造的统一的多民族国家。平等、团结、互助的社会主义民族关系已经确立，并将继续加强。"③ 1982 年，中共十二大通过的党章和五届人大五次会议通过的宪法，都把民族平等、团结、互助确定为我国社会主义民族关系的基本内容（基本特征）。这是我党我国历史上（党章和宪法）第一次对民族关系基本内容有了共识，还具有了最高的权威性和法律依据。1991 年 3 月，七届全国人大四次会议文件使用了平等互助、团结合作、共同繁荣的社会主义民族关系的提法。

3. 坚持巩固和发展平等、团结、互助、和谐的社会主义民族关系

2005 年 5 月 27 日，胡锦涛同志《在中央民族工作会议暨国务院第四次全国民族团结进步表彰大会上的讲话》中指出："坚持巩固和发展

---

① 《刘少奇选集》下卷，人民出版社 1995 年版，第 163 页。

② 《民族政策文件汇编》第二编，人民出版社 1958 年版，第 1 页。

③ 国家民委办公厅等编：《中华人民共和国民族政策法规选编》，中国民航出版社 1997 年版，第 27 页。

平等、团结、互助、和谐的社会主义民族关系。"① 2005 年 5 月中央
［2005］10 号文件也提出："平等、团结、互助、和谐是我国社会主义
民族关系的本质特征。"② 胡锦涛同志在这次中央民族工作会议重要讲
话中，在我国社会主义民族关系基本特征中加入"和谐"的要素，这
是中国共产党从现阶段构建社会主义和谐社会总体目标出发，基于现实
民族问题的特点和规律对我国民族关系认识的重要发展，是新的理论突
破，为社会主义民族关系理论注入了新的内涵，使我国社会主义民族关
系特征的内容更加完善、科学，具有重要的理论意义和实践意义。第
一，"和谐"是建设和谐社会在民族关系上的一种必然要求。在社会主
义的民族关系中增加和谐的内容是建设中国特色社会主义进程中的一种
历史性要求。第二，"和谐"是中央在对我国当代民族问题特点和规律
把握的基础上提出的一项重要民族关系原则。第三，"和谐"的提出使
我国社会主义民族关系的内容更加完整。"平等、团结、互助"已经概
括了我国社会主义民族关系的主要内容，但将"和谐"作为一个独立
的要素提出则使这种民族关系有了一种有序的结构性要求。"和谐"以
承认差异、多样性为前提，是对我国各民族文化、利益多元性的承认和
尊重，也是对在共同利益和目标基础上各民族和睦、协调、合作等统一
性的强调。

4. 中国社会主义民族关系中平等、团结、互助、和谐四要素的
关系

民族平等是指不同民族在社会生活和交往联系的相互关系中，处于
同等的地位，具有同样的权利，履行相同的义务，反对一切形式的民族
压迫、民族歧视和民族特权。民族团结是指不同民族在社会生活和交往
联系中的和睦、友好和协调、联合。民族互助是指不同民族在社会生活
和交往联系中的互相协作、互相帮助。民族和谐是指不同民族在社会生
活和交往联系中，和睦相处、和合关系、和衷共济、和谐发展。民族平
等是民族团结、互助、和谐的前提和基础（基石）。

---

① 胡锦涛：《在中央民族工作会议暨国务院第四次全国民族团结进步表彰大会上的讲
话》单行本，人民出版社 2005 年版，第 9 页。

② 转引自吴仕民主编《中国民族理论新编》，中央民族大学出版社 2006 年版，第 17 页。

民族团结是民族平等的必然结果，是促进各民族真正平等的保障，是民族互助的条件和保障，是民族和谐的条件、保障。民族互助是民族平等、团结的必然结果，是促进民族团结、民族平等的重要途径，是民族和谐的必要条件。民族和谐是民族平等、团结、互助的综合反映，是促进民族平等、团结、互助的重要因素。总之，平等、团结、互助、和谐是我国社会主义民族关系的本质特征，平等、团结、互助、和谐是相互联系、相互依赖和相互制约的相辅相成、相得益彰、缺一不可的辩证统一体。

（三）和谐相处：中国特色民族平等思想的重要"实践场域"

中国特色民族平等思想是关于民族关系的真理性认识，民族和谐是民族理论和民族思想应用于实践所要达到的民族关系状态，是最为理想的民族关系状态。党的十八大为我国的民族和谐研究指明了方向，"巩固和发展平等团结互助和谐的社会主义民族关系，促进各民族和睦相处、和衷共济、和谐发展"①。民族和谐是中国特色民族平等思想的重要"实践场域"。

1. 民族和谐是践行中国特色民族平等思想的主要目标

民族和谐是一种理想的民族关系状态，是各民族在经济、政治、文化和社会四方面实现平等、团结、互助，实现和谐相处，是整个社会主义社会大和谐的组成部分。民族平等是民族和谐的基础，民族平等思想引领民族平等实践发展，因而，践行民族平等思想的主要目标在于构建和谐民族关系。

正如马克思所总结的，"过去那种地方的和民族的自给自足和闭关自守状态，被各民族的各方面互相往来和各方面的互相依赖所代替了"②。正是在各种交往活动中，人类不同群体有了民族意识，也正是有了民族意识才产生了对民族间的关系思考，平等成为最早的处理民族关系的原则。在当今社会，民族间的相互依赖程度不断提高，民族间的摩擦在所难免，民族间的不和谐因素影响民族间的正常交往，这样构建

---

① 胡锦涛：《坚定不移沿着中国特色社会主义道路前进，为全面建成小康社会而奋斗——在中国共产党第十八次全国代表大会上的报告》，2012 年 11 月 18 日。
② 《江泽民文选》第 2 卷，人民出版社 2006 年版，第 199 页。

和谐民族关系成为民族间、民族内部的共同诉求。平等思想作为最先处理民族关系的重要思想得到发展与实践，指向于构建和谐民族关系，因此，民族和谐是践行中国特色民族平等思想的主要目标。

2. 民族和谐是中国特色民族平等思想发展的测量标准

马克思主义认为，认识源于实践，实践是检验认识真理性的唯一标准。民族和谐是一种民族关系状态，是一项实践活动过程与结果展现，而中国特色民族平等思想则属于认识范畴。很显然，以民族和谐与否、和谐程度检验中国特色民族平等思想发展程度符合马克思主义认识论。民族关系和谐程度作为民族平等思想践行的测量标准包含两方面内容：一是根据民族关系是否和谐的现实来判定民族平等思想是否存在并被实践化；二是民族关系和谐程度决定于民族平等思想践行程度。

（1）民族和谐是判定中国特色民族平等思想的根本标准。

中国特色民族平等思想在充分认识民族问题基础上发展起来，也随着民族关系的调整而变化。马克思看到"各民族之间的相互关系取决于每一个民族的生产力、分工和内部交往的发展程度。这个原理是公认的。然而不仅各民族与其他民族的关系，而且一个民族本身的整个内部结构都取决于它的生产力以及内部和外部的交往的发展程度"①。经济平等思想毫无疑问成为中国特色民族平等思想的基础，在此基础上政治平等、文化平等、社会平等随着对民族关系的认识深入全面而成为民族平等思想的组成部分。结合中国特色民族平等思想基本原理，中国共产党和人民提出构建和谐民族关系的主张，实现了目前我国各民族间的大和谐，事实有力地证明了目前我国民族的和谐统一是践行了民族平等思想的成果。

（2）民族关系的和谐程度反映中国特色民族平等思想践行程度。

我国是一个多民族国家，处理好民族关系事关党和国家的安定团结，民族间和谐程度越高则民族越稳定。我国民族关系已实现总体和谐，但是和谐的程度还不够高，原因就在于民族间的平等性还不够强，平等思想践行程度还不够深。应当承认，我国各民族由于地理位置、自然环境、历史文化、宗教信仰等方面存在历史与现实的差距，正如马克

---

① 《马克思恩格斯文集》第 1 卷，人民出版社 2009 年版，第 520 页。

思所讲到的，"民族差别严重的妨碍团结"①。各民族间发展不平衡是客观存在的，但思想上缺乏平等观念无疑是内在的原因，践行民族平等思想程度就反映在现实的民族关系和谐程度上。

3. 民族和谐是中国特色民族平等思想发展的强劲动力

和谐作为民族关系的理想状态检验民族平等思想的发展程度，推动民族平等思想更全面、更高水平发展。民族平等思想是构建民族和谐关系的重要理论基础，民族和谐发展也丰富了民族平等思想的内容，向民族平等思想提出了更高的要求，促进了民族平等思想的进一步发展。

（1）民族和谐丰富了中国特色民族平等思想内容。

理论源于现实，实践诞生真知。民族和谐是存在于民族之间的现实状态，现存的民族和谐状态是对民族平等思想的充分肯定，为民族平等思想提供了现实内容，极大地丰富了平等思想的内涵。民族和谐是变化发展的动态过程，从低水平走向高水平、从片面走向全面，整个过程是和谐民族关系优越性逐步凸显的过程。民族平等思想是和谐民族关系构建的理论基础，在民族和谐状态发生变化后民族平等思想必然吸收现实以丰富自身内容，始终保持在民族和谐关系构建中的基础思想地位而不至于落后现实，阻碍现实的发展。

（2）民族和谐促进中国特色民族平等思想发展。

民族和谐不断发展，向现实的物质条件和精神条件提出新的要求，这势必推动民族平等思想发展。一方面，民族和谐关系发展向民族平等思想提出更高要求。民族平等思想在构建民族和谐关系中发挥着巨大作用，随着民族平等基本实现，民族和谐关系建成，民族平等思想价值得到充分体现，但我国目前的民族和谐是低水平的、不全面的，需要进一步发展，现实的需要就决定了民族平等思想在内涵上、形式上必须向更高水平发展。另一方面，民族平等思想以更高姿态回应民族和谐发展的诉求。民族平等思想有力回应构建和谐民族关系这一现实需求，表现在平等思想是在总结和谐民族关系现实的基础上向更高水平发展形成的新成果。作为民族和谐关系构建的引领思想，民族平等思想结合中国实际，始终坚持马克思主义关于民族关系的真理性认识，将全面建成小康

---

① 《马克思恩格斯选集》第 2 卷，人民出版社 1995 年版，第 667 页。

社会思想中的民族关系内容纳入自身内容体系，以中国绝大多数民族乐于接受的方式实现民族间的真正平等，从而实现高水平的民族和谐。

民族和谐既是思想体系也是民族关系状态。中国民族和谐思想源于中华民族数千年深厚文化积淀，也是中国共产党坚持马克思主义民族思想，结合中国国情不断探索形成的思想体系。民族平等思想是实现民族平等的思想基础，民族平等是民族和谐的第一步，推进民族和谐的进程中，民族平等思想始终居于重要地位。实现民族和谐发挥了民族平等思想的巨大作用，促进民族和谐更高层次的发展要求民族平等思想有新的更高层次、更高水平的发展，这是现实的要求，也是马克思主义构建理想民族关系的指引。

二　中国特色民族平等思想中的民族安定团结

民族团结是指不同民族在社会生活和交往联系中的和睦、友好和协调、联合。

马克思主义的民族团结的含义，有它的特定的范围和阶级基础。从民族团结的内容来说，是不分民族大小、先进与落后，不分原先所处的不同社会地位的真诚的团结。它是指民族之间的团结，但是，民族内部的团结对民族之间的团结具有很重要的影响。民族团结，从实质来说，是有特定阶级内容的团结，主要是各民族中的无产阶级和劳动人民的团结，在剥削阶级作为阶级已经被消灭的社会主义时期，是各民族人民的团结。

（一）融入共济：共同团结奋斗、共同繁荣发展

审视当今世界，全球化与现代化交集成为了新的时代特征，一些小国如斯洛文尼亚、不丹等国的快速发展，对我国各个民族特别是边疆民族地区的发展既有启示，也使人感到一种新的压力。现阶段我国各民族及边疆民族地区能否在更高程度上融入国家整体现代化进程，走出一条具有民族特色和地域特色的自主发展之路，创新民族区域自治制度，实现各民族共同繁荣发展，是当代中国一个重大的理论和现实问题。

费孝通先生在《中华民族多元一体格局》一文中指出：我国"五十多个民族单位是多元，中华民族是一体，他们虽则都称'民族'，但层次不同"①。"多元一体格局"概念的提出，是对中国多民族国家的历史发展和现实形态的一种概括和解释。正如费孝通先生所言："在中华民族的统一体之中存在着多层次的多元格局。各个层次的多元关系又存在着分分合合的动态和分而未裂、融而未合的多种情状。"从时空上看，这种形态的概括和描述，是存形于昨日和今天之间；而从当今和未来的时空着眼，中华民族的发展和实现伟大复兴，必须经历一个从一体到多元的现代化进程，通过各民族的特色发展并融入整体发展，实现共同发展目标，在更高程度上再造中华民族多元一体格局。

新世纪以来，我国进入了面临重大变革的社会转型加速期，即从农牧业的、乡村的、封闭的传统社会向以工业化、城镇化为中心的、开放的现代社会转型的速度加快。而处于国家整体社会运行中的民族自治区域特别是边疆民族地区，由于国际国内两方面因素的制约，适应性变迁相对缓慢。而这种适应性变迁也就是融入整体社会发展的过程。针对这一现实发展的差距，党中央适时提出了"各民族共同团结奋斗，共同繁荣发展"，并将此作为新世纪我国民族工作的主题。提出各民族共同团结奋斗，共同繁荣发展这一主题，含义深刻。中国特色社会主义是我国各族人民的共同事业，是解决我国民族问题的根本道路。我国现阶段的民族问题只有在建设中国特色社会主义、实现中华民族伟大复兴的共同事业中才能逐步解决，而民族问题的最终解决是为实现社会主义总目标服务的，民族问题的解决又有利于推进建设中国特色社会主义。因此，在新的历史条件下，我国各族人民坚持"两个共同"的根本目的就是要"和衷共济、和睦相处、和谐发展"，一心一意谋发展，聚精会神搞建设，全面建设小康社会，实现中华民族的伟大复兴。只有各民族共同奋斗，各民族共同繁荣发展才具有强大动力；只有各民族共同繁荣发展，各民族共同团结奋斗才能具有坚实基础。只要思想认同、目的明确、目标一致、方向清晰，各族人民就能同呼吸、共命运、心连心，同

---

① 费孝通：《中华民族多元一体格局》，载《社会学在成长》，天津人民出版社 1990 年版，第 137 页。

心同德、团结互助，真正实现"两个共同"。

（二）民族团结进步教育

民族团结与进步，是社会主义民族关系的主旋律，也是社会主义精神文明建设的重要内容。我国是一个多民族的社会主义国家，各民族的团结是祖国统一和各民族共同繁荣发展的重要保证。维护民族团结是由我国国情所决定的，也是民族教育政策的重要价值取向之一。

1. 民族团结教育内容

民族团结教育是指对公民进行以爱国主义教育为核心内容的学习民族理论、掌握民族政策、普及民族团结常识、梳理民族团结意识、履行维护民族团结义务、增进维护民族团结感情的教育。在教育部、国家民族事务委员会下发的《学校民族团结教育指导纲要》中，提出民族团结教育的目标是："增进对中华民族的认同和历史、文化的了解，促进56个民族优秀文化传统的相互交流、继承和发扬；认识和理解马克思主义关于民族问题的基本理论及党和国家的民族政策；在社会交往中，具备正确对待和处理民族问题的基本素质，自觉维护我国各民族'平等、团结、互助、和谐'的社会主义民族关系，促进各民族的共同进步和祖国繁荣昌盛。"[①]

民族团结教育也体现出中华民族多元一体格局的特点，费孝通总结了"中华民族多元一体格局"理论的六个特点：一是多元一体格局有一个凝聚的核心，就是华夏族团和后来的汉族，汉人在少数民族地区形成了一个点线结构、东密西疏的网络，这个网络正是多元一体格局的骨架；二是相当部分的少数民族从事畜牧业，汉族以农业为主，形成内容不同但相互补充的经济类型；三是汉语已经逐渐成为共同的通用语言；四是汉族的农业经济是形成汉族凝聚力的主要来源；五是各民族之间在人口规模上大小悬殊；六是中华民族成为"一体"是一个逐步发展的过程，先有各地区的"逐步的统一体"，又形成北牧、南农两大统一

---

① 托娅：《民族团结教育之愿景及其有效教学设计》，《思想理论教育》2009 年第 18 期。

体，最后以汉族为核心汇成一个"大一统"的格局。① 最后"这个自在的民族实体在共同抵抗西方列强的压力下形成了一个休戚与共的自觉的民族实体"②。费孝通在《中华民族的多元一体格局》一文中指出中华民族形成过程的"主流是由许许多多分散存在的民族单位，经过接触、混杂、连接和融合，同时也有分裂和消亡，形成一个你来我去、我来你去、我中有你、你中有我，而又各具个性的多元统一体"③。范文澜认定自秦汉起，汉族就具备了斯大林提出的民族的四个特征，即"书同文——共同语言"、"长城以内的广大疆域——共同地域"、"车同轨——共同的经济生活"、"行同伦——共同文化上的共同的心理素质"④。

2. 党和国家高度重视民族团结教育工作

党的十六大以来，国务院以及中央有关部门多次出台政策，指导民族团结教育工作，提出了具体的实施方案和意见。《加快发展民族教育的决定》强调："要高举民族团结进步的伟大旗帜，在各级各类学校教育中，有重点、分层次、有针对性地加强民族团结教育。进一步增强各族师生'三个离不开'（汉族离不开少数民族，少数民族离不开汉族，各少数民族之间也相互离不开）的观念，牢固树立自觉维护国家统一、反对民族分裂的思想意识，增强学生的社会主义法制观念、道德观念，提高科学、文化素质，为确保我国各民族的团结进步和国家的长治久安作出贡献。"⑤ 2004 年，教育部办公厅、国家民委办公厅联合发布《关于在中小学进一步大力推进民族团结教育工作的通知》，指出现阶段我国民族关系面临的新形势和在中小学加强民族团结教育的重要意义，提出了今后中小学开展民族团结教育的新要求。2005 年，胡锦涛在中央民族工作会议暨国务院第四次全国民族团结进步表彰大会上指出："尤其要在各族青少年中开展多种形式的民族团结宣传教育活动，使'三

---

① 梁茂春：《跨越族群边界：社会学视野下的大瑶山族群关系》，社会科学文献出版社2008 年版，第 8 页。

② 费孝通：《中华民族的多元一体格局》，《北京大学学报》1989 年第 4 期。

③ 同上。

④ 《试论中国自秦汉时成为统一国家的原因》，《历史研究》1954 年第 2 期。

⑤ 转引自教育部民族教育司、国家民委教育科技司编《走向辉煌的中国民族教育——第五次全国民族教育工作会议材料汇编》，中央文献出版社 2003 年版，第 7 页。

个离不开'的思想观念深深扎根于各族青少年心中。要继续深入开展民族团结进步活动，鼓励各民族相互学习、相互交流，实现和谐相处、共同进步。"2009 年，胡锦涛在国务院第五次全国民族团结进步表彰大会上发表重要讲话，指出："要落实好中央关于在各级各类学校广泛开展民族团结教育的决策部署，推动党的民族理论和民族政策、国家民族法律法规进课堂、进教材、进头脑，使汉族离不开少数民族、少数民族离不开汉族、各少数民族之间也相互离不开的思想深深扎根于各族青少年心中，使我国各民族同呼吸、共命运、心连心的优良传统代代相传。"[①] 一系列民族团结教育的政策和措施，切实增强了各民族学生对祖国的认同感，使各民族学生自觉树立了维护祖国统一和民族团结、反对民族分裂的思想观念。邓小平在 20 世纪 50 年代指出："西南的国境线从西藏到云南、广西。有几千公里，在这么长的边境上，居住的大多数是少数民族，少数民族问题解决得不好，国防问题就不能解决好。"[②]

(三) 中国特色民族平等思想中的民族安定团结

加强民族团结，维护祖国统一和社会稳定，是全国各族人民的共同愿望和根本利益所在。没有民族地区的稳定就没有全国的稳定，没有民族地区的小康就没有全国的小康，没有民族地区的现代化就不能说实现了全国的现代化。党中央历来十分重视和关心各民族人民的团结。毛泽东、周恩来、朱德、邓小平、江泽民、胡锦涛等领导人对边疆民族团结寄予殷切的希望，反复告诫各族干部群众，一定要搞好民族团结，把民族地区建设好，保卫好。

1. 民族安定团结的重要性

毛泽东同志说过："我们要和各民族讲团结，不论大的民族小的民族都要团结。例如鄂伦春族还不到两千人，我们也要和他们团结。"他还谆谆告诫我们："我国少数民族人数少，占的地方大。论人口，汉族占百分之九十四：是压倒优势。如果汉人搞大汉族主义，歧视少数民族，那就很不好。而土地谁多呢？土地是少数民族多，占百分之五十到

---

① 宁夏回族自治区民族事务委员会编：《民族法律法规政策新编》，宁夏人民出版社 2010 年版。

② 《邓小平文选》第 1 卷，人民出版社 1994 年版，第 162 页。

六十。我们说中国地大物博，人口众多，实际上是汉族'人口众多'，少数民族'地大物博'，至少地下资源很可能是少数民族'物博'。"他还说："国家的统一，人民的团结，国内各民族的团结，这是我们的事业必定要胜利的基本保证。"①

我国是各族人民共同缔造的团结统一的多民族国家，各民族的前途命运与祖国的前途命运始终紧密联系在一起。民族团结形成的力量，既是民族向心力、凝聚力的重要体现，也极大地影响着综合国力。实现中华民族伟大复兴，是近代以来中国人民不懈追求的目标。中华民族的伟大复兴，根本动力来自全国各族人民。只有各民族大团结，各族人民共同当家作主，才能确保各族人民的主体地位落到实处，使各族人民建设中国特色社会主义的参与热情和创造活力最大限度地激发出来，使社会主义制度下一切物质的和精神的、现实的和潜在的积极因素竞相迸发其能量，一切有利于造福社会和人民的源泉充分涌流，从而使中华民族伟大复兴的光明前景真正变为现实。中华民族迎来了伟大复兴的光明前景，靠的就是全国各族人民精诚团结、万众一心、共同奋斗。

2. 民族安定团结的政策保障

市场经济是竞争的经济，要竞争就必然有赢家和输家。但在民族问题领域，"如果我们放任各民族在不同的起点上自由竞争，结果是可以预见的，那就是水平较低的民族走上淘汰灭亡的道路"②。"在新的历史时期，搞好民族工作，增加民族团结的核心问题，就是要积极创造条件，加快少数民族和民族地区的经济文化事业，促进各民族的共同繁荣，这既是少数民族和民族地区人民的迫切需要，也是我们社会主义民族政策的根本原则。"③

民族平等团结，是马克思主义处理民族问题的根本原则，是发展我国革命和建设事业的基本保证，是巩固人民民主专政和国家统一的重要保证。我国各民族共同缔造了统一的多民族国家，共同创造和发展了祖国的历史和文化，共同奋斗建立和发展了新中国。根据以上情况，我们

---

① 毛泽东：《关于正确处理人民内部矛盾的问题》（1957 年 2 月 27 日），《毛泽东选集》第 5 卷，人民出版社 1991 年版，第 363 页。

② 费孝通：《中华民族的多元一体格局》，《北京大学学报》1989 年第 4 期。

③ 国家民委：《中国共产党主要领导人论民族问题》，民族出版社 1994 年版，第 251 页。

党和国家始终坚持民族平等团结，并把它作为民族政策中的总政策。民族平等团结作为总政策，其内容涉及各民族，涉及民族的政治、经济、文化、社会等各个领域，具体体现在宪法类规定、法律法规类规定、行政法规、命令、指示决定等之中。我们党和国家一贯坚持民族平等团结政策，制定了相应的法律规定，采取了实际生活中的贯彻和保障措施，也进行了多次全国范围的民族政策再教育，注意反对和克服大民族主义，主要是大汉族主义和地方民族主义。实现民族团结的基本保障包括：第一，社会主义道路是民族团结的政治基础；第二，中国共产党是民族团结的核心；第三，人民民主专政是民族团结的政治保证；第四，马列主义、毛泽东思想是民族团结的指导思想；第五，民族平等是民族团结的前提条件；第六，物质文明是民族团结的物质基础；第七，政治文明是民族团结的政治环境；第八，精神文明是民族团结的精神条件。

三　中国特色民族平等思想中的民族地区社会发展

"社会建设与人民幸福安康息息相关。必须在经济发展的基础上，更加注重社会建设，着力保障和改善民生，推进社会体制改革，扩大公共服务，完善社会管理，促进社会公平正义，努力使全体人民学有所教、劳有所得、病有所医、老有所养、住有所居，推动建设和谐社会。"[①] 这是胡锦涛在十七大报告上所提到的，在十八大报告上再次提到。这不仅是内地汉族人民所追求的社会目标，同时更是边疆少数民族社会建设所要实现的，不然就谈不上建设和谐社会、全面建成小康社会。

马克思主义认为，世界各国的民族发展都具有不平衡性。在实现民族平等的过程中存在着社会目标与社会现实之间、形式上的平等与实际的平等之间的极大矛盾。在这种情况下，要想得到平等的结果，就不能只停留和满足于形式上的平等，有时需要采取不平等的手段来实现平

---

① 胡锦涛：《高举中国特色社会主义伟大旗帜 为夺取全面建设小康社会新胜利而奋斗》，《人民日报》2007年10月25日。

等，即平等的结果往往要求不平等的机会。在实现民族平等方面也同样如此，要实现各民族之间平等的结果并保障和维护少数民族的平等权益，就必须考虑各民族发展上的差距和文化上的差异。如果单纯强调"一把尺子量到底"，其结果只会是不平等。对于少数民族权益特别保护的特殊原则，正是在这种认识的基础上形成的，并且具体表现为优惠政策和措施。

（一）和谐发展：不断增强中华民族的凝聚力

中华民族是具有强大凝聚力的民族。在历史沧桑的千锤百炼中，我国各民族发展了休戚与共、相互依存的亲密关系，形成了伟大的中华民族。几千年来，国家统一和民族团结始终是中华民族历史的主流，是中国发展进步的重要保障。维护祖国统一，加强民族团结，对于我们这个多民族的国家来说，具有特别重大的意义。近百年的历史证明，民族凝聚力是共同思想文化和价值观念的集中体现。作为一种观念形态的东西，它是相对稳定的；作为一种民族的文化传统，它又在不断地向前发展。中华民族凝聚力是几千年来维系整个中华民族生存与发展的一种内在力量。它建立在中华民族共同利益之上，包括物质与精神的丰富内涵，由经济、政治、文化、道德、思想等多方面内容所构成，而主要又体现为一种内在的精神力量。中华民族的凝聚力在各个历史时期有不同的内容，不论任何时期，这一凝聚力最深厚的基础和主旋律都是伟大的爱国主义。

党的十六大报告提出，坚持弘扬和培育以爱国主义为核心的团结统一、爱好和平、勤劳勇敢、自强不息的伟大民族精神。胡锦涛指出，中华民族的伟大民族精神，是我国各族人民在团结奋斗的漫长岁月中共同创造的，是我国各族人民共同的宝贵精神财富。各族人民都要始终高举爱国主义的旗帜，大力弘扬爱国主义精神。要在各族干部群众中广泛进行爱国主义的宣传教育，使爱国主义牢牢扎根在各族干部群众的心中，成为推动事业发展、加强民族团结的强大精神力量。江泽民曾深刻分析世界发展变化的时代特征，明确把民族凝聚力与经济实力、科技实力、国防实力一道，并列为综合国力的四个组成部分。这一点，具有特别重要的意义。一个民族、一个国家，没有强大的凝聚力，就等于一盘散沙，就会四分五裂。一个民族、一个国家，没有强大的凝聚力，也就不可能自立于世界民族之林。民族凝聚力，成为衡量一个国家综合国力强弱的重要尺度。在我国，讲任务，是 56 个民族共同的任务；讲成绩，是 56 个民族共同的成绩；讲困难，是 56 个民族共同的困难；讲前途，是 56 个民族共同的前途。56 个兄弟民族情同手足，休戚与共，一荣俱荣，一损俱损。

在当前新的形势下，增强中华民族凝聚力更具有时代意义和现实意义，它是中华民族走向现代化的需要，是在对外开放中自立于世界民族之林的需要，也是中华民族团结、稳定、统一和发展的需要。新时期中华民族凝聚力的凝聚点应是建设高度文明的社会主义现代化强国，这一目标充分体现了全国各族人民的根本利益，最大限度地团结全国各族人民共同奋斗。新时期中华民族的凝聚力，要充分体现进取开放的特点。漫长的历史，已使中国各族人民更加深刻地认识到，只有坚持进取开放，在中国特色社会主义建设中进一步凝聚中华各民族的力量，才能真正实现中华民族在东方和世界的崛起。凝聚力的巩固和发展，要靠马克思主义民族思想来统一人们的思想，要靠社会主义的制度来保障。而巩固和发展这种凝聚力的前提，从历史的经验来讲，首先是加快发展民族地区的社会生产力，实现各民族的共同繁荣。只有紧紧抓住这一点，才能充分调动各族人民的积极性，不断发展自觉的而不是空泛盲目的民族凝聚。[1] 与此同时，就是充分尊重各少数民族的平等地位和自主权，尊重他们的生产生活方式和风俗习惯，大力发展少数民族文化，促进各民族文化的繁荣进步。

各民族共同繁荣，"就是各民族的经济和社会得到发展，自身素质得到提高，并且各民族的特点得到展现，共同走向富裕文明的社会"[2]。各民族共同繁荣，包括四个方面的含义："一是各个民族的经济、政治、科技、教育、文化、卫生等事业高度发展。二是各个民族的优秀文化传统得到充分发扬。三是各个民族的身体素质、政治素质、道德素质、文化素质等达到现代文明的标准。四是各个民族之间的发展差距逐

---

① 陈育宁主编：《中华民族凝聚力的历史探索》，云南人民出版社 1994 年版，第 391 页。
② 吴仕民主编：《民族问题概论》，四川人民出版社 1997 年版，第 221 页。

步缩小，实现全国性的协调发展。"① 各民族共同发展繁荣是中国特色社会主义民族理论纲领中的基本原则内容，是中国特色民族理论与中国社会主义革命和建设进程中的民族现实国情相结合的创新，是马克思主义民族理论中国化的新成果，同样它也是理想追求、基本原则和现实目标的统一。

文化和谐是民族和谐的重要基础，是社会和谐的重要保障，是人与自然和谐的重要体现。加强各民族的大团结，增强中华民族的凝聚力，最根本的条件之一就是要实现各民族文化的普遍繁荣与和谐共处。各民族文化愈加繁荣，民族之间的关系就会愈加融洽，社会建设的根基就会愈加深厚，人与自然和谐的理念就会愈加完善。帮助少数民族发展经济和文化，促进各民族共同发展繁荣，是中国共产党在解决民族问题上的根本立场，是党和国家民族工作的根本目标和社会主义价值理念的具体体现。繁荣发展少数民族文化，是实现各民族共同团结奋斗、共同繁荣发展的根本要求。文化是团结人民、推动发展的精神力量，实现"两个共同"，必须繁荣发展少数民族文化，最广泛最充分地调动各族人民的积极性和创造性。我国地域辽阔、人口众多，灿烂文明的中华文化博大精深，这是维系我国各民族共同团结奋斗、共同繁荣发展的强大纽带。大力发展丰富多彩、各具特色的少数民族文化，对于加强各民族的团结合作，增强中华民族的凝聚力和创造力，具有重要作用。正如党的十八大报告所言，"全党全国人民行动起来，就一定能开创社会和谐人人有责、和谐社会人人共享的生动局面"②。

(二) 少数民族合法权益的保护

少数民族合法权益的保护问题对于少数民族社会发展非常重要，少数民族合法权益的保护重在法律制度的建设。

1. 少数民族权益的内容

少数民族权益是由国家宪法和有关法律赋予的。从 1949 年的《共

① 龚学增：《民族宗教基本问题读本》，四川人民出版社 1999 年版，第 105 页。
② 胡锦涛：《坚定不移沿着中国特色社会主义道路前进，为全面建成小康社会而奋斗——在中国共产党第十八次全国代表大会上的报告》，2012 年 11 月 18 日。

同纲领》，到 1954 年、1975 年、1978 年和 1982 年的《宪法》都明确规定，中华人民共和国各民族一律平等。就是说不管是汉族还是少数民族，不管是聚居少数民族还是散居少数民族，都享有平等权利。民族平等权利是对少数民族权利的最高概括，是少数民族最基本的权利。

其主要内容有：（1）族籍权利。（2）语言文字权利。（3）政治权利。（4）宗教信仰自由权利。（5）风俗习惯权利。（6）发展经济、文化权利和获得国家帮助权利。

2. 少数民族合法权益的保护

为保障宪法赋予的散居少数民族权利，新中国成立以来，国家采取了一系列的法律和行政措施。从立法上看，全国人大及其常委会颁布了一系列法律，国务院颁布了为数可观的行政法规，一些部委制定了部门规章。从机构建制上来看，国家建立了 1200 多个民族乡，恢复和更改了少数民族成分，处理了一系列侵犯散居少数民族权利的重大事件。

（1）法律关于保障少数民族权利的具体规定。

《刑法》规定："国家机关工作人员非法剥夺公民的宗教信仰自由和侵犯少数民族风俗习惯，情节严重的，处二年以下有期徒刑或者拘役。"《刑事诉讼法》规定："各民族公民都有用本民族语言文字进行诉讼的权利。人民法院、人民检察院和公安机关对于不通晓当地通用的语言文字的诉讼参与人，应当为他们翻译。在少数民族聚居或者多民族杂居的地区，应当用当地通用的语言进行审讯，用当地通用的文字发布判决书、布告和其他文件。"① 《民事诉讼法》和《人民法院组织法》也规定了与此相同的内容。《选举法》规定："年满十八周岁的中华人民共和国公民，不分民族、种族、性别、职业、社会出身、宗教信仰、教育程度、财产状况和居住期限，都有选举权和被选举权。"② "地方各级人民代表大会代表的名额，由各省、自治区、直辖市人民代表大会常务委员会，按照便于召开会议、讨论问题和解决问题，并且使各民族、各地区、各方面都能有适当数量的代表的原则自行决定，并报全国人民代表大会常务委员会备案。" "全国少数民族应选举全国人民代表大会代

---

① 海南省民族宗教事务厅编：《民族宗教法律政策选编》，民族出版社 2001 年版，第 30 页。

② 国务院法制局、中华人民共和国法规汇编编辑委员会：《中华人民共和国法律及有关法规汇编（1979—1984）》，法律出版社 1986 年版，第 596 页。

表，由全国人民代表大会常务委员会参照各少数民族的人口数和分布情况，分配给各省、自治区、直辖市的人民代表大会选出。人口特少的民族至少也应有代表一人"。"散居的少数民族应选当地人民代表大会代表，每一代表所代表的人口数可以少于当地人民代表大会每一代表所代表的人口数。"①《地方各级人民代表大会和地方各级人民政府组织法》规定："保障少数民族的权利和尊重少数民族的风俗习惯，省人民政府……帮助各少数民族发展政治、经济和文化建设事业。"《国籍法》规定："中华人民共和国是统一的多民族国家，各民族的人都具有中国国籍。"②《民族区域自治法》对自治地方内实行自治民族以外的其他少数民族的权利保障问题，也作了一些具体的规定，如"民族自治地方的自治机关保障各民族公民有宗教信仰自由"③，"保障本地方各民族都有使用和发展自己的语言文字的自由，都有保持或者改革自己的风俗习惯的自由"④，等等。

（2）法规规章关于保障散居少数民族权利的具体规定。

新中国成立以来，我国保障散居少数民族权利的法规、规章较多，其具体规定内容十分丰富，主要表现在以下方面：

保障族籍权利方面。1951年5月，政务院根据《共同纲领》第50条之规定，发布了《政务院关于处理带有歧视或侮辱少数民族性质的称谓、地名、碑碣、匾联的指示》。

保障政治权利方面。1950年11月。政务院第六十次政务会议批准颁布了《培养少数民族干部试行方案》，规定要"普遍而大量地培养各少数民族干部"，"目前以开办政治学校与政治训练班，培养普通政治干部为主，迫切需要的专业与技术干部为辅"。

保障宗教信仰、风俗习惯权利方面。1952年8月，中央人民政府公布实行的《民族区域自治实施纲要》规定："各民族自治区自治机关

---

① 国务院法制局、中华人民共和国法规汇编编辑委员会：《中华人民共和国法律及有关法规汇编（1979—1984）》，法律出版社1986年版，第599页。

② 马继军：《民族法学基础理论》，青海人民出版社2002年版，第229页。

③ 中国社会科学院法学研究所：《中华人民共和国经济法规选编》（上），中国财政经济出版社1980年版，第19页。

④ 国务院法制局、中华人民共和国法规汇编编辑委员会：《中华人民共和国法律及有关法规汇编（1979—1984）》，法律出版社1986年版，第711页。

须保障自治区内的各民族享有民族平等权利，教育各民族互相尊重其风俗习惯及宗教信仰，保障一切人民享有宗教信仰自由权。"2000 年 8 月教育部、国家民委发布了《关于在各级各类学校设置清真食堂、清真灶有关问题的通知》等，都对尊重散居少数民族风俗习惯和宗教信仰进行了规定。对于少数民族的合法权益的保护在制度上必须要先行一步，真正的实践到位还有很长的路要走。

(三) 中国特色民族平等思想中的民族地区社会发展

1. 边疆多民族地区的社会管理

完善社会管理，维护边疆多民族地区社会安定团结应该放在第一位。社会稳定是人民群众的共同心愿，无论对于少数民族还是汉族居民都是第一位的事情，没有安定的社会秩序任何政策都无法开展，社会稳定是一切的重要前提。要健全党委领导、政府负责、社会协同、公众参与的社会管理格局，健全基层社会管理体制。最大限度激发社会创造活力，最大限度增加和谐因素，最大限度减少不和谐因素，妥善处理人民内部矛盾，完善信访制度，健全党和政府主导的维护群众权益机制。重视社会组织建设和管理。要做到两方面：

首先，妥善处理民族宗教问题，"民族、宗教无小事"①。正确处理民族宗教问题，做好民族工作，直接影响到民族关系的和谐。在处理民族问题时，必须注意全面地正确贯彻落实党的宗教政策，认真做好少数民族中的宗教工作，全面贯彻党的宗教信仰自由政策，依法管理宗教事务，坚持独立自主自办的原则，坚决抵制境外宗教敌对势力控制我国宗教的企图。同时，应引导宗教与构建和谐民族关系相适应，充分发挥宗教在社会整合、民族认同、社会稳定等方面功能的积极作用，保持构建和谐民族关系所要求的社会意识形态的相对稳定。我们要重视加强党和国家的民族宗教政策、知识方面的宣传教育，增强汉族与少数民族群体之间的相互了解、尊重，并以一种宽容的态度来对待彼此的"异质"行为，这是构建和谐社会、构建和谐的民族关系所必需的。要通过耐心

---

① 江泽民：《高度重视民族工作和宗教工作》，《新时期宗教工作文献选编》，宗教文化出版社 1995 年版，第 250 页。

细致的说服、教育工作，解决人们的思想认识问题，矫正偏激的民族情绪，增强不同民族之间的相互认同感，增强各少数民族对中华民族的认同感；要教育广大干部群众牢固树立马克思主义宗教观，特别是在少数民族地区要正确认识民族与宗教的关系，全面把握民族宗教问题的复杂性，确实做好民族宗教工作，维护民族团结社会稳定和祖国统一。

其次，高度警惕和积极应对敌对势力利用民族、宗教问题"西化"、"分化"我国的图谋。长期以来，西方敌对势力利用民族、宗教、人权等问题干涉我国内政，屡屡对我国边疆少数民族地区、对台湾指手画脚，煽动分裂，图谋"西化"和"分化"我国，严重干扰我国民族关系与和谐社会价值目标的实现。面对复杂的国内外形势，为了建设和谐民族地区，对于敌对势力在我国境内搞宗教渗透和进行民族分裂活动，要保持高度警惕。另外，对出现的分裂主义活动，要坚决依法处置，把问题解决在萌芽状态，在大是大非面前，必须立场坚定，绝不妥协。当然要正确地、实事求是地对待民族问题和民族矛盾。对一般民族纠纷，要冷静分析，耐心疏导，及时排解；对蓄意制造事端，挑起民族纠纷，触犯刑律的，要依法处理；对内外勾结搞民族分裂活动的，要予以坚决打击。各族人民都要把国家的统一置于一切利益之上，像珍视生命一样来珍视中华民族的大团结，坚决反对一切破坏祖国统一、危害民族团结的行为，维护社会安定，实现国家长治久安，才能保证构建社会主义和谐民族关系价值理想的实现。

2. 边疆多民族地区教育公平的实现

在知识经济和高科技产业发展的新时代，经济竞争和国力竞争的实质归根到底是知识和人才的竞争。知识和人才的匮乏是民族地区快速发展的主要瓶颈。因此，要把优先发展科技和教育、开发人力资源作为重中之重，加大人力资源投入加快培养适合本民族发展的优秀人才。必须要通过大力发展民族教育事业来提高民族地区人民获取知识、运用知识和创造知识效益的能力。

首先，加大民族教育经费的投入。长期以来民族教育所面临的一个客观现实问题就是起点低，基础差。资料显示，西部民族地区通过多渠道办学和多渠道筹集资金对教育的支撑力度远远落后于发达地区。[1] 尽管新中国成立以来，党和国家对民族地区的教育事业给予了高度的重视和大力的支持。但是民族地区的教育事业仍面临着资金缺乏的困境。当前，绝大多数民族地区地方财政拮据，对教育的支撑力有限，办学渠道单一，资金缺口大。教育发展的物质基础就是经济，要加快民族地区教育事业的发展，中央和地方政府必须加大对民族地区的教育投入，根据民族地区的实际情况，除了对义务教育阶段投入外，还应该加大对高中阶段及其职业技术教育的投入。但我国对教育的投资毕竟要受到经济发展的制约，还拿不出更多的经费来发展民族教育，所以，民族地区应该尽可能从多方面筹集发展教育事业的经费。比如说，除了教育专项拨款外，还应该从国家支援和补助少数民族地区的经费中，适当拿一部分来用于发展教育事业；严格管理教育经费，实行专款专用；动员社会力量集资办学；开展勤工俭学等措施来筹集教育经费。

其次，提高少数民族教育师资水平，建立一支合格、稳定的师资队伍。少数民族地区教育事业的发展，是以培养高质量的人才，高质量的教师队伍为前提的。国家应该通过派遣大批教师和师范学校毕业生到民族地区支教，不断加强民族教育师资。同时还应该加强对少数民族师资力量的培训，以提高教师的业务能力和教学水平，鼓励教师结合教学进行自学和互教，举办函授、电视讲座，分期分批轮训等。最后还应该采取措施提高民族地区中小学教师和幼儿教师的社会地位和生活待遇，使他们安心从事教育事业，钻研教学业务，提高教学水平。[2]

最后，改善民族地区教育结构。"教育不仅是各民族文化的重要组成部分，而且也是各民族独特的传统文化传承的重要途径。"[3] 通过对现代化教学与传统民族教学的调适，在一些民族教育氛围比较浓厚的地区，构建适合本民族文化的形式和内容的教育结构，以取得较高的教育成效。为此，在民族地区进行现代文化教育的过程中，将本民族的文化特点充分显现其中。为了避免学生在接受现代文化教育中由于文化上的

---

① 《中国统计年鉴》，人民教育出版社 2009 年版。

② 刘鄂、何润：《民族理论和民族政策纲要》，中央民族大学出版社 2000 年版，第232 页。

③ 哈经雄、滕星：《民族教育学通论》，教育科学出版社 2001 年版，第10 页。

不适应性而导致教学质量低下、教育成效不高的问题，我们应该在课程设置、教学内容安排、教材的编写及办学模式上结合学生的特点。时代的发展对普及义务教育提出了新的要求，即以信息化带动民族地区教育的跨越式发展，发展民族地区远程教育事业。国家应该切实做好民族地区农村中小学现代远程教育工程的工作，建立现代远程教育在民族地区不同地理环境下的应用、运行机制，从而解决民族地区教学资源匮乏、教育质量不高的问题。

3. 建立和完善少数民族地区的社会保障体系

党的十七大指出：建立健全同经济发展水平相适应的社会保障体系，是社会稳定和国家长治久安的重要保证。到目前为止，民族地区已基本建立了三条保障线制度，不仅保证了绝大多数下岗职工和离退休职工的基本生活，还对居民的失业保险和城镇居民的最低生活保障进行了规定，有力地维护了民族平等团结和社会稳定。但在新的社会形势下，民族地区的社会保障制度尚不完善，管理尚不规范，社会保险资金缺乏，群体上访事件时有发生。少数民族人口的合法权益得不到保障，因资源开发而引起的民族间、国家和地方之间利益分配问题，都可能引起影响民族关系的事件发生。所以说，国家应该逐步完善社会保障体系，切实做好社会保障工作。在民族地区逐步建立个人社会保障账户，推动社会保障走向社会化和市场化；塑造合理的利益机制，构建社会统筹与个人账户相结合的新型民族关系；加快改变养老保险调剂基金的筹资模式，增强统筹协调力度；完善民族地区保险基金的基本运作机制，实现保险基金的保值增值；健全民族地区城镇职工基本医疗保险制度和失业保险制度；加快民族地区城市居民最低生活保障制度的步伐，力求做到应保尽保。①

逐步完善民族地区的社会保障机制，积极稳妥地在民族地区逐步建立起医疗保险、失业保险、人寿保险、社区服务、孤寡和残疾人员的抚养、农村养老保险等社会保障体系。"② 进一步完善民族地区的社会保障体系，为民族经济社会的发展创造良好条件，为民族平等奠定坚实的

---

① 杨发仁：《西部大开发与民族问题》，人民出版社 2004 年版，第 259 页。
② 本书编写组：《中国共产党第三代领导集体民族理论学习纲要》，民族出版社 2002 年版，第 87 页。

社会基础。和谐社会是 56 个民族的和谐，小康是全国人民的小康。我国边疆少数民族社会建设是一个过程，还有许多路要走，例如就业、医疗、住房等，国家正加大力度进行建设，但最终将一起走向和谐的、全面的小康社会。

各族人民的和睦相处、和衷共济、和谐发展是构建中国特色社会主义和谐社会的重要基石。由于我国仍处在社会主义初级阶段，民族关系受社会发展水平等多方面因素的影响，相对而言具有一定的不完善性。但是，在我国这样一个多民族国家中如果没有和谐的民族关系，就没有社会的安定团结；如果没有和谐的民族关系，就没有国家的繁荣富强；如果没有和谐的民族关系，就没有整个中华民族的伟大复兴。在新的历史时期，要积极面对民族关系中出现的新情况、新问题。

四　小结

实现民族平等，加强民族团结，促进各民族繁荣发展，从而使我国的民族问题逐步得到解决，是我国民族工作的出发点和归宿点。为了这个总目标，需要有解决这些问题的总政策，并需要从各个方面做大量的工作，也需要有许多相应的政策。我国主要的民族政策都是民族平等团结这一总政策在各个领域的具体体现，都是为了充分实现和保障民族平等和民族团结的。我国的民族区域自治是体现民族平等团结的主要表现形式，也是民族平等团结的主要标志；少数民族干部的培养任用，是保障民族平等权利和加强民族团结的关键；少数民族地区经济文化发展，是民族平等团结问题上的核心问题；少数民族的语言文字的使用、发展和风俗习惯受到尊重，也是民族平等的一个重要标志。

第九章 结论

　　人类本性有三方面：知觉、感情、认识，并相继表现为自由、博爱、平等，自由是对知觉的反应；博爱是对感情的反应；而平等是对认识的反应。"人类的本性产生三样东西：家庭、国家、财产，人的生活目的是要逐渐地实现全人类的统一和一致，是要发展人的三方面即知觉—感情—认识。"①

　　民族平等是不同民族在社会生活和交往联系的相互关系中，处在同等的地位，具有同样的权利，是各民族在社会生活的各方面的地位、待遇和权力、利益的平等。马克思主义最初提出民族平等原则的基本出发点是反对民族压迫、反对民族歧视。民族平等的核心是同等的地位和权利。民族平等，作为观念、要求、理论、原则、政策、权利是有所区别的。恩格斯曾指出："从资产阶级社会的经济条件导出现代的平等观念。"②"作为纯粹观念，自由和平等是交换价值过程的各种要素的一种理想化的表现；作为在法律的、政治的和社会的关系上发展了的东西，自由和平等不过是另一次方上的再生产物而已。"③ 这些都为无产阶级彻底的民族平等理论奠定了基础。

　　我国民族平等、民族团结、各民族共同繁荣作为党和国家奉行的基本原则已经被确认，但是，具体实现和保障民族平等、民族团结的制度还不完善。如少数民族干部的培养、任用和选举制度不够健全；少数民族语言文字的使用和发展还缺乏一些明确的、具体的制度保障；尊重少

　　① ［法］皮埃尔·勒鲁：《论平等》，王允道译，商务印书馆1988年版。
　　② 《马克思恩格斯选集》第3卷，人民出版社1995年版，第145页。
　　③ 《马克思恩格斯全集》第46卷（下），人民出版社1980年版，第477页。

数民族风俗习惯还缺乏一些严格的保障制度等。不同地区民族平等的实现程度有差别。民族平等的实现和加强，既是国家整体内的社会现象，又是因各地区、各民族经济文化发展程度等各方面条件的制约而发展不平衡的社会现象。从客观上看，我国各少数民族的社会脱胎母体不同，各民族、民族地区的经济、文化发展的基础和程度不同，因而影响民族平等实现程度的量的差别。各民族地区的各个国家机关在实际工作中，对民族工作的重视程度不同，各民族地区国家工作人员，包括领导干部和一般干部的无产阶级民族观水平不同、党的民族政策观念强弱不同，也在一定程度上影响民族工作、民族平等、民族团结。从主观上看，我国宪法已明确规定各民族一律平等，但由于受各民族自身发展程度的限制，又由于民族素质高低不同而享用民族平等权利的能力不同，从而造成了各民族实际享受民族平等权利方面量上的差别，也就是各民族间经济文化上的事实上的不平等。整个社会的自觉的民族平等意识、尊重民族的观念和民族团结的习惯还没有完全形成，不仅存在一些与社会主义的民族平等本质上不相一致的东西，还存在一些不团结的因素。正如，"不但痛苦本身是坏事，而且快乐（或其他积极的福利观）本身是好事，快乐越多越好。或者，也可以把它作为一种平等观加以支持，即把它理解为这样一种理论：仅仅从数量上计算人们的快乐和痛苦（或构成福利观的各种成分），并且从这个角度看其数量相等，只有这时才可以说做到了平等对待每个人"[1]。星期天，如同我们之所以建立这一天一样，其目的是使人想到平等。"正像平等应该存在于我们内部，存在于我们的社会关系之中，存在于我们作为公民和政府官员之间的联系之中一样，它向我们指出已经实现的平等，并准备一个星期比一个星期更完善地去实现它。"[2] 这就是说，我国现阶段在民族平等的实现程度与社会主义民族本质要求之间，即社会主义民族平等的质与量之间需要尽力加以协调，使社会主义民族平等的性质更加充分体现出来。为此，我们应采取各种措施为民主和民族平等在量上的积累和增长创造各种有利条件。

---

　　① ［美］罗纳德·德沃金：《至上的美德：平等的理论与实践》，冯克利译，江苏人民出版社 2007 年版，第 58—59 页。
　　② ［法］皮埃尔·勒鲁：《论平等》，王允道译，商务印书馆 1988 年版，第 291—292 页。

民族和谐是民族关系各种关系和要素相互融洽的状态，民族关系处于一种和谐的状态，它是一个国家内部的各民族在政治上相互平等和信任，文化上相互尊重和认同，经济上相互帮助和共同发展，各民族之间的关系处于一种相互依存、相互帮助和相互促进的良好状态。这种状态使民族团结，社会稳定，人民安居乐业。中华文化博大精深，和谐思想是中国文化中的瑰宝，在最古老的甲骨文和金文中就出现了"和"字，"和"作为一种文化、一种精神被应用到天、地、人、事、物之间，无所不包又无处不在。民族和谐是中国文化中一以贯之的主线，是处理民族关系的原则之一，这一思想植根于中国传统文化的丰厚土壤，底蕴深厚，源远流长。"和"是传统文化中民族和谐思想的核心。

"天人合一"的自然和谐观是和谐思想的最初形式。受生产力发展水平的限制，人类总是在与自然作斗争的活动中慢慢意识到人与人、部落与部落、民族与民族的关系，将人与自然的关系映射到人类社会各种关系中，这样就出现了"天人合一"的自然观发展到民族与民族间的和谐共生关系思想。《周易》有"乾道变化，各正性命，保合太和，乃利贞。首出席物，万国咸宁"。《易经·序卦》有"有天地，然后万物生焉，盈天地之间者唯万物"。主张人要依天时、顺地利，天道地道合一是自然界的秩序和法则，人的生存发展必须遵循"天人合一"法则，不断追求"天人合一"的境界。和谐自然观上升到和谐社会观是和谐思想的巨大进步。道家鼻祖老子有言："万物负阴而抱阳，冲气以为和。"《荀子·天论》亦指出："天地合而万物生，阴阳接而变化起。"继而又有《淮南子·泰族训》中的"阴阳和合，而万物生矣"，《吕氏春秋》中"天地和合，生之大经也"，等等。其中心思想即天地万物都蕴含着阴阳两面，二者对立统一、相互作用，保持着自身的和谐统一与平衡发展。这一思想已经从自然的"天人合一"上升到整个人类社会的天、地、人和谐统一思想并逐步涉及民族的和谐领域，尤以儒家"和"思想最为典型。

传统的民族和谐思想集中体现在儒家倡导的"和"思想。"中庸"、"致中和"、"尚和"、"以和为贵"、"和而不同"等主张是儒家和谐思想的主要内容。这些思想融入民族关系中就形成了儒家强调的民族和谐、合作、团结的和谐民族关系思想。民族政策上，倡导"仁政"、

"王政"，主张"怀柔"，反对杀戮，反对暴力征服其他民族。民族文化上，主张"礼用之，和为贵"①、"和而不同"②、"远人不服，则修文德以来之，既来之，则安之"③。承认民族间的文化差异，提倡文化渗透与文明感染，用周礼教化，即"用夏变夷"，使周边"四夷"自愿接受和认同先进的华夏文化，最终融为一体。民族交往管理上，主张"抚四夷"、"不忘远"、"保四海"。民族间存在地域差别、生活习俗差异，但是无贵贱高低之别，不能因为地理距离而不予管理，要保疆土、保人民。孟子道："天子不仁，不保四海"，"武王不泄迩，不忘远"④，"周公兼夷狄、驱猛兽，而百姓宁"⑤，说的就是这个道理。

民族和谐思想源自于民族关系发展，体现在传统理论中，指导着处理民族关系的实践。中华民族是一个多民族国家，民族问题一直是关乎国家稳定发展的关键点，也正是在不断的民族交往、融合中探索出了民族和谐之路。春秋战国时期的"魏绛和戎"、赵武灵王"胡服骑射"是早期的民族和谐思想的外化实践形式。汉唐时期，有"和亲"政策，如昭君出塞、文成公主和金城公主入藏；有中央与民族间的会盟，如公元822年唐蕃会盟，公元794年唐朝与南诏苍山会盟，双方建立了良好的关系。回望民族交往的历史，用民族和谐思想来处理民族关系的事例不胜枚举，和谐思想浸入了中华民族各族人民血液当中，也正因为如此形成和铸就了华夏大地民族大团结，民族间的和谐统一局面。各族人民在民族大家庭中，彼此珍爱民族团结，共建和谐家园。

---

① 《论语·学而》。
② 《论语·子路篇》。
③ 《论语·季氏》。
④ 《孟子·离娄下》。
⑤ 同上。

主要参考文献

（一）中文文献类

1. 《马克思恩格斯选集》第 1—4 卷，人民出版社 1995 年版。

2. 《马克思恩格斯全集》第 1、2、3、19、21、23、39、42 卷，人民出版社 1956—1979 年版。

3. 《列宁选集》第 1—4 卷，人民出版社 1995 年版。

4. 《列宁全集》第 2 卷，人民出版社 1959 年版。

5. 《列宁全集》第 18 卷，人民出版社 1959 年版。

6. 《列宁全集》第 20 卷，人民出版社 1958 年版。

7. 《斯大林全集》第 2 卷，人民出版社 1953 年版。

8. 《斯大林全集》第 5 卷，人民出版社 1955 年版。

9. 《斯大林全集》第 11 卷，人民出版社 1955 年版。

10. 《毛泽东选集》（第 1—4 卷），人民出版社 1991 年版。

11. 《邓小平文选》（第 3 卷），人民出版社 1993 年版。

12. 《江泽民文选》（第 1—3 卷），人民出版社 2006 年版。

13. 《习近平谈治国理政》，外文出版社 2014 年版。

14. [加]威尔·金里卡：《少数的权利——民族主义、多元文化主义和公民》，邓红风译，上海世纪出版集团、上海译文出版社 2005 年版。

15. [美]罗伯特·A. 达尔：《多元主义民主的困境》，尤正明译，求实出版社 1989 年版。

16. [美]哈罗德·伊罗生：《群氓之族：群体认同与政治变迁》，邓伯宸译，广西师范大学出版社 2008 年版。

17. [美]德沃金：《至上的美德：平等的理论与实践》，冯克利译，江苏人民出版社 2003 年版。

18. [美]斯蒂文·郝瑞：《田野中的族群关系与民族认同——中国西南彝族社区考察研究》，巴莫阿依、曲木铁西译，广西人民出版社 2000 年版。

19. [英]戴维·米勒、韦农·波格丹诺：《布莱克维尔政治学百科全书（中译本）》，邓正来主编，中国问题研究所等译，中国政法大学出版社 1992 年版。

20. [法]孟德斯鸠：《论法的精神》，张雁深译，商务印书馆 1961 年版。

21. [英]休谟：《人性论（下册）》，关文运译，商务印书馆 1980 年版。

22. [德]马克斯·韦伯：《经济与社会》，林荣远译，商务印书馆 2006 年版。

23. [德]斐迪南·滕尼斯：《共同体与社会》，林荣远译，商务印书馆 1999 年版。

24. [美]杜赞奇：《文化、权力与国家——1900—1942 年的华北农村》，王福明译，江苏人民出版社 1996 年版。

25. [德]马克斯·韦伯：《儒教与道教》，王容芬译，商务印书馆 1995 年版。

26. [美]塞缪尔·P. 亨廷顿：《变化社会中的政治秩序》，王冠华、刘为等译，上海世纪出版集团 2008 年版。

27. [美]克利福德·格尔兹：《文化的解释》，纳日碧力戈等译，上海人民出版社 1999 年版。

28. [英]洛克：《论宗教宽容》，吴云贵译，商务印书馆 1982 年版。

29. [美]莱斯利·怀特：《文化科学——人和文明的研究》，曹锦清等译，浙江人民出版社 1988 年版。

30. [德]恩斯特·卡西尔：《人论》，甘阳译，上海译文出版社 1985 年版。

31. [英]迈克尔·曼：《社会权力的来源（第一卷）》，刘北成、李少军译，上海人民出版社 2002 年版。

32. [英]爱德华·汤普森：《共有的习惯》，沈汉、王加丰译，上海人民出版社 2002 年版。

33. [美]菲利克斯·格罗斯：《公民与国家：民族、部族和族属身份》，王建娥等译，新华出版社 2003 年版。

34. [美]曼瑟尔·奥尔森：《集体行动的逻辑》，陈郁、郭宇峰、李崇新译，上海三联书店、上海人民出版社 2007 年版。

35. [美]约翰·罗尔斯：《正义论》，何怀宏等译，中国社会科学出版社 1988 年版。

36. 《中国大百科全书·政治学》，中国大百科全书出版社 1992 年版。

37. 黄光成：《云南民族文化纵横探》，科学出版社 2007 年版。

38. 周星：《民族政治》，中国社会科学出版社 1993 年版。

39. 周平：《中国少数民族政治分析》，云南大学出版社 2000 年版。

40. 周平：《民族政治学导论》，中国社会科学出版社 2001 年版。

41. 周平：《民族政治学》，高等教育出版社 2003 年版。

42. 关凯：《族群政治》，中央民族大学出版社 2007 年版。

43. 谢本书、郭大烈、牛宏宾：《云南民族政治制度史》，云南人民出版社 1996 年版。

44. 张跃：《中国民族村寨研究》，云南大学出版社 2004 年版。

45. 江宜桦：《自由主义、民族主义与国家认同》，扬智文化事业股份有限公司 1998 年版。

46. 纳日碧力戈：《现代背景下的族群建构》，云南教育出版社 2000 年版。

47. 周勇：《少数人权利的法理——民族、宗教和语言上的少数人群体及其成员权利的国际司法保护》，中国社会科学出版社 2002 年版。

48. 张有隽、徐杰舜：《中国民族政策通论》，广西教育出版社 1992 年版。

49. 中共中央统战部：《民族问题文献汇编》，中共中央党校出版社 1991 年版。

50. 国家民族事务委员会研究室：《新中国民族工作十讲》，民族出版社 2006 年版。

51. 中共云南党史资料丛书：《新民主主义革命时期党在云南的少数民族工作》，云南民族出版社 1994 年版。

52. 云南省民族事务委员会：《云南民族工作大事记 1949—2007》，云南民族出版社 2008 年版。

53.《云南民族工作四十年》编写组编：《云南民族工作四十年（上、下册）》，云南民族出版社 1994 年版。

54. 龚荫：《中国历代民族政策概要》，民族出版社 2008 年版。

55. 杨宗亮：《云南少数民族村落文化建设探索》，四川大学出版社 2007 年版。

56. 李友梅等：《社会认同：一种结构视野的分析》，上海人民出版社（格致出版社）2007 年版。

57. 何龙群：《中国共产党民族政策史论》，人民出版社 2005 年版。

58. 洪朝栋：《云南少数民族地区的现代化发展》，民族出版社 2000 年版。

59. 张晓松：《云南少数民族文化历史传承与变迁》，云南民族出版社 2007 年版。

60.《大理白族自治州概况》编写组：《大理白族自治州概况》，云南民族出版社 1986 年版。

61. 刘荣安：《云南少数民族商品经济》，云南人民出版社 1989 年版。

62. 云南省统计局：《云南统计年鉴 1997—2008 年》，中国统计出版社 2008 年版。

63.《20 世纪西方宗教哲学文选》，杨德友、董友等译，上海三联书店 1991 年版。

64. 张桥贵、陈麟书：《宗教人类学：云南少数民族原始宗教考察研究》，四川大学出版社 1993 年版。

65. 彭时代：《宗教信仰与民族信仰的政治价值研究》，民族出版社 2007 年版。

66. 傈僳族简史编写组：《傈僳族简史（修订本）》，民族出版社 2008 年版。

67. 何积全：《水族民俗探幽》，四川民族出版社 1992 年版。

68. 水族简史编写组：《水族简史》，贵州民族出版社 1985 年版。

69. 费孝通：《中华民族多元一体格局（修订本）》，中央民族大学出版社 1999 年版。

70. 徐杰舜：《从多元走向一体——中华民族论》，广西师范大学出版社 2008 年版。

71. 田晓岫：《中华民族发展史》，华夏出版社 2001 年版。

72. 董小燕：《西方文明：精神与制度的变迁》，学林出版社 2003 年版。

73. 王沪宁：《当代中国村落家族文化——对中国社会现代化的一项探索》，上海人民出版社 1991 年版。

74. 朱新光：《国际关系理论与现实》，江苏人民出版社 2002 年版。

75. 何怀宏：《平等二十讲》，天津人民出版社 2008 年版。

76. 王立：《平等的范式》，科学出版社 2009 年版。

77. ［英］詹姆斯·斯蒂芬：《自由·平等·博爱：一位法学家对约翰·密尔的批判》，冯克利等译，广西师范大学出版社 2007 年版。

78. 爱德华·莫迪默、罗伯特·法恩、郝时远、朱伦：《人民·民族·国家》，中央民族大学出版社 2009 年版。

79. 阿瑟·奥肯（Okun，A. M.）、王奔洲等：《平等与效率：重大抉择》，华夏出版社 2010 年版。

80. 郭家骥：《云南民族关系调查研究》，中国社会科学出版社 2010 年版。

81. ［英］安东尼·史密斯：《民族主义：理论、意识形态、历史（世纪前沿）》，叶江译，上海人民出版社 2006 年版。

82. 罗树杰、徐杰舜：《民族理论和民族政策教程》，民族出版社 2005 年版。

83. 彭英明：《学步文集：民族理论与民族历史若干问题探研》，民族出版社 2003 年版。

84. ［法］皮埃尔·勒鲁：《论平等》，王允道译，商务印书馆 1988 年版。

85. ［印度］泰戈尔：《民族主义》，谭仁侠译，商务印书馆 1982

年版。

86.［英］米勒：《论民族性》，刘曙辉译，译林出版社 2010 年版。

87.［美］安德森：《想象的共同体：民族主义的起源与散布》，吴 叡人译，上海人民出版社 2005（2008 重印）年版。

88.［美］萨义德、巴萨米安：《文化与抵抗：萨义德访谈录》，梁 永安译，上海译文出版社 2009 年版。

89.［美］威斯勒：《人与文化》，钱岗南、傅志强译，商务印书馆 2004 年版。

90.［美］里亚·格林菲尔德：《民族主义：走向现代的五条道 路》，刘北成、王春华、祖国霞等译，上海三联书店 2010 年版。

91.［法］德拉诺瓦：《民族与民族主义：理论基础与历史经验》， 郑文斌等译，生活·读书·新知三联书店 2005 年版。

92.［英］凯杜里：《民族主义》，张明明译，中央编译出版社 2002 年版。

93.［印］查特吉（Chatterjee，P.）：《民族主义思想与殖民地世 界：一种衍生的话语》，范慕尤、杨曦译，译林出版社 2007 年版。

94.［西］胡安·诺格：《民族主义与领土》，徐鹤林、朱伦译，中 央民族大学出版社 2009 年版。

95.［法］阿隆（Aron，R.）：《想象的马克思主义：从一个神圣家 族到另一个神圣家族》，姜志辉译，上海译文出版社 2007 年版。

96.冯亚东：《平等、自由与中西文明：兼谈自然法》，法律出版社 2002 年版。

97.曹锦清：《平等论》，华东化工学院出版社 1988 年版。

98.［美］卡利尼克斯：《平等》，徐朝友译，江苏人民出版社 2003 年版。

99.金炳镐主编：《马克思主义民族理论发展史》，中央民族大学出 版社 2007 年版。

100.［英］斯蒂夫·芬顿：《族性》，劳焕强等译，中央民族大学 出版社 2009 年版。

101.［法］格罗塞：《身份认同的困境》，王鲲译，社会科学出版 社 2010 年版。

102. ［美］亨廷顿：《文明的冲突与世界秩序的重构》，周琪等译，新华出版社 2009 年版。

103. ［美］福克斯：《公民身份》，郭忠华译，吉林出版集团有限责任公司 2009 年版。

104. ［英］埃里克·霍布斯鲍姆：《民族与民族主义》，上海人民出版社 2006 年版。

105. ［美］罗纳德·德沃金：《至上的美德：平等的理论与实践》，冯克利译，江苏人民出版社 2007 年版。

106. ［美］罗伯特·A. 达尔（Dahl, R. A.）：《论政治平等》，谢岳译，上海人民出版社 2010 年版。

107. 李国春：《民族发展与民族平等论》，云南大学出版社 2009 年版。

108. ［英］英格里斯：《文化》，韩启明、张鲁宁、樊淑英译，南京大学出版社 2008 年版。

109. 吴承富：《当代中国少数民族村社政治体系变迁——以西南少数民族村社作为研究对象》，博士学位论文，吉林大学，2008 年。

110. 朱新光：《商业精神对欧洲民族国家形成的影响》，《江西社会科学》2008 年第 11 期。

111. 周平：《少数民族政治文化论》，《云南社会科学》1994 年第 5 期。

112. 周平：《论云南少数民族政治文化》，《思想战线》1995 年第 5 期。

113. 汪青松：《马克思主义的中国化与中国化的马克思主义》，中国社会科学出版社 2004 年版。

114. 周中之、石书臣：《社会主义核心价值体系教育探索》，上海人民出版社 2007 年版。

115. 周鸿刚、李进：《中国特色社会主义理论探微》，上海人民出版社 2008 年版。

116. 王正平：《中国传统道德论探微》，上海三联书店 2004 年版。

117. 蒋传光：《邓小平法制思想概论》，人民出版社 2009 年版。

118. 经纬、刘绍兰：《边疆少数民族地区的政治文化和政治稳定》，

《云南民族学院学报》1999 年第 4 期。

119. 方盛举：《论少数民族地区的政治文化建设》，《云南民族学院学报》2000 年第 4 期。

120. 丁志刚、韩作珍：《我国西北少数民族现代化进程中的政治文化转型》，《西北师范大学学报》（社会科学版）2003 年第 6 期。

121. 刘海霞：《论我国西部少数民族地区政治文化的现代化》，《乌鲁木齐职业大学学报》2006 年第 1 期。

122. 周平：《少数民族政治参与分析》，《云南社会科学》1997 年第 5 期。

123. 郭晓东：《政治文化与云南少数民族的政治参与》，《云南行政学院学报》1999 年第 4 期。

124. 尹毅、李卫宁、叶红：《少数民族欠发达地区政治参与现状及制约因素》，《云南民族大学学报》2003 年第 5 期。

125. 石亚洲、沈桂萍：《我国少数民族政治政策与少数民族政治参与》，《黑龙江民族丛刊》2003 年第 2 期。

126. 于春洋、于春江：《利益分化对少数民族政治参与的影响》，《湖南农业大学学报》，2008 年第 5 期。

127. 赵正威、张会龙：《云南省少数民族动员型政治参与研究》，《云南行政学院学报》2008 年第 2 期。

128. 柳建文：《少数民族公民有效政治参与的影响因素及其实现途径——对西部民族地区的一项实证分析》，《宁夏社会科学》2005 年第 1 期。

129. 侯万锋：《民族区域自治制度与少数民族公民有序政治参与》，《内蒙古社会科学》（汉文版）2009 年第 3 期。

130. 严庆、青觉：《浅谈我国的少数民族政治参与》，《西南民族大学学报》（人文社会科学版）2008 年第 5 期。

131. 常永刚：《论西部地区少数民族公民的有序政治参与》，《昌吉学院学报》2009 年第 1 期。

132. 周平：《少数民族政治发展论》，《思想战线》1997 年第 1 期。

133. 方盛举：《西部大开发与少数民族地区的政治发展》，《思想战线》2003 年第 4 期。

134. 马尚云：《关于少数民族政治发展的思考》，《内蒙古大学学报》（人文社会科学版）2004 年第 5 期。

135. 杨明伟：《少数民族政治发展初探》，《西南民族大学学报》（人文社会科学版）2008 年第 5 期。

136. 李乐为：《论少数民族政治发展的意义、难题及路径选择》，《湖南师范大学社会科学学报》2009 年第 3 期。

137. 王宗礼、柳建文：《论少数民族的政治社会化》，《西北师范大学学报》（社会科学版）2004 年第 1 期。

138. 王丽华：《村民自治的视角：少数民族政治社会化分析》，《贵州民族研究》2006 年第 6 期。

139. 王丽华：《论社会主义新农村建设中的少数民族政治社会化问题》，《云南民族大学学报》（哲学社会科学版）2006 年第 6 期。

140. 马进、马红霞：《论西北少数民族政治社会化及其运行机制》，《甘肃社会科学》2008 年第 5 期。

141. 赵希鼎：《清代边疆和少数民族地区政治制度（上、下）》，《社会科学战线》1980 年第 3、4 期。

142. 周平：《少数民族政治体系的历史演变》，《思想战线》1998 年第 7 期。

143. 高永久、秦伟江：《论民族政治体系的建构》，《西南民族大学学报》2007 年第 6 期。

144. 蔡明干：《试论少数民族政治体系的特征》，《承德民族师专学报》2007 年第 4 期。

145. 周平：《少数民族政治关系分析》，《云南社会科学》1998 年第 2 期。

146. 吴琼、刘玉琼：《论西部开发中少数民族的政治关系调适》，《青海民族研究》（社会科学版）2001 年第 4 期。

147. 高永久、陈纪：《"少数民族政治认同"概念的内涵探讨》，《新疆社会科学》2009 年第 1 期。

148. 高永久、陈纪：《论社会转型期少数民族政治认同的国家转向》，《广西民族研究》2008 年第 2 期。

149. 贺金瑞、燕继荣：《论从民族认同到国家认同》，《中央民族大学学报》（哲学社会科学版）2008 年第 3 期。

150. 何平立：《认同政治与政治认同——"第三条道路"与西方社会政治文化变迁》，《江淮论坛》2008 年第 4 期。

151. 乌小花：《再论"民族"概念与民族问题理论》，《青海民族研究》2005 年第 2 期。

152. 叶江：《"Nation"（民族）概念辨析》，《上海师范大学学报》（哲学社会科学版）2009 年第 2 期。

153. 熊坤新、卓然木·巴吾东：《改革开放以来理论界关于民族概念问题研究述评》，《大连民族学院学报》2008 年第 6 期。

154. 谌华玉：《关于族群、民族、国籍等概念的翻译与思考》，《读书》2005 年第 11 期。

155. 张丽剑、韦甜：《族群概念之分歧及原因评析》，《红河学院学报》2008 年第 6 期。

156. [挪]弗里德里克·巴斯：《族群与边界》，高崇译，周大鸣校，李远龙复校，《广西民族学院学报》（哲学社会科学版）1999 年第 1 期。

157. [科]穆罕默德·哈达德：《科威特市的民族群体和民族等级结构》，晓兵摘译，《世界民族》1992 年第 5 期。

158. 王东明：《关于"民族"与"族群"概念之争的综述》，《广西民族学院学报》（哲学社会科学版）2005 年第 2 期。

159. 张海翔：《新型工业化对民族文化变迁的影响——云南省富源县古敢水族乡调查》，《思想战线》2005 年第 2 期。

160. 张泽洪：《中国西南的傈僳族及其宗教信仰》，《宗教学研究》2006 年第 3 期。

161. 孙九霞：《试论族群与族群认同》，《中山大学学报》（哲学社会科学版）1998 年第 2 期。

162. 庞中英：《族群、种族和民族》，《欧洲》1996 年第 6 期。

163. 马戎：《理解民族关系的新思路——少数族群问题的"去政治化"》，《北京大学学报》（哲学社会科学版）2004 年第 6 期。

164. 德全英：《关于少数民族概念的几个问题——少数民族权利理论问题研究》，《新疆大学学报》（社会科学版）2003 年第 1 期。

165. 李忠论：《论少数人权利》，《西南政法大学学报》1999 年第 1 期。

166. 彭大鹏、廖继超：《社区概念的变化及其在中西历史经验上的差异》，《中共四川省委党校学报》2008 年第 3 期。

167. 廖杨：《民族·族群·社群·社区·社会共同体的关联分析》，《广西民族研究》2008 年第 2 期。

168. [墨]鲁道夫·施塔文哈根：《族群冲突及其对国际社会的影响》，《国际社会科学杂志》（中文版）1992 年第 1 期。

（二） 英文文献类

1. Jonathan Friedman, "Myth, History, and Political Identity", *Cultural Anthropology*, Vol. 7, No. 2 , May, 1992.

2. Martin E. Spencer, " Multiculturalism, 'Political Correctness', and the Politics of Identity", *Sociological Forum*, Vol. 9, No. 4, Dec. , 1994.

3. Canovan, Margaret, *Nationhood and Political Theory*, Edward Elgar, Cheltenham, 1996.

4. Leonie Huddy, "From Social to Political Identity: A Critical Examination of Social Identity", *Political Psychology*, Vol. 22, No. 1, Mar. , 2001.

5. Sandra F. Joireman, *Nationalism and Political Identity*, London and New York: Continuum, 2003.

6. Ugbana Okpu, *Ethnic Minority Problems in Nigerian Politics: 1960— 1965*, Stockholm: Almqvist and Wiksell for Acta Universitatis Upsalivensis, 1977.

7. Ronald Inglehart and Christian Welzel, "Political Culture and Democracy: Analyzing Cross-Level Linkages", *Comparative Politics*, Vol. 36, No. 1, Oct. , 2003.

8. Lucian W. Pye and Nathan Leites, "Nuances in Chinese Political Culture", *Asian Survey*, Vol. 22, No. 12, Dec. , 1982.

（三）法律、法规和政策类

1.《中华人民共和国宪法》（全国人民代表大会2004年3月）。

2.《中华人民共和国民族区域自治法》（全国人民代表大会常务委员会2001年2月）。

3.《民族乡行政工作条例》（国务院1993年9月）。

4.《中国的民族政策与各民族共同繁荣发展》白皮书，国务院新闻办公室2009年9月发表。

5.《中国的民族区域自治》白皮书，国务院新闻办公室2005年2月发表。

6.《中国的少数民族政策及其实践》白皮书，国务院新闻办公室1999年9月发表。

7.《中共中央、国务院关于进一步加强民族工作加快少数民族和民族地区经济社会发展的决定》，第三次中央民族工作会议，2005年5月。

8.《坚定不移沿着中国特色社会主义道路前进　为全面建成小康社会而奋斗》，中国共产党第十八次全国代表大会，2012年11月8日。

9.《中共中央关于全面深化改革若干重大问题的决定》，中国共产党第十八届中央委员会第三次全体会议，2013年11月12日。

10.《中共中央、国务院关于准确把握新形势下民族工作特点 提高做好民族工作能力和水平》，第四次中央民族工作会议，2014年9月。

11.《中共中央关于全面推进依法治国若干重大问题的决定》，中国共产党第十八届中央委员会第四次全体会议，2014年10月23日。

后　记

　　本书是我博士论文的公开出版，也是三年艰苦努力，辛勤耕耘，探求研究的阶段性成果。

　　作为傈僳族一分子的我在农村长大，党和国家对生活在边疆高寒山区少数民族的关怀和照顾在我幼小的心灵里就留下了深刻的记忆。因为学习和工作离开了家乡走向更远的地方，可以说增长了见识，磨炼了意志，但心底的民族情结和国家情结更加清晰和强烈。中国人拥有"根"的情结，期望能用己之所学为家乡做点什么，对于来自西部、边疆、多民族地区的我来说，是一直揣于心中的念想，这也许在冥冥之中注定了我博士论文的选题。无奈现实在期望面前总是大打折扣，也许是自己造诣不深，也许是自己勤奋不够，最终交出了这份自己不太满意的论著，一路走来真正感受到了学术之路举步维艰，这也使我更加由衷地敬佩在学术之路上颇有造诣的每一位前辈和同人。今天，我之所以能够坚持并顺利完成博士学位论文的撰写、预答辩、评审、答辩，以及进一步的研究和修改成书，完全得益于各位师长、朋友和亲人的关心、帮助和支持，尽管言无法尽其意，但在这里我还是要用简要的言辞表达对老师、友人、亲人的谢意与感激之情。

　　感谢我的导师朱新光教授，博士论文从选题、论证、撰写、修改直至最后的定稿，都得到了朱老师的精心指导。朱老师严谨的治学态度，宽厚仁慈的待人之道，以及对我的工作、家庭和生活的关心，是我人生之路上的宝贵财富和不断求知的动力！

　　感谢三年博士学习中在课堂内外给予我深刻影响和启发的李进教授、周中之教授、蒋传光教授、王正平教授、汪青松教授以及段成俊老师，我的每一步成长都离不开他们辛勤的培育和关心，我会永远记住我的每一位恩师。纵然岁月流逝，时空相隔，依然相信总有回报恩师的时候。

感谢云南师范大学科研处、研究生部领导、老师对本书出版给予的大力支持和帮助，感谢中国社会科学出版社王琪老师的支持和帮助。没有他们的关心、支持和帮助，恐难完成本书的出版，再次致以衷心的感谢。

感谢云南师范大学哲学与政法学院，特别感谢院长毕天云教授、书记吴若飞教授，在学习、学术、工作方面给予我极大的关心、指导、支持和帮助，您们是我顺利完成博士学业和论文的重要支柱。

感谢我的恩师李申文老师和雷昀老师，在学习和生活中，我得到两位恩师的悉心指导和细心栽培，特别是李申文老师让人敬佩的品格、诲人不倦的精神、慈父般的仁爱深深熏陶和感染着我。

感谢贵州财经大学的张荣军老师，我们是硕士同学，是益友，本书的出版得到他的鼎力帮助。

感谢以下几位同学：朱娅楠、苏艳春、李秀、朱泽、和金权、章斌、杨玉庭、何旭艳、郭跃增、李金美、李维琴、杨德映、赵英婷、孙霞、罗俊峰、高菡、庞勇，协助我做了大量的文稿校对工作。

我要特别感谢我的爱人王茂美、年幼的儿子和至今还在田间日夜劳作的母亲。爱人对我给予了极大的鼓励、激励、帮助以及良师般的论文写作指导和文稿修改意见，儿子天使般的到来为我们家庭带来了更多的精神财富。我的母亲几乎没有受过文化教育，但她对教育和知识的崇尚、对我学习和成长的关心和付出是我能走到今天的最大支撑和支柱！

我还要把本书敬献给我幼时就深深印在脑海里的农村家乡和父老乡亲，特别敬献给在我的家乡小学从教近40年的启蒙老师——杨晋文老师，他把全部青春和热血都播洒在偏远农村，哺育着一代又一代山区农村的孩子，向他致以诚挚的敬意和谢意！

兰青松

2016年2月26日

昆明·呈贡·雨花毓秀